到達目標と評価規準

小学校 教科書単元別

算数 日文 1-6年

INDEX

はじめに　田中耕治	3
本書の特長	4
新学習指導要領のポイント	6
学習指導要領　算数改訂のポイント	8
指導要録改訂のポイント	10
各教科の評価の観点と領域	12
単元一覧表	14
到達目標と評価規準	21

はじめに

子どもたちに「生きる力」を保障するために

佛教大学教育学部教授，京都大学名誉教授　**田中　耕治**

　2017年3月に新しい学習指導要領が告示され，小学校では2020年度から，中学校では2021年度から全面実施される。また2019年1月には，中央教育審議会初等中等教育分科会教育課程部会より「児童生徒の学習評価の在り方について（報告）」が公表され，指導要録改訂の方針が示された。

　新しい学習指導要領では，「生きる力」を育成するために，「何を学ぶのか」に加えて「何ができるようになるか」「どのように学ぶか」が重視され，知識・技能の習得に加えて，子どもたちが自ら考え，判断して表現する力と主体的に学習に取り組む態度を身に付けさせることが求められている。

　各小学校では，来年度からの全面実施に向け，さまざまな準備をしていく必要があるが，子どもたちの学力を保障するためには，「目標」の設定と「目標に準拠した評価」が必須であるということに変わりはない。このことを今一度確認しておきたい。

（1）変わらない「目標に準拠した評価」の意義

　「目標に準拠した評価」では，子どもたちに身に付けてほしい学力内容を到達目標として示し，すべての子どもが目標に到達するように授業や教育課程のあり方を検討していく。そして「目標に準拠した評価」を行い，未到達な状況が生まれた場合には，教え方と学び方の両方に反省を加え，改善を行うことができる。まさしく「目標に準拠した評価」こそが，未来を生きる子どもたちに本物の「生きる力」を保障する確固たる方針である。

（2）新しい観点での評価規準の明確化と評価方法の工夫

　「目標に準拠した評価」を具体的に展開していくためには，到達目標にもとづく評価規準を明確にする必要がある。評価規準があいまいな場合には，子どもたちが到達目標に達したかどうかの判断が主観的なものになってしまう。したがって，評価規準を明確にすることは「目標に準拠した評価」の成否を決する大切な作業となる。

　2020年度からの新しい学習評価では，観点が「知識・技能」「思考・判断・表現」「主体的に学習に取り組む態度」の3観点に統一される。どの観点でも，到達目標の設定と評価規準の明確化に加え，子どもたちが評価規準をパスしたかどうかを評価する方法の工夫が必要となる。そのような評価方法は，子どもたちの学びの過程を映し出したり，子どもが評価活動に参加して，自己表現－自己評価できるものが望ましい。

　当然のことながら，それらの評価が「評価のための評価」となってはならない。そのためには，これまで以上に客観的な評価規準を設定することが不可欠となる。

　このたび上梓された本書が，「目標に準拠した評価」を実現するための有効な手引書になれば幸いである。

本書の 特長

○新学習指導要領の趣旨を踏まえ，教科書の単元ごとに到達目標と評価規準を，新しい3観点それぞれで設定。また，授業ごとの学習活動も簡潔に提示。新学習指導要領と新観点に沿った指導計画，授業計画の作成に役立ちます。

内容紹介（算数の例）

〔紙面はサンプルです〕

3年　　　　　　　　　　　　教科書【(上)】：p.98〜112　配当時数：11時間　配当月：9〜10月

9. かけ算の筆算(1)

領域表示

時数，配当月表示

領域　A 数と計算

関連する道徳の内容項目　C 国際理解, 国際親善

関連する道徳の内容項目

到達目標

≫知識・技能

○ (2・3位数) × (1位数) の計算原理がわかる。

○ (2・3位数) × (1位数) の筆算の方法がわかり，筆算で正しく計算することができる。

○乗法の言葉の式やテープ図などの図の表し方がわかる。

○数が大きくなっても乗法の結合法則が成り立つことがわかり，工夫して計算すること

到達目標
授業の目標が明確にわかり，授業計画のもとになります。

≫思考・判断・表現

○ (2・3位数) × (1位数) の筆算方法を，被乗数を位ごとに分けて計算するしかたと結び

○乗法の言葉の式やテープ図などを用いて問題を解決することができる。

≫主体的に学習に取り組む態度　※「主体的に学習に取り組む態度」は方向目標を示しています。

○ (2・3位数) × (1位数) の筆算の方法を考え，考えたことを友だちと話し合い，自分の考えを見直してまとめようとする。

評価規準

≫知識・技能

○ (何十，何百) × (1位数) の計算方法を理解し，計算している。

○ (2位数) × (1位数) の計算原理を理解している。

○ (2位数) × (1位数) の計算で，部分積がくり上がらない計算を筆算でしている。

○ (2位数) × (1位数) の計算で，一の位の部分積がくり上がる計算を筆算でしている。

○ (2位数) × (1位数) の計算で，十の位の部分積がくり上がる計算を筆算でしている。

○ (2位数) × (1位数) の計算で，一の位，十の位の部分積がくり上がる計算を筆算で

○ (3位数) × (1位数) の計算で，部分積がくり上がらない計算を筆算でしている。

○ (3位数) × (1位数) の計算で，一，十，百の位の部分積がくり上がる計算を筆算で

○ (3位数) × (1位数) の計算で，被乗数の十の位が0と一の位が0の計算を筆算でし

○乗法の結合法則が成り立つことを理解し，工夫して計算している。

● 対応する学習指

評価規準
「知識・技能」「思考・判断・表現」
児童が目標に達したかどうかをみとる際の規準です。
授業中の様子や児童のノートを確認する際の参考にもなります。

≫思考・判断・表現

○ (2・3位数) × (1位数) の筆算方法を考えている。

○ (3位数) × (1位数) の計算で，被乗数の十の位が0と一の位が0の筆算方法を考えている。

○乗法の言葉の式やテープ図などを用いて問題を解決している。

● 対応する学習指導要領の項目：A(3) イ (ア)

評価規準

「主体的に学習に取り組む態度」
この評価規準を参考に，「主体的に学習に取り組む態度」の評価を行うことができます。

》主体的に学習に取り組む態度
○ (2 位数) × (1 位数) の筆算方法を，被乗数を位ごとに分けて計算するしかたと結びつけて考えている。
○ (3 位数) × (1 位数) の筆算方法を，(2 位数) × (1 位数) の筆算方法をもとに考えている。

関連する既習内容

関連する既習内容
つまずいたときに，どこの単元にもどればよいかがわかります。

学年		内容
2	年	かけ算 (1)
2	年	かけ算 (2)

学習活動

学習活動
授業ごとの学習活動が明確になっているので，新教科書の授業で何をすればよいかがわかります。

小単元名	時数	学習活動	数学的活動
1. 何十, 何百のかけ算	2	○(何十，何百) × (1 位数) の計算のしかたを知り，計算する。	(1) イ
2. 2けたの数に1けたの数をかける計算①	2	○(2 位数) × (1 位数) の計算原理や筆算のしかたを知り，部分積がくり上がらない計算を筆算する。	(1) イ，エ
		・23 × 3 の計算は，23 を 20 と 3 に位ごとに分けて考〔…〕の計算が使えることをまとめる。	
2. 2けたの数に1けたの数をかける計算②	1	○(2 位数) × (1 位数) の計算で，一の位の部分積がく〔…〕を筆算する。	
2. 2けたの数に1けたの数をかける計算③	1	○(2 位数) × (1 位数) の計算で，十の位の部分積がく〔…〕と一の位，十の位の部分積がくり上がる計算を筆算〔…〕	
2. 2けたの数に1けたの数をかける計算④	1	○(2 位数) × (1 位数) の計算で，部分積を加えたとき〔…〕り上がりのある計算を筆算する。	
3. 3けたの数に1けたの数をかける計算①	1	○(3 位数) × (1 位数) の計算原理や筆算のしかたを知り，部分積がくり上がらない計算を筆算する。	(1) イ
		・被乗数が3位数になっても，これまでに学習したかけ算と同じように考えればできることをまとめる。	
3. 3けたの数に1けたの数をかける計算②	1	○(3 位数) × (1 位数) の計算で，一の位，十の位，百の位の部分積がくり上がる計算を筆算する。	(1) ウ
3. 3けたの数に1けたの数をかける計算③	1	○3 つの数のかけ算が1つに表されることを知り，結合法則について知る。	(1) ウ
		・3 口の数のかけ算では，はじめの2つの数を先にかけても，あとの2つの数を先にかけても，答えは同じになることをまとめる。	
まとめ	1	○「たしかめよう」で，かけ算の筆算の基本的な学習内容を理解しているかを確認し，それに習熟する。 ○「つないでいこう算数の目」で，かけ算のしかたを考えたり，かけ算のしかたを工夫したりする。	

新学習指導要領の ポ イ ン ト

Ⅰ 新学習指導要領の最大のポイント

　新学習指導要領では，全体を通して「何を学ぶか」に加えて「何ができるようになるか」が重視されています。身に付けた知識・技能を日常生活や学習場面で活用できる力を育てるということです。

　また，「なぜ学ぶのか」という学習の意義についても児童に確信を持たせることが必要とされています。それが主体的に学習に取り組む態度，学力につながり，最終的にはこれからの「予測が困難な時代」にも対応可能な「生きる力」を育てることになります。

Ⅱ 資質・能力の育成と主体的・対話的で深い学び

　「生きる力」に不可欠な資質・能力の柱として以下の三つが明記されました。

　1．知識及び技能

　2．思考力，判断力，表現力等

　3．学びに向かう力，人間性等

　これらの「資質・能力」を育成するために，「主体的・対話的で深い学び」に向けた授業改善が必要とされています。

　「主体的」とは児童が意欲をもって学習にあたること，「対話的」とは先生からの一方的な授業ではなく，自分の考えを発表し，ほかの児童の考えを聞いて自分の考えをより深めるなどの活動です。これらを通して，より深い学力，つまり生活の中で活用できる学力を身に付けるようにするということです。

Ⅲ 生活に生かす

　新学習指導要領には「日常生活」「生活に生かす」という言葉が多く出てきます。「なぜ学ぶのか」ということを児童が実感するためにも，学習内容と生活との関連を意識させ，学習への意欲をもつようにさせることが必要になります。「日常生活」や「生活に生かす」というキーワードを意識した授業が求められます。

Ⅳ 言語能力の育成

　「教科横断的な視点に立った資質・能力の育成」という項目の中で，学習の基盤となる資質・能力として「情報活用能力」「問題発見・解決能力等」とあわせて「言語能力」が重視されています。国語ではもちろん，他の教科でも言語能力を育成するということになります。

　各教科内容の理解のためにも，「対話的」な学びを行うためにも，言語能力は必要です。具体的には，自分の考えをほかの人にもわかるように伝えることができるか，ほかの人の意見を理解することができるかを評価し，もし不十分であれば，それを指導，改善していくという授業が考えられます。「言語能力の育成」を意

識して，児童への発問やヒントをどう工夫するか，ということも必要になります。

V　評価の観点

　資質・能力の三つの柱に沿った以下の3観点とその内容で評価を行うことになります。

「知識・技能」　　　　　　①個別の知識及び技能の習得

　　　　　　　　　　　　②個別の知識及び技能を，既有の知識及び技能と関連付けたり活用する中で，概念等としての理解や技能の習得

「思考・判断・表現」　　　①知識及び技能を活用して課題を解決する等のために必要な思考力，判断力，表現力等

「主体的に学習に取り組む態度」①知識及び技能を習得したり，思考力，表現力等を身に付けたりすることに向けた粘り強い取組

　　　　　　　　　　　　②粘り強い取組の中での，自らの学習の調整

VI　カリキュラム・マネジメント

　3年と4年に「外国語活動」が，5年と6年には教科として「外国語」が導入され，それぞれ35単位時間増えて，3年と4年は35単位時間，5年と6年は70単位時間になります。また，「主体的・対話的な学び」を推進していくと，必要な授業時数が増えていくことも考えられます。

　このような時間を捻出するために，それぞれの学校で目標とする児童像を確認しながら，「総合的な学習の時間」を核として各教科を有機的につなげた教科横断的なカリキュラムを組むなどの方法が考えられます。このカリキュラムを目標達成の観点から点検，評価しつつ改善を重ねていくカリキュラム・マネジメントが必要になります。

VII　プログラミング学習

　小学校にプログラミング学習が導入されます。プログラミングそのものを学ぶのではなく，プログラミングの体験を通して論理的思考力を身に付けるための学習活動として位置づけられています。プログラミングそのものを学ぶのではありませんから，教師がプログラマーのような高度な知識や技術を持つ必要はありません。プログラミングの体験を通して，どのようにして児童の論理的思考力を育てていくかに注力することが必要です。

学習指導要領 算数改訂の ポイント

⑴算数の教科目標と重視されたこと

新学習指導要領には，以下のように算数の教科目標がまとめられています。

算数の目標

数学的な見方・考え方を働かせ，数学的活動を通して，数学的に考える資質・能力を次のとおり育成することを目指す。

⑴数量や図形などについての基礎的・基本的な概念や性質などを理解するとともに，日常の事象を数理的に処理する技能を身に付けるようにする。

⑵日常の事象を数理的に捉え見通しをもち筋道を立てて考察する力，基礎的・基本的な数量や図形の性質などを見いだし統合的・発展的に考察する力，数学的な表現を用いて事象を簡潔・明瞭・的確に表したり目的に応じて柔軟に表したりする力を養う。

⑶数学的活動の楽しさや数学のよさに気付き，学習を振り返ってよりよく問題解決しようとする態度，算数で学んだことを生活や学習に活用しようとする態度を養う。

今回の学習指導要領改訂で重視した点として，以下の4つなどが示されています。

　ア　目標の示し方

　　算数科の目標を，「知識及び技能」，「思考力，判断力，表現力等」，「学びに向かう力，人間性等」の三つの柱で整理して示したこと。

　イ　数学的な見方・考え方

　　物事の特徴や本質を捉える視点や，思考の進め方や方向性を意味するものとして，数学的な見方・考え方が示されたこと。

　ウ　数学的活動の充実

　　従来の「算数的活動」を「数学的活動」とし，数学的に考える資質・能力を育成する観点から，実社会との関わりと算数・数学を統合的・発展的に構成していくことを意識して，数学的活動の充実等を図ったこと。

　エ　内容の構成

　　数学的な見方・考え方や育成を目指す資質・能力に基づき，内容の系統性を見直し，領域を全体的に整理し直し，「A数と計算」，「B図形」，「C測定（1～3年）」，「C変化と関係（4～6年）」及び「Dデータの活用」の五つの領域としたこと。

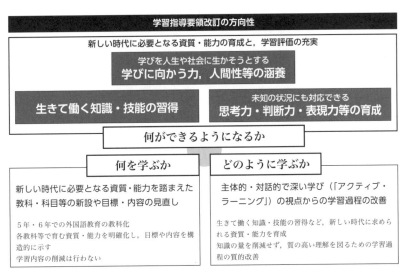

出典：文部科学省『新しい学習指導要領の考え方－中央教育審議会における議論から改訂そして実施へ－』より（一部改変）

(2)算数の見方・考え方（数学的な見方・考え方）

①数学的な見方

　事象の特徴や本質を，数量や図形及びそれらの関係についての概念等に着目して捉える見方

②数学的な考え方

- ・目的に応じて図、数、式、表、グラフ等を活用し、根拠を基に筋道を立てて考えること
- ・問題解決の過程を振り返るなどして既習の知識及び技能等を関連付けながら統合的・発展的に考えること

(3)算数の主体的・対話的で深い学び

　算数での主体的・対話的で深い学びは以下のような学習になります。

①主体的な学び

- ・児童が算数の学習に楽しみを見いだしたり自分自身の見方・考え方が豊かになることを楽しみに取り組んだりできるようになる学習
- ・自分なりに自信をもって取り組むことができる学習

②対話的な学び

　友達と考えを伝え合うことで自分の考えを見つめなおしたりできる学習

③深い学び

　主体的・対話的な学習の中で，児童が自分の考えや集団の考えを広げたり深めたりすることができる学習

指導要録改訂の ポ イ ン ト

I　指導要録の主な変更点

①全教科同じ観点に

　「指導に関する記録」部分で，各教科の観点が全教科統一されました。

②評定の記入欄が，「各教科の学習の記録」部分へ

　これまで評定の記入欄は独立していましたが，「評定が観点別学習状況の評価を総括したものであることを示すため」に「各教科の学習の記録」部分へ移動しました。

③外国語（5・6年）が「各教科の学習の記録」部分に追加

④「外国語活動の記録」部分が，5・6年から3・4年に変更

⑤「総合所見及び指導上参考となる諸事項」の記入スペースが小さく

　教師の勤務負担軽減の観点から，「総合所見及び指導上参考となる諸事項」については，要点を箇条書きとするなど，その記載事項を必要最小限にとどめることになったためです。

　また，「通級による指導に関して記載すべき事項が当該指導計画に記載されている場合には，その写しを指導要録の様式に添付することをもって指導要録への記入に変えることも可能」となりました。

⑥条件を満たせば，指導要録の様式を通知表の様式と共通のものにすることが可能

　通知表の記載事項が，指導要録の「指導に関する記録」に記載する事項をすべて満たす場合には，設置者の判断により，指導要録の様式を通知表の様式と共通のものとすることが可能であるとなっています。

II　新指導要録記入上の留意点

①教科横断的な視点で育成を目指すこととされた資質・能力の評価

　「言語能力」「情報活用能力」「問題発見・解決能力」などの教科横断的な視点で育成を目指すこととされた資質・能力の評価は，各教科等における観点別学習状況の評価に反映することになります。

②「特別の教科　道徳」の評価（これまでと変更なし）

　・数値による評価ではなく，記述式で行う

　・個々の内容項目ごとではなく，多くくりなまとまりを踏まえた評価を行う

　・他の児童との比較による評価ではなく，児童がいかに成長したかを積極的に受け止めて認め，励ます個人内評価とする　　など

③外国語活動（3・4年）の評価

　観点別に設けられていた文章記述欄が簡素化されました。評価の観点に即して，児童の学習状況に顕著な事項がその特徴を記入する等，児童にどのような力が身に付いたかを文章で端的に記述します。

Ⅲ　新小学校児童指導要録（参考様式）の「指導に関する記録」部分

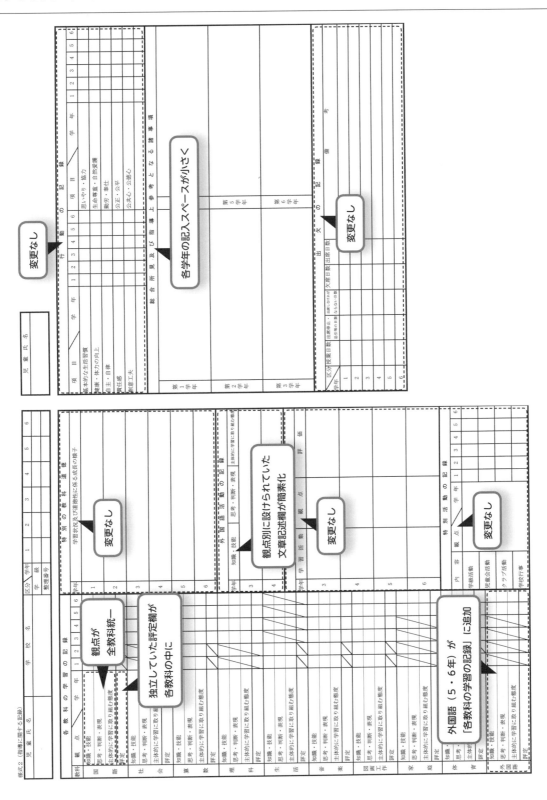

各教科の評価の 観 点 と 領 域

I　2020年度からの評価の観点

　新学習指導要領では，すべての教科等で教育目標や内容が資質・能力の三つの柱「知識及び技能」「思考力，判断力，表現力等」「学びに向かう力，人間性等」に沿って再整理されました。

　この教育目標や内容の再整理を踏まえて，観点別評価については，すべての教科で「知識・技能」「思考・判断・表現」「主体的に学習に取り組む態度」の3観点で行うことになります。

II　各観点で評価する内容

①知識・技能

・知識及び技能の習得状況

・習得した知識及び技能を既有の知識及び技能と関連付けたり活用したりする中で，他の学習や生活の場面でも活用できる程度に概念等を理解したり，技能を習得したりしているかどうか

②思考・判断・表現

・知識及び技能を活用して課題を解決する等のために必要な思考力，判断力，判断力等を身に付けているかどうか

③主体的に学習に取り組む態度

・知識及び技能を獲得したり，思考力・判断力，表現力等を身に付けたりするために，自らの学習状況を調整しながら，学ぼうとしているかどうかという意志的な側面

III　各観点での評価の方法

①知識・技能

・知識や技能の習得だけを評価するのではなく，概念的な理解ができているかという視点でも評価を行います。

②思考・判断・表現

・ペーパーテストだけではなく，論述やレポートの作成，発表，グループや学級における話し合い，作品の制作や表現等の多様な活動の中での評価，それらを集めたポートフォリオを活用したりするなどの評価方法を工夫する必要があります。

③主体的に学習に取り組む態度

・ノートの記述，授業中の発言や行動，児童による自己評価や相互評価等を，評価の際に考慮する材料の一つとして用いることが考えられます。その際，児童の発達の段階や一人一人の個性を十分に考慮しながら，「知識・技能」や「思考・判断・表現」の観点の状況も踏まえた上で，評価を行う必要があります。

Ⅳ　学習指導要領における内容の表示

　国語と外国語は，観点別，領域別に内容を表示し，算数と理科は領域別に，社会については観点別，領域別に分けず，単純に学年別に内容を表示しています。これらの違いは教科性によるものです。これは，資質・能力の育成を目指して「目標に準拠した評価」をさらに進めるためでもあります。

Ⅴ　各教科の観点と領域

観点

教科	～ 2019年度	2020年度～
国語	国語への関心・意欲・態度	知識・技能
	話す・聞く能力	思考・判断・表現
	書く能力	主体的に学習に取り組む態度
	読む能力	
	言語についての知識・理解・技能	
算数	算数への関心・意欲・態度	知識・技能
	数学的な考え方	思考・判断・表現
	数量や図形についての技能	主体的に学習に取り組む態度
	数量や図形についての知識・理解	
理科	自然事象への関心・意欲・態度	知識・技能
	科学的な思考・表現	思考・判断・表現
	観察・実験の技能	主体的に学習に取り組む態度
	自然事象についての知識・理解	
社会	社会的事象への関心・意欲・態度	知識・技能
	社会的な思考・判断・表現	思考・判断・表現
	観察・資料活用の技能	主体的に学習に取り組む態度
	社会的事象についての知識・理解	
外国語 （英語）		知識・技能
		思考・判断・表現
		主体的に学習に取り組む態度

領域

教科	～ 2019年度	2020年度～
国語	A　話すこと・聞くこと	A　話すこと・聞くこと
	B　書くこと	B　書くこと
	C　読むこと	C　読むこと
	伝統的な言語文化と国語の特質に関する事項	
算数	A　数と計算	A　数と計算
	B　量と測定	B　図形
	C　図形	C　測定（1～3年）／変化と関係（4～6年）
	D　数量関係	D　データの活用
理科	A　物資・エネルギー	A　物質・エネルギー
	B　生命・地球	B　生命・地球
社会		
外国語 （英語）		聞くこと
		読むこと
		話すこと（やり取り）
		話すこと（発表）
		書くこと

単元一覧表　日文1年

3学期制	2学期制	月	単元名
1学期	前期	4	●ともだち
		5	1. 10までの　かず
			2. なんばんめ
			3. いくつと　いくつ
		6	4. あわせて　いくつ 　　ふえると　いくつ
			5. のこりは　いくつ
		7	ちがいは　いくつ
			6. かずを　せいりしよう
2学期		9	7. 10より　おおきい　かず
			8. なんじ　なんじはん
			9. どちらが　ながい
	後期	10	10. ふえたり　へったり
			11. たしざん
		11	12. かたちあそび
			13. ひきざん
		12	14. どちらが　おおい 　　どちらが　ひろい
3学期		1	15. 20より　大きい　かず
			16. なんじ　なんぷん
		2	17. たしざんと　ひきざん
			18. ずを　つかって 　　かんがえよう
			19. かたちづくり
		3	20. おなじ　かずずつ 　　わけよう

日文 2 年

3 学期制	2 学期制	月	単元名
1学期	前期	4	1. ひょうと　グラフ
			2. たし算
		5	3. ひき算
			4. 長さの　単位
		6	5. 時こくと　時間
			6. 1000 までの　数
			7. たし算と　ひき算の　筆算
		7	
2学期		9	8. 水の　かさ
			9. 三角形と　四角形
	後期	10	10. かけ算（1）
		11	11. かけ算（2）
		12	12. 九九の　ひょう
3学期		1	13. 長い　長さ
			14. 10000 までの　数
		2	15. もんだいの　考え方
			16. はこの　形
		3	17. 分数

15

日文3年

3学期制	2学期制	月	単元名
1学期	前期	4	1. かけ算
			2. わり算
		5	3. 時間の計算と短い時間
			4. たし算とひき算
		6	5. ぼうグラフ
		7	6. 長さ
2学期		9	7. 大きい数
			8. あまりのあるわり算
			9. 円と球
		10	10. かけ算の筆算（1）
			11. 小数
		11	12. 重さ
			13. 分数
		12	
3学期	後期	1	14. 三角形と角
			15. かけ算の筆算（2）
		2	
			16. □を使った式
		3	17. そろばん

日文 4 年

3学期制	2学期制	月	単元名
1学期	前期	4	1. 大きい数
			2. わり算（1）
		5	3. 折れ線グラフと表
		6	4. 角と角度
			5. 小数
		7	6. およits
			7. そろばん
2学期		9	8. 四角形
	後期	10	9. わり算（2）
			10. 式と計算
		11	11. 面積
		12	12. 変わり方
			13. 計算の見積もり
3学期		1	14. 分数
			15. 小数のかけ算とわり算
		2	16. 直方体と立方体
		3	

日文5年

3学期制	2学期制	月	単元名
1学期	前期	4	1. 整数と小数のしくみ
			2. 図形の合同と角
		5	3. 体積
			4. 比例
		6	5. 小数のかけ算
			6. 小数のわり算
		7	
2学期		9	7. 整数の性質
			8. 分数のたし算とひき算
		10	9. 平均
			10. 単位量あたりの大きさ
		11	11. 分数と小数，整数
			12. 割合
			13. 正多角形と円
		12	
3学期	後期	1	14. 図形の面積
		2	15. 帯グラフと円グラフ
			16. □や△を使った式
			17. 角柱と円柱
		3	

日文6年

3学期制	2学期制	月	単元名
1学期	前期	4	1. 分数のかけ算とわり算
			2. 対称な図形
		5	3. 文字と式
			4. 分数のかけ算
		6	5. 分数のわり算
			6. 円の面積
		7	7. 場合の数
2学期	後期	9	8. 角柱と円柱の体積
			9. 比
		10	10. 拡大図と縮図
			11. 比例と反比例
		11	12. およその面積と体積
			13. 資料の調べ方
		12	
3学期		1	●マテマランドを探検しよう！
		2	●6年間のまとめ
		3	●もうすぐ中学生

小学校 教科書単元別

到達目標と評価規準

算数
日文 1-6年

※学習活動にある数学的活動の記号は,学習指導要領の項目になります。

| 1年 | 日文 | 教科書【上】：p.2〜9　配当時数：3時間　配当月：4月 |

ともだち

領域　A 数と計算

到達目標

≫知識・技能

○観点を決めて，仲間集めができる。

○同じ集合でも，観点を変えると異なった分類ができることがあることがわかる。

○ものの個数の多少を，1対1対応によって比較することができる。

○直接操作がしにくいものの個数の多少を，操作しやすいものに置き換えて，1対1対応によって比較することができる。

≫思考・判断・表現

○集合を考えるとき，どのような観点の集合にするかを考えることができる。

○直接操作がしにくいものの個数の多少を比較する方法を考えることができる。

≫主体的に学習に取り組む態度　※「主体的に学習に取り組む態度」は方向目標を示しています。

○示された観点や自分で決めた観点をもとに，仲間分けをしようとする。

○いろいろなものの個数の多少を1対1対応のしかたを工夫して比較しようとする。

評価規準

≫知識・技能

○観点を決めて，仲間集めをしている。

○同じ集合でも，観点を変えると異なった分類ができることがあることを理解している。

○ものの個数の多少を，比べる対象どうしを線で結ぶ1対1対応によって比較している。

○ものの個数の多少を，半具体物に置き換えて，1対1対応によって比較している。

●対応する学習指導要領の項目：A(1) ア (ア)

≫思考・判断・表現

○集合を考えるとき，どのような観点の集合にするかを考えている。

○直接操作がしにくいものの個数の多少を比較する方法を考えている。

●対応する学習指導要領の項目：A(1) イ (ア)

≫主体的に学習に取り組む態度

○示された観点や自分で決めた観点をもとに，仲間分けをしている。

○いろいろなものの個数の多少を1対1対応のしかたを工夫して比較している。

学習活動

小単元名	時数	学習活動	数学的活動
げんきに おはよう/なにが いるかな	1	○いろいろな観点や条件に応じた集合づくりをする。	(1) ア
たねまきしよう	1	○2つの集合の要素を1対1に対応させて，数の多少を比べる。	(1) ア
きゅうきょく じゅんび	1	○おはじきなどに置き換えることによって，数の多少を比べる。	(1) ア

| 1年 | 日文 | 教科書【上】：p.10〜27　配当時数：9時間　配当月：4〜5月

1. 10までの かず

| 領域 | A 数と計算

到達目標

≫知識・技能
○1から10までの数について，数の唱え方や数え方を理解し，正しく数えることができる。
○1から10までの数について，数字の読み方やかき方を理解し，読んだり書いたりすることができる。
○0の意味や表し方を理解し，用いることができる。
○0から10までの数の系列や大小がわかる。

≫思考・判断・表現
○1から10までのものの集まりの多少や数の大小を，数字によって捉えることができる。

≫主体的に学習に取り組む態度　※「主体的に学習に取り組む態度」は方向目標を示しています。
○具体物ー数図・ブロックー数字の関係から，数概念の理解を深めようとする。

評価規準

≫知識・技能
○1から10までの数について，数の唱え方を理解している。
○1から10までの数について，数の数え方を理解している。
○1から10までの数について，数字の読み方を理解している。
○学校内にあるものの中から，1から10までの数を探している。
○1つもないことを0と書き表すことを理解している。
○1から10までのものの数の多少を理解している。
○1から10までの数の大小を理解している。
○0から10までの数の系列を理解している。

●対応する学習指導要領の項目：A(1) ア (ア)(イ)(ウ)

≫思考・判断・表現
○1から10までのものの数の多少を数字で捉えている。
○1から10までの数の大小を数字で捉えている。

●対応する学習指導要領の項目：A(1) イ (ア)

≫主体的に学習に取り組む態度
○具体物ー数図・ブロックー数字を線で結んで数を捉えている。
○0から10までの数の系列を数字で並べている。
○0から10までの数の系列を唱えている。

関連する既習内容

学年	内容
1 年	ともだち

学習活動

小単元名	時数	学習活動	数学的活動
10までの かず①	1	○1から5までの数の唱え方や数え方を理解する。	(1) ア
10までの かず②	1	○1から5までの数字の読み方，書き方を知る。	(1) ウ
10までの かず③	1	○1から5までの数と，数図やブロックとの関係の理解を深めたり，数字の書き方に習熟する。	(1) ア，ウ
10までの かず④	1	○6から10までの数の唱え方や数え方を理解する。	(1) ア
10までの かず⑤	1	○6から10までの数字のよみ方，書き方を知る。	(1) ウ
10までの かず⑥	1	○6から10までの数と，数図やブロックとの関係の理解を深めたり，数字の書き方に習熟する。	(1) ア，ウ
ひとつ ふえると	1	○1から10までの数について，少ない数から並んだブロックを見て，数の系列を知る。	(1) ウ
どちらが おおい	1	○1から10までの数について，数の大小比較をする。	(1) イ
0 と いう かず	1	○0という数を知る。	(1) イ

| 1年 | 日文 | 教科書【上】：p.28〜31　配当時数：2時間　配当月：5月 |

2. なんばんめ

領域　A 数と計算　B 図形

到達目標

≫知識・技能

○前から○番め，上から○番め，左から○番めなどのように，ものの位置を順序数を用いて表すことができる。
○順序数と集合数の意味の違いがわかり，正しく用いることができる。

≫思考・判断・表現

○順序数と集合数の意味の違いを考えることができる。

≫主体的に学習に取り組む態度　　※「主体的に学習に取り組む態度」は方向目標を示しています。

○順序や位置を表すのに，日常生活で進んで数を用いようとする。

評価規準

≫知識・技能

○数を用いた順序や位置の表し方を理解し，数を用いて順序や位置を表している。
○順序数と集合数の意味の違いがわかり，順序数にあたる部分に色をぬったり，囲んだりする。
○順序数と集合数の意味の違いがわかり，集合数にあたる部分に色をぬったり，囲んだりする。

● 対応する学習指導要領の項目：A(1) ア (イ)，B(1) ア (ウ)

≫思考・判断・表現

○数を順序や位置を表すものとしてみて，基点に着目して順序や位置を考え，数を用いて順序や位置を表現している。
○順序数と集合数の意味の違いを考えている。

● 対応する学習指導要領の項目：A(1) イ (ア)

≫主体的に学習に取り組む態度

○整列したときなど，自分の位置を順序数を使って表している。

関連する既習内容

学年		内容
1	年	10 までのかず

学習活動

小単元名	時数	学習活動	数学的活動
なんばんめ①	1	○ものの位置を表すのに，前後の言葉を用いることを知る。 ○数は順序を表す際にも用いられることを知り，順序数と集合数の意味の違いを理解する。	(1) イ
なんばんめ②	1	○絵を見て，ものの位置を表すのに，左右，上下の言葉を用いることを知る。	(1) イ

| 1年 | 日文 | 教科書【上】：p.32〜41　配当時数：7時間　配当月：5月 |

3. いくつと いくつ

領域　A 数と計算

到達目標

≫知識・技能
○5から10までの数を2つに分解することができる。
○5から10までの数を2つの数の和として捉えたり，順序よく並べたときの規則性をみつけたりして，5から10までの数の構成を理解することができる。

≫思考・判断・表現
○順序よく並べたときの規則性をみつけ，関数的な見方や考え方の素地を身につけることができる。

≫主体的に学習に取り組む態度　※「主体的に学習に取り組む態度」は方向目標を示しています。
○5から10までの数を2つの数に分解し，順序よく並べたときの規則性をみつけようとする。

評価規準

≫知識・技能
○5を2つの数に分解している。
○5を2つの数の和として捉え，順序よく並べたときの規則性をみつけている。
○6を2つの数に分解している。
○6を2つの数の和として捉え，順序よく並べたときの規則性をみつけている。
○7を2つの数に分解している。
○7を2つの数の和として捉え，順序よく並べたときの規則性をみつけている。
○8を2つの数に分解している。
○8を2つの数の和として捉え，順序よく並べたときの規則性をみつけている。
○9を2つの数に分解している。
○9を2つの数の和として捉え，順序よく並べたときの規則性をみつけている。
○10を2つの数に分解している。
○10を2つの数の和として捉え，順序よく並べたときの規則性をみつけている。

→ 対応する学習指導要領の項目：A(1) ア (エ)

≫思考・判断・表現
○順序よく並べたときの規則性をみつけ，関数的な見方や考え方の素地を身につけている。

→ 対応する学習指導要領の項目：A(1) イ (ア)

≫主体的に学習に取り組む態度
○5から10までの数を2つの数に分解し，順序よく並べている。
○順序よく並べたときの規則性をみつけている。

関連する既習内容

学年		内容
1	年	10 までのかず

学習活動

小単元名	時数	学習活動	数学的活動
いくつと いくつ①	1	○5 を 2 つの数に分解し，2 つの数の和として捉えたり，順序よく並べたときの規則性をみつけたりして，5 の数の構成を理解する。	(1) ア，イ
いくつと いくつ②	1	○6 を 2 つの数に分解し，2 つの数の和として捉えたり，順序よく並べたときの規則性をみつけたりして，6 の数の構成を理解する。	(1) ア
いくつと いくつ③	1	○7 を 2 つの数に分解し，2 つの数の和として捉えたり，順序よく並べたときの規則性をみつけたりして，7 の数の構成を理解する。	(1) ア，イ
いくつと いくつ④	1	○8 を 2 つの数に分解し，2 つの数の和として捉えたり，順序よく並べたときの規則性をみつけたりして，8 の数の構成を理解する。	(1) ア
いくつと いくつ⑤	1	○9 を 2 つの数に分解し，2 つの数の和として捉えたり，順序よく並べたときの規則性をみつけたりして，9 の数の構成を理解する。	(1) ア
いくつと いくつ⑥	1	○10 を 2 つの数に分解し，2 つの数の和として捉えたり，順序よく並べたときの規則性をみつけたりして，10 の数の構成を理解する。	(1) ア
10 づくり	1	○2 つの数で 10 をつくる。25 個の数字がある表から縦，横，斜めに並んだ 2 つの数で 10 をみつけて囲む。	(1) ウ

| 1年 | 日文 |

教科書【上】：p.42～53　配当時数：9時間　配当月：6月

4. あわせて いくつ　ふえると いくつ

領域　A 数と計算

到達目標

≫知識・技能

○合併の場面，増加の場面について，加法の意味を理解することができる。

○しき，たしざんの用語を知り，正しく用いることができる。

○合併の場面，増加の場面を加法の式に表すことができる。

○和が 10 以下の加法の計算方法を理解し，計算することができる。

○0 を含む加法について，式の意味や計算方法について理解し，計算することができる。

≫思考・判断・表現

○加法が用いられる場面について，その関係を式に表して答えを求めることができる。

○和が 10 以下の加法の適用問題を解いたり，問題をつくったりすることができる。

≫主体的に学習に取り組む態度　※「主体的に学習に取り組む態度」は方向目標を示しています。

○日常の事象から合併や増加の場面を捉え，進んで加法を用いようとする。

○加法のお話をつくろうとする。

評価規準

≫知識・技能

○合併の場面について，加法の意味と式の表し方を理解している。

○しき，たしざんの用語を知り，正しく用いている。

○増加の場面について，加法の意味と式の表し方を理解している。

○和が 10 以下の加法の計算方法を理解している。

○和が 10 以下の加法の計算をしている。

○和が 10 以下の加法計算を習熟するために，計算カードを使って練習している。

○0 を含む加法の式の意味や計算方法を理解している。

○0 を含む加法の計算をしている。

● 対応する学習指導要領の項目：A(2) ア (ア)(イ)(ウ)

≫思考・判断・表現

○問題文から合併の場面を捉え，加法の式に表して答えを求めている。

○問題文から増加の場面を捉え，加法の式に表して答えを求めている。

○加法の式と絵を見て，合併や増加の問題をつくっている。

● 対応する学習指導要領の項目：A(2) イ (ア)

≫主体的に学習に取り組む態度

○ブロックなどの操作活動を通して，合併や増加の意味を考え，説明している。

○日常の事象から合併や増加の場面を捉え，進んで加法を用いている。

関連する既習内容

学年		内容
1	年	いくつといくつ

学習活動

小単元名	時数	学習活動	数学的活動
単元の導入	1	○絵を見て，合併の場面でのお話づくりをする。	(1)イ
あわせて いくつ①	1	○合併の場面で，加法の意味，式の表し方を知る。	(1)ア，イ
		・場面をブロックに置き換えて操作し，加法の意味について理解を深める。	
あわせて いくつ②	1	○和が5以下の合併の場面の絵を見て，加法の式を書いて答えを求める。	(1)イ
ふえると いくつ①	1	○絵を見て，増加の場面でのお話づくりをする。	(1)イ
		○増加の場面で，加法の意味，式の表し方を知り，和が6〜10の加法計算の練習をする。	(1)ア，イ
ふえると いくつ②	1	○増加の場面の絵を見て，加法の式に書いて答えを求める。	(1)イ
		○「ぜんぶ」の場面も，加法で求めることを知る。また，和が10以下の加法計算をする。	(1)ウ
ふえると いくつ③	1	○たし算の計算カードを使って計算練習をする。また，答えが同じカードを集め，順序よく並べる。	(1)ウ
0の たしざん	1	○0を含む加法の式の意味を知り，立式して計算する。また，0を含む加法計算をする。	(1)イ
おはなし づくり	2	○加法の式と絵を見て，合併や増加の問題づくりや，たし算絵本をつくる。	(1)イ
		・3＋5になる問題をつくる。問題づくりを通して，加法の理解を深める。	

| 1年 | 日文 | 教科書【上】：p.54〜66　配当時数：10時間　配当月：6〜7月 |

5. のこりは いくつ　ちがいは いくつ

領域　A 数と計算

到達目標

≫知識・技能

○求残の場面，求補の場面，求差の場面について，減法の意味を理解することができる。

○ひきざんの用語を知り，正しく用いることができる。

○求残の場面，求補の場面，求差の場面を減法の式に表すことができる。

○ 10 以下の数から 1 位数をひく減法の計算方法を理解し，計算することができる。

○ 0 を含む減法について，式の意味や計算方法について理解し，計算することができる。

≫思考・判断・表現

○減法が用いられる場面について，その関係を式に表して答えを求めることができる。

○ 10 以下の数から 1 位数をひく減法の適用問題を解いたり，問題をつくったりすることができる。

≫主体的に学習に取り組む態度　※「主体的に学習に取り組む態度」は方向目標を示しています。

○日常の事象から求残や求補，求差の場面を捉え，進んで減法を用いようとする。

○減法のお話をつくろうとする。

評価規準

≫知識・技能

○求残の場面について，減法の意味と式の表し方を理解している。

○ひきざんの用語を知り，正しく用いている。

○ 10 以下の数から 1 位数をひく減法の計算方法を理解している。

○ 10 以下の数から 1 位数をひく減法の計算をしている。

○求補の場面について，減法の意味と式の表し方を理解している。

○ 0 を含む減法の式の意味や計算方法を理解し，計算している。

○求差の場面について，減法の意味と式の表し方を理解している。

○ 10 以下の数から 1 位数をひく減法計算を習熟するために，計算カードを使って練習している。

●対応する学習指導要領の項目：A(2) ア (ア)(イ)(ウ)

≫思考・判断・表現

○問題文から求残の場面を捉え，減法の式に表して答えを求めている。

○問題文から求補の場面を捉え，減法の式に表して答えを求めている。

○問題文から求差の場面を捉え，減法の式に表して答えを求めている。

○減法の式と絵を見て，求残や求補，求差の問題をつくっている。

○式と絵を用いて，減法のお話をつくっている。

●対応する学習指導要領の項目：A(2) イ (ア)

≫主体的に学習に取り組む態度

○ブロックなどの操作活動を通して，求残や求補，求差の意味を考え，説明している。

○日常の事象から求残や求補，求差の場面を捉え，進んで減法を用いている。

○減法の式を決めて，絵を用いて減法のお話をつくっている。

関連する既習内容

学年		内容
1	年	いくつといくつ
1	年	あわせていくつ ふえるといくつ

学習活動

小単元名	時数	学習活動	数学的活動
単元の導入	1	○絵を見て，求残の場面でのお話づくりをする。	(1)イ
のこりは いくつ①	1	○求残の場面で，減法の意味，式の表し方を知る。	(1)ア，イ
		・場面をブロックに置き換えて操作し，減法の意味について理解を深める。	
のこりは いくつ②	1	○求残の場面の絵を見て，減法の式を書いて答えを求める。被減数が9以下の計算練習をする。	(1)ア，イ
のこりは いくつ③	1	○求補の場面で，減法の意味，式に表し方を知る。10－(いくつ)の計算練習をする。	(1)ア，イ
のこりは いくつ④	1	○ひき算の計算カードを使って計算練習をする。また，答えが同じカードを集め，順序よく並べる。	(1)ウ
0の ひきざん	1	○0を含む減法の式の意味を知り，立式して計算する。	(1)イ
ちがいは いくつ①	1	○求差の場面で，減法の意味がわかり，減法の式に表し，答えを求める。	(1)ア，イ
ちがいは いくつ②	1	○求差で「どちらが」や「ちがい」を求める場面があることを知り，立式して答えを求める。	(1)ア，イ
おはなしづくり	2	○減法の式と絵を見て，求残や求差，求補の問題づくりや，ひき算絵本をつくる。	(1)イ
		・6－3になる問題をつくる。問題づくりを通して，減法の理解を深める。	

| 1年 | 日文 | 教科書【上】：p.68～71　配当時数：2時間　配当月：7月 |

6. かずを せいりしよう

領域　D データの活用

到達目標

》知識・技能

○ものの個数を，絵を用いて簡単なグラフに表すことができる。

○絵グラフに表したものから，数が最も多いところや少ないところなどの特徴を読み取ることができる。

○ものの個数を比べるには，ものの大小にかかわらず，数を横にそろえれば比べやすいことがわかる。

》思考・判断・表現

○どのような絵グラフにすれば，ものの個数を比べやすくなるかを考えることができる。

》主体的に学習に取り組む態度　　※「主体的に学習に取り組む態度」は方向目標を示しています。

○ものの個数を表すのに，進んで絵グラフを用いようとする。

評価規準

》知識・技能

○ものの個数を，絵を用いて簡単なグラフに表している。

○絵グラフから，数が最も多いところや少ないところなどの特徴を読み取っている。

○ものの個数を比べるには，大きさをそろえて並べれば比べやすくなることを理解している。

● 対応する学習指導要領の項目：D(1) ア (ア)

》思考・判断・表現

○どのような絵グラフにすれば，ものの個数を比べやすくなるかを考えている。

● 対応する学習指導要領の項目：D(1) イ (ア)

》主体的に学習に取り組む態度

○ものの個数を表すのに，進んで絵グラフに表し，ものの個数の多少を比べている。

関連する既習内容

学年		内容
1	年	10 までのかず

学習活動

小単元名	時数	学習活動	数学的活動
かずを せいりしよう①	1	○ものの個数を，絵を用いて簡単なグラフに表したり，読み取ったりする。	(1) イ
		・ものの個数に合わせて，絵グラフに色を塗る。	
かずを せいりしよう②	1	○咲いた花の数を観点を変えて表したグラフをみて，違いを考える。	(1) イ

| 1年 | 日文 |

教科書【上】：p.74〜83　配当時数：8時間　配当月：9月

7. 10より おおきい かず

領域　A 数と計算

到達目標

知識・技能

○ 10 をひとまとまりにして数えるよさに気づき，20 までの数を 10 といくつと捉えることができる。

○ 2 とび，5 とびの数え方がわかる。

○ 10 より大きい数について，順序よく並べることができる。

○ 10 より大きい数について，数直線をもとに，数の大小，系列がわかる。

○ 20 までの数について，数え方，読み方，書き方がわかる。

○簡単な場合について，2 位数と 1 位数の加法，減法の計算をすることができる。

思考・判断・表現

○簡単な場合について，2 位数と 1 位数のたし算，ひき算のしかたを考えることができる。

主体的に学習に取り組む態度　※「主体的に学習に取り組む態度」は方向目標を示しています。

○数の構成を考えて，数を工夫して数えたり，加減計算をしようとしたりする。

評価規準

知識・技能

○ 20 までの数について，10 とあといくつという見方で数えるとよいことを理解している。

○ 11 から 20 までの数を表したり，読んだりしている。

○ 20 までの数の構成の理解を深め，その順序，系列を理解している。

○ 2 とび，5 とびで数えるよさを理解し，数えている。

○ 20 までの数直線の読み方を理解し，20 までの数の大小を比較している。

○ 20 までの数を表したり，読んだりしている。

○簡単な場合について，2 位数と 1 位数の加法計算をしている。

○簡単な場合について，2 位数と 1 位数の減法計算をしている。

　　　　　　　　　　　● 対応する学習指導要領の項目：A(1) ア (イ)(ウ)(エ)(オ)，A(2) ア (ア)(イ)(ウ)(エ)

思考・判断・表現

○簡単な場合について，2 位数と 1 位数の加法計算のしかたを考えている。

○簡単な場合について，2 位数と 1 位数の減法計算のしかたを考えている。

　　　　　　　　　　　　　　　　● 対応する学習指導要領の項目：A(2) イ (ア)

主体的に学習に取り組む態度

○数の構成を考えて，数を工夫して数えたり，加減計算のしかたをブロックを使って，わかりやすく説明する工夫をしている。

関連する既習内容

学年		内容
1	年	10 までのかず
1	年	あわせていくつ ふえるといくつ
1	年	ちがいはいくつ のこりはいくつ

学習活動

小単元名	時数	学習活動	数学的活動
10 より おおきい かず ①	1	○10 より大きい数について，ブロックを置いて 10 とあといくつという見方で数えるとよいことを知る。	(1) ア，イ
10 より おおきい かず ②	1	○20 までの数の構成について理解し，10 から 20 までの数を読んだり，書いたりする。	(1) ア，ウ
		・ブロックを 10 個から 20 個まで小さい順に並べたり，数を書いたりする。	
10 より おおきい かず ③	1	○20 までの数について工夫して数える。	(1) イ
10 より おおきい かず ④	1	○20 までの数の合成・分解について理解する。	(1) ウ
10 より おおきい かず ⑤	1	○20 までの数の系列について理解する。	(1) ウ
10 より おおきい かず ⑥	1	○20 までの数の大小比較をする。	(1) ウ
たしざんと ひきざん①	1	○数の構成をもとに，10 ＋何，(十何) － (何) の計算のしかたを考える。	(1) ア，ウ
		・10 と 6 で 16 であることから，10 ＋ 6 ＝ 6 と計算できることを知る。また，16 から 6 をひくと，10 になることを理解する。	
たしざんと ひきざん②	1	○くり上がり，くり下がりのない (十何) ＋ (何)，(十何) － (何) の計算の適用問題を解く。	(1) ア，イ

| 1年 | 日文 | 教科書【上】：p.84〜85　配当時数：1時間　配当月：9月 |

8. なんじ なんじはん

領域　C 測定

到達目標

》知識・技能
○時計を見て，何時，何時半の時刻を読み取ることができる。
○示された時刻の何時，何時半になるように時計の長針，短針をあわせることができる。

》思考・判断・表現
○何時，何時半の時刻と長針，短針の位置との対応を考えることができる。

》主体的に学習に取り組む態度　※「主体的に学習に取り組む態度」は方向目標を示しています。
○毎日の生活を通して，生活と時刻の関連に関心をもち，時刻を読もうとする。

評価規準

》知識・技能
○時計を見て，何時，何時半の時刻を読み取っている。
○示された時刻の何時，何時半になるように時計の長針，短針をあわせている。
　　　　　　　　　　　　　　　　　　　　　　　● 対応する学習指導要領の項目：C(2) ア (ア)

》思考・判断・表現
○何時，何時半の時刻と長針，短針が連動していることを考えている。
　　　　　　　　　　　　　　　　　　　　　　　● 対応する学習指導要領の項目：C(2) イ (ア)

》主体的に学習に取り組む態度
○毎日の生活を通して，生活と時刻の関連に関心をもち，教室の時計を見て，何時，何時半の時刻を読んでいる。

関連する既習内容

学年		内容
1	年	10 よりおおきい かず

学習活動

小単元名	時数	学習活動	数学的活動
なんじ なんじはん	1	○何時，何時半の時刻を読んだり，示された時刻に時計の針を合わせたり，長針を記入したりする。	(1) ア，イ

1年	日文

教科書【上】：p.86～90　配当時数：5時間　配当月：9月

9. どちらが ながい

領域　C 測定

到達目標

≫知識・技能

○直接比較により，長さを比較することができる。

○間接比較により，長さを比較することができる。

○任意単位を用いることにより，長さが数値化できることを知り，長さを比較することができる。

≫思考・判断・表現

○長さの比べ方を考えることができる。

≫主体的に学習に取り組む態度　※「主体的に学習に取り組む態度」は方向目標を示しています。

○身の回りにあるものの長さに関心をもち，いろいろな方法で工夫して比べようとする。

○長さを数値で表すことのよさに気づき，日常生活で進んで用いようとする。

評価規準

≫知識・技能

○長さの意味がわかり，直接比較によって長さを比較している。

○媒介物を用いて，長さを間接比較する方法を理解し，長さを比較している。

○任意の長さを単位にして，そのいくつ分で長さを表し，長さを比較している。

●対応する学習指導要領の項目：C(1) ア (ア)(イ)

≫思考・判断・表現

○長さの比べ方を考えている。

●対応する学習指導要領の項目：C(1) イ (ア)

≫主体的に学習に取り組む態度

○身の回りにあるものの長さに関心をもち，いろいろな比べ方を友だちと話し合っている。

○長さを数値で表すことのよさに気づき，進んで用いている。

学習活動

小単元名	時数	学習活動	数学的活動
どちらが ながい①	1	○長さの意味がわかり，直接比較によって長さを比較し，直接比較できないときの間接比較について考える。	(1) イ
どちらが ながい②	1	○媒介物を用いて，長さを間接比較する方法を理解し，長さを比較する。	(1) イ

どちらが ながい③	1	○身の回りの長さを，紙テープに写し取り並べて比較する。	(1) イ
どちらが ながい④	2	○任意の長さを単位にして，そのいくつ分で長さを表し，長さを比較する。	(1) イ
		・手や鉛筆などの任意単位を使うと，長さを数で比較できることを理解する。 ・文房具の長さを方眼のますの数を単位として，そのいくつ分で表せることのよさがわかり，任意単位による長さの比較の理解を深める。	

| 1年 | 日文 |

教科書【上】：p.91〜95　配当時数：4時間　配当月：10月

10. ふえたり へったり

領域　A 数と計算

到達目標

≫知識・技能

○具体的な場面に即して，数量の関係を3□の数の加法，減法，加減混合の式に表す方法がわかる。

○3□の数の加法，減法，加減混合の計算のしかたがわかる。

○3□の数の加法，減法，加減混合の計算ができる。

≫思考・判断・表現

○既習の加法や減法の考えを適用して，数量の関係を，3□の加法，減法，加減混合の式に表すことができる。

≫主体的に学習に取り組む態度　※「主体的に学習に取り組む態度」は方向目標を示しています。

○具体的な場面に即して，数量の関係を3□の数の加法，減法，加減混合の計算を日常生活に生かそうとする。

評価規準

≫知識・技能

○続いて起こる事柄を，3□の数の加法の式に表せることを理解している。

○続いて起こる事柄を，3□の数の減法の式に表せることを理解している。

○続いて起こる事柄を，3□の数の加減混合の式に表せることを理解している。

○3□の数の加法の計算をしている。

○3□の数の減法の計算をしている。

○3□の数の加減混合の計算をしている。

　　　　　　　　　　　　　　　　　　　　　　　　　● 対応する学習指導要領の項目：A(2) ア (ア)(イ)(ウ)

≫思考・判断・表現

○続いて起こる事柄を，3□の数の加法の式に表している。

○続いて起こる事柄を，3□の数の減法の式に表している。

○続いて起こる事柄を，3□の数の加減混合の式に表している。

　　　　　　　　　　　　　　　　　　　　　　　　　● 対応する学習指導要領の項目：A(2) イ (ア)

≫主体的に学習に取り組む態度

○具体的な場面に即して，数量の関係を3□の数の加法，減法，加減混合の式に表すことに進んで取り組んでいる。

関連する既習内容

学年		内容
1	年	あわせていくつ ふえるといくつ
1	年	のこりは いくつ ちがいは いくつ

学習活動

小単元名	時数	学習活動	数学的活動
ふえたり へったり①	1	○続いて起こる事柄を，3□の数の加法の式に表せることを理解し，答えを求める。	(1) ア，イ，エ
		・電車ごっこで，4人乗っていて，3人乗ってきて，さらに2人乗ってきた場面を1つの式に表す。	
ふえたり へったり②	1	○続いて起こる事柄を，3□の数の減法の式に表せることを理解し，答えを求める。	(1) ア，イ
ふえたり へったり③	1	○続いて起こる事柄を，3□の数の加減混合の式に表せることを理解し，答えを求める。	(1) ア，イ
ふえたり へったり④	1	○3□の加法の問題づくりや3□の加減混合の式に合う絵を選び並べる。	(1) ウ

| 1年 | 日文 | 教科書【下】：p.4〜15　配当時数：10時間　配当月：10月 |

11. たしざん

領域　A 数と計算

到達目標

》知識・技能

○ 1 位数と 1 位数をたして，和が 11 以上になる加法の計算原理や方法を理解し，正しく計算することができる。

○ 1 位数と 1 位数の加法の計算カードを使って計算の練習をし，計算に習熟することができる。

》思考・判断・表現

○ 1 位数と 1 位数をたして，和が 11 以上になる加法の計算方法を考えることができる。

○ 1 位数と 1 位数をたして，和が 11 以上になる加法の適用問題を解くことができる。

》主体的に学習に取り組む態度　※「主体的に学習に取り組む態度」は方向目標を示しています。

○ 1 位数と 1 位数をたして，和が 11 以上になる加法の計算方法を考え，説明しようとする。

評価規準

》知識・技能

○くり上がりのある (1 位数) + (1 位数) の計算方法を理解している。

○くり上がりのある (1 位数) + (1 位数) の計算をしている。

○加法の計算カードを用いて計算練習をしている。

●対応する学習指導要領の項目：A(2) ア (ア)(イ)(ウ)

》思考・判断・表現

○くり上がりのある (1 位数) + (1 位数) の計算方法を，10 のまとまりをつくることに着目して考えている。

○ 1 位数と 1 位数をたして，和が 11 以上になる加法の適用問題を解いている。

●対応する学習指導要領の項目：A(2) イ (ア)

》主体的に学習に取り組む態度

○ 1 位数と 1 位数をたして，和が 11 以上になる加法の計算方法を考え，友だちに工夫してわかりやすく説明している。

関連する既習内容

学年		内容
1	年	あわせていくつ ふえるといくつ
1	年	10 よりおおきいかず
1	年	ふえたりへったり

学習活動

小単元名	時数	学習活動	数学的活動
たしざん①	1	○絵を見て，加法の問題づくりをする。	(1) イ
たしざん②	1	○1位数と1位数をたして，和が11以上になる加法の計算のしかたを理解する。(加数分解)(被加数9)	(1) ア，イ，エ
		・9 + 4の計算のしかたを説明する。9は，あと1で10。4を1と3に分ける。9と1で10。10と3で13。	
たしざん③	1	○8 + 3の計算のしかたを，ブロックの操作をもとにして説明する。また，加数分解をしてくり上がりのある加法計算をする。	(1) ア，ウ，エ
たしざん④	1	○3 + 9の計算のしかたを考える。(被加数分解)	(1) ア，エ
たしざん⑤	1	○加数分解，被加数分解どちらも使える場合の計算のしかたを考えることを通して，くり上がりのある加法の理解を深める。	(1) ア，イ，エ
		・2人の計算しかたの考え方を説明する。	
たしざん⑥	3	○くり上がりのある1位数どうしの加法の計算カードを用いて，計算に習熟する。	(1) ウ
		・たし算カードを並べ，きまりをみつけたり，大きさ比べや答えが同じカードをみつけたりする。	
たしざん⑦	1	○「5 + 6」の式になる問題づくりをする。	(1) ウ
たしかめポイント	1	○「たしざん」の基本的な学習内容を理解しているかを確認し，それに習熟する。	

| 1年 | 日文 |

教科書【下】：p.18～22　配当時数：5時間　配当月：10～11月

12. かたちあそび

領域　B 図形

到達目標

≫知識・技能

○いろいろな箱などを使って，いろいろな形を構成することができる。

○いろいろなものの形に着目して，基本的な立体図形の特徴がわかる。

○いろいろな立体の面を写し取り，絵をかく活動を通して，基本的な平面の特徴がわかる。

≫思考・判断・表現

○立体図形について，形以外の属性を捨象して，立体図形の形の特徴を捉えることができる。

○平面図形について，形以外の属性を捨象して，形の特徴を捉えることができる。

○平面図形の分解合成について考えることができる。

≫主体的に学習に取り組む態度　※「主体的に学習に取り組む態度」は方向目標を示しています。

○身の回りにあるものの形について，観察したり構成を調べたり，形づくりをしようとする。

評価規準

≫知識・技能

○いろいろな箱や缶などの立体を用いて，身のまわりにある具体物を作っている。

○立方体，直方体，円柱を積み上げるときの注意事項を指摘している。

○立方体，直方体，円柱の中で，ころがる形を指摘している。

○立方体，直方体，円柱，球の仲間集めを通して，立体図形の特徴を理解している。

○立体の面を紙に写し取り，立体図形の構成要素である平面図形の特徴を理解している。

○立体の面を紙に写し取り，絵をかいている。

● 対応する学習指導要領の項目：B(1) ア (ア)(イ)

≫思考・判断・表現

○立体図形を手にもって触れることで，立体図形の特徴を捉えている。

○立体の面を写してかいた絵について，どんな形を使ってかいたかを説明している。

○かいた絵の同じ形に同じ色を塗って，形以外の属性を捨象して，形の特徴を捉えている。

○平面図形を分けたり合わせたりすることを通して図形の合成分解について考えている。

● 対応する学習指導要領の項目：B(1) イ (ア)

≫主体的に学習に取り組む態度

○身の回りにあるものの形について，観察したり触れたり，分解したりしている。

学習活動

小単元名	時数	学習活動	数学的活動
かたちあそび①	1	○立体をころがしたり，高く積んだりする。 ○いろいろな立体で具体物をつくる活動を通して，ものの形を認めたり，形の特徴を捉えたりする。	(1) ア
かたちあそび②	1	○似ている形を集める仲間集めの活動を通して，立体の形の特徴を捉える。	(1) ア
		・いろいろな立体（箱，ボール，筒など）を形の特徴に目を向けて仲間分けをする。	
かたちあそび③	2	○立体の面の形を写し取って絵をかく活動を通して，基本的な平面図形の特徴を捉える。	(1) ア
かたちあそび④	1	○折り紙を折ったり広げたりして，平面図形の合成分解について考える。	(1) ア

1年 日文　　　　　　　　　　　　　　教科書【下】：p.24〜35　配当時数：10時間　配当月：11月

13. ひきざん

領域　A 数と計算

到達目標

≫知識・技能

○ 10 いくつから 1 位数をひいて，差が 1 位数になる減法の計算原理や方法を理解し，正しく計算することができる。

○ 10 いくつから 1 位数をひいて，差が 1 位数になる減法の計算カードを使って計算の練習をし，計算に習熟することができる。

≫思考・判断・表現

○ 10 いくつから 1 位数をひいて，差が 1 位数になる減法の計算方法を考えることができる。

○ 10 いくつから 1 位数をひいて，差が 1 位数になる減法の適用問題を解くことができる。

≫主体的に学習に取り組む態度　　※「主体的に学習に取り組む態度」は方向目標を示しています。

○ 10 いくつから 1 位数をひいて，差が 1 位数になる減法の計算方法を考え，説明しようとする。

評価規準

≫知識・技能

○くり下がりのある (10 いくつ) − (1 位数) の計算方法 (減加法) を理解している。

○くり下がりのある (10 いくつ) − (1 位数) の計算を減加法で計算している。

○くり下がりのある (10 いくつ) − (1 位数) の計算方法 (減々法) を理解している。

○くり下がりのある (10 いくつ) − (1 位数) の計算を減々法で計算している。

○減法の計算カードを用いて計算練習をしている。

　　　　　　　　　　　　　　　　　　　　　　　●対応する学習指導要領の項目：A(2) ア (ア)(イ)(ウ)

≫思考・判断・表現

○くり下がりのある (10 いくつ) − (1 位数) の計算方法を，10 のまとまりから 1 位数をひくことに着目して考えている。

○ 10 いくつから 1 位数をひいて，差が 1 位数になる減法の適用問題を解いている。

　　　　　　　　　　　　　　　　　　　　　　　●対応する学習指導要領の項目：A(2) イ (ア)

≫主体的に学習に取り組む態度

○ 10 いくつから 1 位数をひいて，差が 1 位数になる減法の計算方法を考え，友だちに工夫してわかりやすく説明している。

関連する既習内容

学年		内容
1	年	のこりはいくつ ちがいはいくつ
1	年	10 よりおおきいかず
1	年	ふえたりへったり

学習活動

小単元名	時数	学習活動	数学的活動
ひきざん①	1	○絵を見て，減法の問題づくりをする。	(1) イ
ひきざん②	1	○10 いくつから 1 位数をひいて，差が 1 位数になる減法の計算のしかたを理解する。(減加法)	(1) ア，イ，エ
		・13 − 9 の計算のしかたを説明する。3 から 9 は，ひけない。13 を 10 と 3 に分ける。10 から 9 をひいて 1。1 と 3 で，4。	
ひきざん③	1	○11 − 8 の計算のしかたを，ブロックの操作をもとにして説明する。また，減加法でくり下がりのある減法計算をする。	(1) ア，ウ
ひきざん④	1	○12 − 3 の計算のしかたを考える。(減々法)	(1) ア，ウ，エ
ひきざん⑤	1	○15 − 8 の計算のしかたを，減加法と減々法で考える。	(1) ア，イ，エ
ひきざん⑥	3	○くり下がりのある減法の計算カードを用いて，計算に習熟する。	(1) ウ
		・同じ答えのカードを集めるゲームをしたり，順序よく並べて被減数と減数の関係で気づいたことを話し合ったりする。	
ひきざん⑦	1	○「11 − 2」の式になる問題づくりをする。	(1) ウ
たしかめポイント	1	○「ひきざん」の基本的な学習内容を理解しているかを確認し，それに習熟する。	

| 1年 | 日文 | 教科書【下】：p.38〜43　配当時数：5時間　配当月：12月 |

14. どちらが おおい どちらが ひろい

領域　C 測定

到達目標

≫知識・技能
○直接比較により，かさや広さを比較することができる。
○間接比較により，かさを比較することができる。
○任意単位を用いることにより，かさや広さが数値化できることを知り，比較することができる。

≫思考・判断・表現
○かさや広さの比べ方を考えることができる。

≫主体的に学習に取り組む態度　※「主体的に学習に取り組む態度」は方向目標を示しています。
○身の回りにあるもののかさや広さに関心をもち，いろいろな方法で工夫して比べようとする。
○かさや広さを数値で表すことのよさに気づき，日常生活で進んで用いようとする。

評価規準

≫知識・技能
○かさの意味がわかり，直接比較によってかさを比較している。
○媒介物を用いて，かさを間接比較する方法を理解し，かさを比較している。
○任意のかさを単位にして，そのいくつ分でかさを表し，かさを比較している。
○広さの意味がわかり，直接比較によって広さを比較している。
○広さは任意単位によって数値化して比較できることを知り，広さを比較している。

　　　　　　　　　　　　　　　　　　　　　　　　●対応する学習指導要領の項目：C(1) ア (ア)(イ)

≫思考・判断・表現
○かさの比べ方を考えている。
○広さの比べ方を考えている。

　　　　　　　　　　　　　　　　　　　　　　　　●対応する学習指導要領の項目：C(1) イ (ア)

≫主体的に学習に取り組む態度
○身の回りにあるもののかさや広さに関心をもち，いろいろな比べ方を友だちと話し合っている。
○かさや広さを数値で表すことのよさに気づき，進んで用いている。

関連する既習内容

学年		内容
1	年	どちらがながい

学習活動

小単元名	時数	学習活動	数学的活動
単元の導入	1	○水をいろいろな容器に移しかえて，かさを比べ，容器が変わってもかさは変わらないことを理解する。	(1) イ
かさくらべ①	1	○かさについても直接比較や間接比較で比較できることを理解する。	(1) イ
かさくらべ②	1	○任意単位を用いて，そのいくつ分でかさを表し，かさを比較する。	(1) イ
ひろさくらべ①	1	○広さの意味がわかり，広さについても直接比較で比較ができることを理解する。	(1) イ
ひろさくらべ②	1	○広さを任意単位で表し，比較する。	(1) イ

| 1年 | 日文 | 教科書【下】：p.47〜59　配当時数：11時間　配当月：1月 |

15. 20より 大きい かず

領域　A 数と計算

到達目標

≫知識・技能

○ 120 までの数を数えたり，読んだり，表したりすることができる。

○ 2 位数について，各位の数字の意味や空位の 0 の意味がわかり，一のくらい，十のくらいの用語を正しく使うことができる。

○ 120 までの数について，順序，系列を理解し，大小を比較することができる。

≫思考・判断・表現

○数表を使って 100 までの数を調べ，その特徴を説明することができる。

○ 2 位数や 3 位数について，いろいろな表し方を考えることができる。

≫主体的に学習に取り組む態度　※「主体的に学習に取り組む態度」は方向目標を示しています。

○数の構成を考えて，数を工夫して数えようとしたり，100 を超える数を数えようとする。

評価規準

≫知識・技能

○具体物の個数を 10 のまとまりをつくって数え，2 位数の構成や表し方，読み方を理解している。

○ 2 位数の構成的な見方について理解している。

○ 2 位数について，各位の数字の意味や空位の 0 の意味を理解している。

○一のくらい，十のくらいの用語を知り，正しく使っている。

○ 100 という数の構成や大きさ，表し方，読み方を理解している。

○ 120 程度までの 3 位数の読み方，表し方，順序，系列，大小を理解している。

　　　　　　　　　　　　　　　　　　　　　　　● 対応する学習指導要領の項目：A(1) ア (イ)(ウ)(エ)(オ)(カ)(キ)

≫思考・判断・表現

○数表を使って 100 までの数を調べ，その特徴を説明している。

○ 2 位数や 3 位数について，いろいろな表し方を考えている。

　　　　　　　　　　　　　　　　　　　　　　　● 対応する学習指導要領の項目：A(1) イ (ア)

≫主体的に学習に取り組む態度

○ 10 ずつまとめて数えることのよさや十進位取り記数法のよさに気づき，進んで 2 位数を数えたり用いたりしている。

○ 100 をこえる数について，興味をもって数えている。

関連する既習内容

学年		内容
1	年	10 よりおおきいかず

学習活動

小単元名	時数	学習活動	数学的活動
1. かずの あらわしかた①	2	○2 位数の読み方や，位取りの原理と記数法を理解する。	(1) ウ
1. かずの あらわしかた②	1	○2 位数の構成的な見方について理解する。	(1) ア，ウ
2. 100 までの かず①	1	○100 の読み方，書き方を理解する。	(1) ウ
2. 100 までの かず②	1	○数表を使って 100 までの数を調べ，その特徴に気づく。	(1) ウ
2. 100 までの かず③	1	○100 までの数の系列や大小を理解する。	(1) ウ
3. 100 より おおきい かず①	1	○100 をこえる数の表し方を考え，読み方，書き方を知る。	(1) ウ
3. 100 より おおきい かず②	1	○100 をこえる数の系列や大小を理解する。	(1) ウ
3. 100 より おおきい かず③	1	○数を多面的に捉える見方について考える。	(1) ウ
3. 100 より おおきい かず④	1	○身の回りにあるものから，120 程度までの数を探す。	(1) ア
たしかめポイント	1	○「20 より大きい数」の基本的な学習内容を理解しているかを確認し，それに習熟する。	

| 1年 | 日文 |

教科書【下】：p.62〜65　配当時数：2時間　配当月：2月

16. なんじ なんぷん

領域　C 測定

到達目標

≫知識・技能
○時計を見て，何時何分と1分単位で時刻を読み取ることができる。
○示された時刻になるように時計の長針，短針をあわせることができる。

≫思考・判断・表現
○何時何分の時刻と長針，短針の位置との対応を考えることができる。

≫主体的に学習に取り組む態度　※「主体的に学習に取り組む態度」は方向目標を示しています。
○毎日の生活を通して，生活と時刻の関連に関心をもち，時刻を読み，時刻を意識して生活しようとする。

評価規準

≫知識・技能
○時計を見て，何時何分と1分単位で時刻を読み取っている。
○示された時刻になるように時計の長針，短針をあわせている。
　　　　　　　　　　　　　　　　　　　　　　　　　　● 対応する学習指導要領の項目：C(2) ア (ア)

≫思考・判断・表現
○何時何分の時刻と長針，短針の位置との対応を考えている。
　　　　　　　　　　　　　　　　　　　　　　　　　　● 対応する学習指導要領の項目：C(2) イ (ア)

≫主体的に学習に取り組む態度
○毎日の生活を通して，生活と時刻の関連に関心をもち，教室の時計を見て，何時何分の時刻を読んでいる。

関連する既習内容

学年	内容
1 年	なんじなんじはん

学習活動

小単元名	時数	学習活動	数学的活動
なんじ なんぷん①	1	○時計を見て，時刻を何時何分と１分単位で読んだり，示された時刻になるように時計の針を正しい位置にあわせたりする。	(1) ア，イ
なんじ なんぷん②	1	○休みの１日を発表することを通して，時刻に関心を持ち，日常生活と関連付ける。	(1) ア

| 1年 | 日文 | 教科書【下】：p.67〜71　配当時数：4時間　配当月：2月 |

17. たしざんと ひきざん

領域　A 数と計算

到達目標

≫知識・技能

○数の構成をもとに，（何十）±（何十），（2位数）±（1位数）[くり上がり，くり下がりなし]の計算のしかたがわかる。

○2位数の構成をもとにして，10を単位とした加法及び減法の計算ができ，くり上がりのない（2位数）＋（1位数），くり下がりのない（2位数）−（1位数）の計算ができる。

≫思考・判断・表現

○簡単な場合，2位数を含む加法及び減法の計算のしかたを考えることができる。

≫主体的に学習に取り組む態度　※「主体的に学習に取り組む態度」は方向目標を示しています。

○数の構成をもとに計算できるよさに気づき，加法や減法に用いようとする。

評価規準

≫知識・技能

○（何十）±（何十），（2位数）±（1位数）[くり上がり，くり下がりなし]の計算のしかたを理解している。

○（何十）±（何十），（2位数）±（1位数）[くり上がり，くり下がりなし]の計算ができる。

●対応する学習指導要領の項目：A(2) ア (ア)(イ)(エ)

≫思考・判断・表現

○10のまとまりに着目し，既習の加法及び減法に帰着して計算のしかたを考えている。

●対応する学習指導要領の項目：A(2) イ (ア)

≫主体的に学習に取り組む態度

○2位数の構成をもとにして，加法や減法の計算のしかたを考えている。

関連する既習内容

学年		内容
1	年	たしざん
1	年	ひきざん
1	年	20 よりおおきいかず

学習活動

小単元名	時数	学習活動	数学的活動
たしざんと ひきざん①	1	○数の構成 (10 がいくつ) をもとに，和が 100 までの (何十) + (何十) の計算のしかたを理解する。	(1) ア，イ
たしざんと ひきざん②	1	○数の構成 (10 がいくつ) をもとに，(何十・百) − (何十) の計算のしかたを理解する。	(1) ア，イ
たしざんと ひきざん③	1	○くり上がりなしの (2 位数) + (1 位数) の計算をする。	(1) イ
たしざんと ひきざん④	1	○くり下がりなしの (2 位数) − (1 位数) の計算をする。	(1) イ

| 1年 | 日文 | 教科書【下】：p.73〜81　配当時数：4時間　配当月：2月 |

18. ずを つかって かんがえよう

| 領域 | A 数と計算 |

到達目標

》知識・技能
○問題場面の構造を図に表すと，数量の関係を簡潔に捉えられることがわかる。
○問題を解決する際，加減の場面を図に表すことができる。

》思考・判断・表現
○図から加減の問題場面を捉え，立式して問題を解決することができる。

》主体的に学習に取り組む態度　※「主体的に学習に取り組む態度」は方向目標を示しています。
○問題場面の構造が捉えやすくなるように，進んで図に表そうとする。

評価規準

》知識・技能
○順序数についての問題場面を図に表している。
○異種の量についての問題場面を図に表している。
○求大についての問題場面を図に表している。
○求小についての問題場面を図に表している。

　　　　　　　　　　　　　　　　　　　　　　　● 対応する学習指導要領の項目：A(2) ア (ア)(イ)

》思考・判断・表現
○順序数についての問題を図から立式し，解決している。
○異種の量についての問題を図から立式し，解決している。
○求大についての問題を図から立式し，解決している。
○求小についての問題を図から立式し，解決している。

　　　　　　　　　　　　　　　　　　　　　　　● 対応する学習指導要領の項目：A(2) イ (ア)

》主体的に学習に取り組む態度
○問題場面の構造を図に表すと，加減の相互関係が捉えやすくなるよさに気づき，進んで図に表している。

関連する既習内容

学年		内容
1	年	なんばんめ
1	年	たしざん
1	年	ひきざん

学習活動

小単元名	時数	学習活動	数学的活動
ずを つかって かんがえよう①	1	○順序数について，加法や減法が適用できることを理解し，図に表して問題を解決する。	(1)イ, エ
ずを つかって かんがえよう②	1	○異種の量について，加法や減法が適用できることを理解し，図に表して問題を解決する。	(1)イ, エ
ずを つかって かんがえよう③	1	○求大の場面を図に表し，加法を適用して問題を解決する。	(1)イ, エ
		・2人の考え方の図を見て，どんな式になるかを話し合う。	
ずを つかって かんがえよう④	1	○求小の場面を図に表し，減法を適用して問題を解決する。	(1)イ, エ

| 1年 | 日文 | 教科書【下】：p.82〜85　配当時数：4時間　配当月：2月 |

19. かたちづくり

領域　B 図形

到達目標

≫知識・技能
○色板や色の棒を使って，いろいろな形を構成することができる。
○点と点を線でつないで，いろいろな形をを構成することができる。

≫思考・判断・表現
○色板を移動していろいろな形を構成したり，分解したりすることを考え，どのような操作をしたかを説明することができる。

≫主体的に学習に取り組む態度　　※「主体的に学習に取り組む態度」は方向目標を示しています。
○色板や色の棒を使ったり，点と点を線でつないだりしての図形の構成活動を通して，自分の作った形を説明しようとする。

評価規準

≫知識・技能
○色板を使って，いろいろな形を作っている。
○色の棒を使って，いろいろな形を作っている。
○点と点を線でつないで，いろいろな形を作っている。
○いろいろな形を作ることを通して，基本的な平面図形の特徴を理解している。
　　　　　　　　　　　　　　　　　　　　　　　　　　● 対応する学習指導要領の項目：B(1) ア (ア)(イ)

≫思考・判断・表現
○色板の移動について，ずらす，回す，裏返すなどの動かし方を説明している。
○形を構成する活動を通して，基本的な平面図形の見方を深めている。
　　　　　　　　　　　　　　　　　　　　　　　　　　● 対応する学習指導要領の項目：B(1) イ (ア)

≫主体的に学習に取り組む態度
○色板や格子点を活用した図形の構成活動を通して，基本的な平面図形の見方を深めている。

関連する既習内容

学年		内容
1	年	かたちあそび

学習活動

小単元名	時数	学習活動	数学的活動
かたちづくり①	1	○色板を使って，いろいろな形をつくる。	(1) ア
かたちづくり②	1	○4枚の色板で正方形等をつくる。また，色板の移動について，ずらす，回す，裏返す等の操作を通して，いろいろな形をつくる。	(1) ア
かたちづくり③	1	○色の棒を使っていろいろな形をつくり，基本的な平面図形についての見方を深める。	(1) ア
かたちづくり④	1	○点と点を線でつないでいろいろな形をつくり，基本的な平面図形についての見方を深める。	(1) ア

| 1年 | 日文 |

教科書【下】：p.86〜87　配当時数：2時間　配当月：3月

20. おなじ かずずつ わけよう

領域　A 数と計算

到達目標

≫知識・技能
○1つの数を同じ数ずつ分けることで，数にいろいろな見方があることがわかる。
○具体物を何個かずつに分けたり，等分したりすることができる。

≫思考・判断・表現
○具体物をいくつかずつに等分する方法を考えることができる。

≫主体的に学習に取り組む態度　※「主体的に学習に取り組む態度」は方向目標を示しています。
○具体物をいくつかずつに等分しようとしている。

評価規準

≫知識・技能
○身の回りの具体物を何個かずつに分けている。
○身の回りの具体物を等分する方法を理解している。

●対応する学習指導要領の項目：A (1) ア (ク)

≫思考・判断・表現
○身の回りの具体物を何個かずつに等分することについて，絵や図，式に表して考えている。

●対応する学習指導要領の項目：A (1) イ (ア)

≫主体的に学習に取り組む態度
○身の回りの具体物を適当な大きさのまとまりをつくって等分している。

関連する既習内容

学年	内容
1 年	たしざん

学習活動

小単元名	時数	学習活動	数学的活動
おなじ かずずつ わけよう①	1	○8個のりんごを同じ数ずつ分けると，何人に分けられるか考える。	(1) ア
おなじ かずずつ わけよう②	1	○12本のバナナを何人かで同じ数ずつ分けると，1人分はいくつになるか考える。	(1) ア

| 2年 | 日文 | 教科書【上】：p.10〜12　配当時数：3時間　配当月：4月 |

1. ひょうと グラフ

領域　D データの活用

到達目標

≫知識・技能
○身の回りにある数量を分類整理して，簡単な表やグラフに表したり読んだりすることができる。

≫思考・判断・表現
○データを整理する観点に着目し，身の回りにある事象の特徴について表やグラフから考えることができる。

≫主体的に学習に取り組む態度　※「主体的に学習に取り組む態度」は方向目標を示しています。
○身の回りにある数量を分類整理して，表やグラフに表す良さを知り，表にまとめたりグラフに表そうとしたりする。

評価規準

≫知識・技能
○メダルの数を飾りの形で分けて，簡単な表に表している。
○メダルの数を飾りの形で分けて表した表を読んでいる。
○メダルの数を飾りの形で分けて，簡単なグラフに表している。
○メダルの数を飾りの形で分けて表したグラフを読んでいる。
○メダルの数を色画用紙の色で分けて，簡単なグラフに表し，読んでいる。
○好きな給食のメニューと数を簡単な表に表している。
○好きな給食のメニューと数を簡単なグラフに表している。

● 対応する学習指導要領の項目：D(1) ア (ア)

≫思考・判断・表現
○事象を表やグラフに表し，その特徴を表やグラフを使って考え，説明している。
○もとのグラフと観点を変えたグラフとを比較し，その特徴を考え，説明している。

● 対応する学習指導要領の項目：D(1) イ (ア)

≫主体的に学習に取り組む態度
○身の回りにある数量を分類整理し，表にまとめたりグラフに表したりして，データの特徴を読み取っている。

関連する既習内容

学年	内容
1 年	かずをせいりしよう

学習活動

小単元名	時数	学習活動	数学的活動
単元の導入	1	○メダルの数を形で分けた整理のしかた（1年で学習した絵グラフ）について振り返る。	(1)イ
ひょうと グラフ①	1	○メダルの数を飾りの形で分けて表に表す。その表からグラフに表し，グラフを読む。	(1)イ，エ
		・花のメダルの数，ハートと花の数の違いを指摘する。	
ひょうと グラフ②	1	○分類整理する観点を変え，グラフに表し，読み取る。	(1)イ，エ
		・メダルの数を色画用紙の色で分けてグラフに表し，一番多い色を調べたり飾りの形のグラフと比較したりする。。	
		○身の回りにある数量を分類整理し，表とグラフに表し，特徴を読み取る。	(1)イ，エ
		・好きな給食のメニューを調べ，表やグラフにまとめ，分かったことを話し合う。	

| 2年 | 日文 | 教科書【上】：p.14〜28　配当時数：9時間　配当月：4月 |

2. たし算

領域　A 数と計算

到達目標

≫知識・技能
○筆算形式による 2 位数の加法の計算のしかたがわかり，計算することができる。
○具体的な場面で，加法の交換法則が成り立つことがわかる。

≫思考・判断・表現
○ 2 位数の加法の筆算のしかたを，数のしくみをもとに考え，説明することができる。

≫主体的に学習に取り組む態度　※「主体的に学習に取り組む態度」は方向目標を示しています。
○ 2 位数の加法の計算のしかたを考え，考えたことを友だちと話し合い，自分の考えをまとめようとする。

評価規準

≫知識・技能
○くり上がりのない (2 位数) + (2 位数) の筆算のしかたがわかり，筆算で計算している。
○くり上がりのない (2 位数) + (何十) や (2 位数) + (1 位数) の計算を筆算でしている。
○一の位がくり上がる (2 位数) + (2 位数) の筆算のしかたがわかり，筆算で計算している。
○くり上がりのある (2 位数) + (1 位数) の計算を筆算でしている。
○筆算，たされる数，たす数の用語とその意味を理解している。
○加法では，交換法則が成り立つことを理解している。
　　　　　　　　　　　　　　　　　　　　　　　● 対応する学習指導要領の項目：A(2) ア (ア)(ウ)

≫思考・判断・表現
○ (2 位数) + (2 位数) の筆算のしかたを考え，説明している。
○ (2 位数) + (何十) や (2 位数) + (1 位数) の筆算のしかたを考え，説明している。
　　　　　　　　　　　　　　　　　　　　　　　● 対応する学習指導要領の項目：A(2) イ (ア)

≫主体的に学習に取り組む態度
○ (2 位数) + (2 位数) や (1 位数) + (2 位数) の計算のしかたを考え，その考えをわかりやすく説明する工夫をしている。
○加法では，交換法則が成り立つことを，たされる数とたす数を入れかえて計算して確かめている。

関連する既習内容

学年	内容
1 年	たしざん

学習活動

小単元名	時数	学習活動	数学的活動
単元の導入	1	○好きなお菓子を2つ選んで買う場面で，(2位数) + (2位数) の計算について考える。	(1) イ
1. たし算 (1) ①	2	○くり上がりのない (2位数) + (2位数) の計算方法を考え，位ごとに計算することを知る。また，筆算方法を知り，筆算で計算する。	(1) ア，イ，エ
		・34 + 25 の計算で，位をそろえて書き，一の位の計算は 4 + 5 = 9。十の位の計算は 3 + 2 = 5 で 59 と計算できる。	
1. たし算 (1) ②	1	○(2位数) + (何十)，(2位数) + (1位数) の筆算方法を考え，位をそろえて筆算で計算する。	(1) ウ
2. たし算 (2) ①	1	○くり上がりのある (2位数) + (2位数) の筆算方法を考え，筆算で計算する。	(1) ア，イ，エ
		・38 + 24 の計算で，一の位どうしを加えて 8 + 4 = 12 で十の位に 1 くり上げ，十の位は 1 + 3 + 2 = 6 で 62 と計算できる。	
2. たし算 (2) ②	1	○答えが何十になる (2位数) + (2位数) の筆算やくり上がりのある (2位数) + (1位数) の筆算方法を考え，筆算で計算する。	(1) ウ
3. たし算の きまり	1	○たされる数，たす数の用語とその意味を知り，加法では，交換法則が成り立つことを知る。	(1) イ，エ
わかっているかな？/たしかめポイント	2	○筆算のしかたを確認し，正しく計算する。 ・27 + 4 = 67 の筆算の間違い箇所を指摘し，正しく計算する。 ○「たし算」の基本的な学習内容を理解しているかを確認し，それに習熟する。	

| 2年 | 日文 |

教科書【上】：p.30〜41　配当時数：10 時間　配当月：5 月

3. ひき算

領域　A 数と計算

到達目標

≫知識・技能
○筆算形式による 2 位数の減法の計算のしかたがわかり，計算することができる。
○具体的な場面で，ひき算の答えにひく数をたすと，ひかれる数になることがわかる。

≫思考・判断・表現
○ 2 位数の減法の筆算のしかたを，数のしくみをもとに考え，説明することができる。

≫主体的に学習に取り組む態度　※「主体的に学習に取り組む態度」は方向目標を示しています。
○ 2 位数の減法の計算のしかたを考え，考えたことを友だちと話し合い，自分の考えをまとめようとする。

評価規準

≫知識・技能
○くり下がりのない (2 位数) − (2 位数) の筆算のしかたがわかり，筆算で計算している。
○くり下がりのない (2 位数) − (何十) や答えが 1 けたになる計算を筆算でしている。
○くり下がりのない (2 位数) − (1 位数) の計算を筆算でしている。
○くり下がりのある (2 位数) − (2 位数) の筆算のしかたがわかり，筆算で計算している。
○ (何十) − (2 位数) の筆算のしかたがわかり，筆算で計算している。
○くり下がりのある答えが 1 けたになる筆算や (何十) − (1 位数) の筆算のしかたがわかり，筆算で計算している。
○ひかれる数，ひく数の用語とその意味を理解している。
○減法の答えにひく数をたすと，ひかれる数になることを知り，答えの確かめをしている。

　　　　　　　　　　　　　　　　　　　　　　　　　━➤ 対応する学習指導要領の項目：A(2) ア (ア)(ウ)

≫思考・判断・表現
○ (2 位数) − (何十) の計算のしかたを考え，説明している。
○ (2 位数) − (1・2 位数) の筆算のしかたを考え，説明している。
○ (何十) − (1・2 位数) の筆算のしかたを考え，説明している。

　　　　　　　　　　　　　　　　　　　　　　　　　━➤ 対応する学習指導要領の項目：A(2) イ (ア)

≫主体的に学習に取り組む態度
○ (2 位数) − (1・2 位数) や (何十) − (1・2 位数) の計算のしかたを考え，その考えをわかりやすく説明する工夫をしている。
○減法では，答えにひく数をたすとひかれる数になることを，計算して確かめている。

関連する既習内容

学年		内容
1	年	ひき算

学習活動

小単元名	時数	学習活動	数学的活動
単元の導入	1	○好きな文房具を買うとお金が何円残るかを考える場面で，(2位数) − (2位数) の計算について考える。	(1) イ
1. ひき算 (1) ①	2	○くり下がりのない (2位数) − (2位数) の計算方法を考え，位ごとに計算することを知る。また，筆算方法を知り，筆算で計算する。	(1) ア，イ，エ
		・35 − 12 の計算で，位をそろえて書き，一の位の計算は 5 − 2 = 3。十の位の計算は 3 − 1 = 2 で 23 と計算できる。	
1. ひき算 (1) ②	1	○くり下がりのない (2位数) − (何十) や答えが 1 けたになる計算，(2位数) − (1位数) の筆算方法を考え，筆算で計算する。	(1) ウ
2. ひき算 (2) ①	2	○くり下がりのある (2位数) − (2位数) の筆算方法を考え，筆算で計算する。	(1) ア，イ，エ
		・54 − 28 の計算で，一の位の計算はひけないので十の位から 1 くり下げて 14 − 8 = 6。十の位の計算は 1 くり下げたから，5 − 1 − 2 = 2 で 26 と計算できる。	
2. ひき算 (2) ②	1	○くり下がりのある (何十) − (2位数) の筆算や答えが 1 けたになる筆算，(2位数) − (1位数) の筆算方法を考え，筆算で計算する。	(1) ウ
3. ひき算の きまり	1	○ひかれる数，ひく数の用語とその意味を知り，ひき算の答えにひく数をたすと，ひかれる数になることを知る。	(1) イ
わかっているかな？/たしかめポイント	2	○筆算のしかたを確認し，正しく計算する。 ・62 − 4 = 68 の筆算の間違い箇所を指摘し，正しく計算する。 ○「ひき算」の基本的な学習内容を理解しているかを確認し，それに習熟する。	

| 2年 | 日文 | 教科書【上】：p.44〜54　配当時数：9時間　配当月：5月 |

4. 長さの 単位

領域　C 測定

到達目標

≫知識・技能

○長さの単位 cm や mm を知り，1 cm ＝ 10 mm の関係がわかる。

○ものさしの目盛りの読み方や使い方がわかる。

○ものさしを使って長さを測定したり，必要な長さの直線をかいたりできる。

○長さの加法と減法の計算ができる。

≫思考・判断・表現

○長さを予想してから測定し，長さの量感を身につけることができる。

○長さの適切な単位を選択したり，単位の関係を説明したりすることができる。

≫主体的に学習に取り組む態度　※「主体的に学習に取り組む態度」は方向目標を示しています。

○身の回りの物の長さを cm，mm の単位を使って測ることに興味をもち，予想をしながら測定しようとする。

○身の回りの物の長さを、測定する大きさに合った単位で表そうとする。

評価規準

≫知識・技能

○長さの単位 cm や mm を知り，1 cm ＝ 10 mm の関係を理解している。

○ものさしの目盛りの読み方を知り，ものさしを使っていろいろな物の長さを測定している。

○ものさしを使って，直線のひき方を理解し，与えられた長さの直線をひいている。

○長さを予想してから，いろいろな物の長さを測定している。

○複名数どうしや複名数と単名数の加減計算をしている。

● 対応する学習指導要領の項目：C(1) ア (ア)(イ)

≫思考・判断・表現

○長さを目的に応じた単位で表現でき，量感を身につけている。

○長さの簡単な加減法について，計算のしかたを考え，説明している。

● 対応する学習指導要領の項目：C(1) イ (ア)

≫主体的に学習に取り組む態度

○身の回りの物の長さを cm，mm の単位を使って測ることに興味をもち，予想をしながら測定している。

○長さの単位である cm，mm を使うよさを知り，進んで用いている。

関連する既習内容

学年		内容
1	年	どちらがながい

学習活動

小単元名	時数	学習活動	数学的活動
単元の導入	1	○絵を見て，3本の線の長さを比べる。(間接比較)	(1) ウ
1. 長さの はかり方①	1	○任意単位での長さ比べを通して，長さを同じ長さのいくつ分で表すことを知る。	(1) ア，イ，エ
		・3本の線の中で一番長い線を調べるため，ブロックや消しゴムの何こ分かで表す。	
1. 長さの はかり方②	1	○普遍単位の必要性から長さの普遍単位である cm を知る。	(1) ア，ウ
		・正しい長さの測り方がわかり，その理由を説明する。	
1. 長さの はかり方③	1	○長さの測り方を考え，ものさしの目盛りを使って直線の長さを測る。	(1) ア，イ
		・手で 10 cm をつくって，それを用いて長さの予想に使ったり，量感を養ったりする。	
2. くわしい はかり方①	1	○はがきの横の長さと縦の長さの測定を通して，短い長さの必要性から mm の単位を知り，1 cm = 10 mm を知る。	(1) ア，イ
2. くわしい はかり方②	1	○ものさしを使って，いろいろな物の長さを予想してから測る。	(1) ア，イ
		・空き缶の高さ，クレヨンの箱等の長さを測る。	
2. くわしい はかり方③	1	○ものさしを使って，与えられた長さの直線をひく。	(1) ア，ウ
		・ものさしを使った直線のひき方を写真と説明で知る。	
2. くわしい はかり方④	1	○長さの計算は，同じ単位の数どうしを計算すればよいことを知り，長さの加法，減法をする。	(1) ア，イ
		・複名数±単名数，複名数±複名数(くり上がりなし，くり下がりなし)の計算をする。	
たしかめポイント	1	○「長さの単位」の基本的な学習内容を理解しているかを確認し，それに習熟する。	

| 2年 | 日文 |

教科書【上】：p.56〜61　配当時数：4時間　配当月：6月

5. 時こくと 時間

領域　C 測定

到達目標

》知識・技能

○時刻と時間の意味の違いを理解し，正しく用いることができる。

○時間の単位の関係，1時間＝60分，1日＝24時間がわかる。

○午前，午後の用語とその意味を理解し，それらを用いて時刻を表すことができる。

○簡単な場合について，時刻や時間を求めることができる。

》思考・判断・表現

○簡単な場合について，時刻や時間の求め方を時計や図を用いて考えることができる。

》主体的に学習に取り組む態度　※「主体的に学習に取り組む態度」は方向目標を示しています。

○授業が始まる時刻や休み時間など，日常生活を時刻や時間を使って表そうとする。

評価規準

》知識・技能

○時刻と時間の意味の違いを理解し，正しく用いている。

○時間の単位の関係，1時間＝60分を理解している。

○午前，午後の用語とその意味を知り，午前，午後を使って時刻を読んでいる。

○時間の単位の関係，1日＝24時間を理解している。

○時計を見て，正時から正時までの時間を求めている。

○時計や図から時刻の求め方を考え，正時をまたがない時刻を求めている。

○時計を見て，○時間前後の時刻を求めている。

● 対応する学習指導要領の項目：C(2) ア (ア)

》思考・判断・表現

○簡単な場合について，時刻や時間の求め方を時計や図を用いて考え，説明している。

● 対応する学習指導要領の項目：C(2) イ (ア)

》主体的に学習に取り組む態度

○授業が始まる時刻や休み時間など，日常生活を時刻や時間を使って表している。

関連する既習内容

学年	内容
1 年	なんじなんぷん

学習活動

小単元名	時数	学習活動	数学的活動
時こくと 時間①	1	○時刻と時間の違いを知る。時計の長い針が1まわりする時間が1時間であることを知り，1時間＝60分の関係を知る。	(1) ア，イ
		・しょうたさんが家を出た時刻 (8時) と学校に着いた時刻 (8時20分)，家を出てから学校に着くまでの時間 (20分) を求める。 ・2時間＝120分，100分＝1時間40分と時間の単位の関係がわかる。	
時こくと 時間②	1	○午前，午後の用語とその意味を知り，午前，午後を使って時刻を表す。また，1日＝24時間を知る。	(1) ア，イ
		・めいさんの1日の生活を表した時計や図から，時刻や時間を求める。	
時こくと 時間③	1	○日常生活を時刻や時間を使って表す。	(1) ア，イ，エ
		・自分の1日の生活を調べ，時刻や時間を発表するとともに，休みの日の予定表を作成する。	
たしかめポイント	1	○「時こくと時間」の基本的な学習内容を理解しているかを確認し，それに習熟する。	

| 2年 | 日文 | 教科書【上】：p.64〜76　配当時数：10 時間　配当月：6 月 |

6. 1000までの 数

領域　A 数と計算

到達目標

≫知識・技能

○ 3 位数の数の数え方，表し方，読み方を知り，十進位取り記数法による数の表し方がわかる。

○ 3 位数の数の相対的な大きさがわかる。

○ 3 位数の数を数直線上に表したり，数直線上に表された数を読んだりすることができる。

○ 3 位数の数について，大小の比べ方を理解し，大小の関係を不等号を使って表すことができる。

○ 1000 という数の大きさや命数法がわかる。

○くり上がりのある (何十) + (何十)，くり下がりのある (百何十) − (何十) の計算のしかたを理解し，計算することができる。

≫思考・判断・表現

○ 3 位数の数をいろいろな見方で表現することができる。

○くり上がりのある (何十) + (何十)，くり下がりのある (百何十) − (何十) の計算のしかたを考えることができる。

≫主体的に学習に取り組む態度　※「主体的に学習に取り組む態度」は方向目標を示しています。

○ 3 位数の数をいろいろな見方で表現しようとする。

○くり上がりのある (何十) + (何十)，くり下がりのある (百何十) − (何十) の計算のしかたを考え，友だちと話し合って自分の考えをまとめようとする。

評価規準

≫知識・技能

○大きな数を数えるときは，10 や 100 のまとまりをつくると数えやすくなることを理解している。

○位取り板に対応させて，百の位の用語を理解している。

○ 3 位数の読み方や表し方，数のしくみを理解している。

○ 3 位数で空位がある数の表し方や読み方，数のしくみを理解している。

○ 3 位数の相対的な大きさを理解している。

○数直線上の 3 位数を読み取ったり，3 位数を数直線上に表したりしている。

○ 3 位数の大小比較のしかたを理解し，大小の関係を不等号を使って表している。

○ 100 を 10 こ集めた数を 1000 と書いて，千と読むことを理解している。

○ (何十) + (何十)，(百何十) − (何十) の計算のしかたを理解し，計算している。

● 対応する学習指導要領の項目：A(1) ア (ア)(イ)(ウ)(エ)(オ)

≫思考・判断・表現

○ 3 位数の数をいろいろな見方で表現している。

○ (何十) + (何十)，(百何十) − (何十) の計算のしかたを考え，説明している。

● 対応する学習指導要領の項目：A(1) イ (ア)

≫主体的に学習に取り組む態度

○何百何十の数を，1目盛りが10で表された数直線を用いて，いろいろな見方をしている。

○くり上がりのある (何十) + (何十)，くり下がりのある (百何十) − (何十) の計算のしかたを考え，その考えをわかりやすく説明している。

関連する既習内容

学年		内容
1	年	20 より大きいかず

学習活動

小単元名	時数	学習活動	数学的活動
1. 数の あらわし方①	2	○百の位の用語を知り，3位数の数のしくみを理解する。	(1) ア, イ, エ
		・ビー玉の数を数える活動を通して，大きな数を数えるときは 10 や 100 のまとまりをつくるとよいことを知る。	
1. 数の あらわし方②	1	○何百何，何百何十，何百のように 3 位数の数で空位がある数の表し方や読み方，数のしくみを理解する。	(1) ア, ウ
1. 数の あらわし方③	1	○10 をいくつか集めた数を数字で書く。	(1) ア, ウ
		・10 を 13 こ集めた数は 130。240 は 10 を 24 こ集めた数等。	
1. 数の あらわし方④	1	○100 を 10 こ集めた数を 1000 と書いて，千と読むことを知り，1000 について調べる。	(1) ア, ウ
		○数の線の目盛りを読む。	(1) ウ
		・数直線の 1 目盛りや大きな目盛りをもとに，180 等の数を読む。	
1. 数の あらわし方⑤	1	○1000 までの数の順序，系列を調べる	(1) ウ
		○3 位数の数をいろいろな見方で表す。	(1) ウ, エ
		・360 について，359 より 1 大きい数，400 より 40 小さい数等。	
1. 数の あらわし方⑥	1	○3 位数の数の大小比較をして不等号を使って表す。	(1) ウ
		・けた数の同じ数の大きさを比べるときは，上の位から順に比べることを知る。	
2. 何十の 計算①	1	○(何十) + (何十) の加法とその逆の減法の計算をする。	(1) イ
2. 何十の 計算②/わかっているかな？	1	○身の回りから 3 位数の数を探す。数の大きさの比べ方を確認する。	(1) ア, イ
		・ティッシュボックス，値段，道路標識等。213 と 208，467 と 476 の数の大きさを比べる。	
たしかめポイント	1	○「1000 までの数」の基本的な学習内容を理解しているかを確認し，それに習熟する。	

| 2年 | 日文 |

教科書【上】：p.78〜92　配当時数：12時間　配当月：6〜7月

7. たし算と ひき算の 筆算

領域　A 数と計算

到達目標

》知識・技能

○ (2 位数) ＋ (1・2 位数) ＝ 3 位数の計算のしかたを知り，筆算で計算することができる。

○ (百何十何) － (2 位数) ＝ 2 位数の計算のしかたを知り，筆算で計算することができる。

○波及的にくり下がる (百何) － (1・2 位数) の計算のしかたを知り，筆算で計算することができる。

○百の位にくり上がらない (3 位数) ＋ (1・2 位数) や百の位からくり下がらない (3 位数) － (1・2 位数) を筆算で計算することができる。

○具体的場面で，加法の結合法則が成り立つことや ( ) の意味を知り，3 口の計算を工夫して手際よく計算することができる。

》思考・判断・表現

○ (2 位数) ＋ (1・2 位数) ＝ 3 位数の計算のしかたを，数のしくみをもとに考え，説明することができる。

○ (百何十何) － (2 位数) ＝ 2 位数の計算のしかたを，数のしくみをもとに考え，説明することができる。

○波及的にくり下がる (百何) － (1・2 位数) の計算のしかたを，数のしくみをもとに考え，説明することができる。

》主体的に学習に取り組む態度　※「主体的に学習に取り組む態度」は方向目標を示しています。

○ (2 位数) ＋ (1・2 位数) ＝ 3 位数の計算のしかたを考え，考えたことを友だちと話し合い，自分の考えをまとめようとする。

○ (百何十何) － (2 位数) ＝ 2 位数の計算のしかたを考え，考えたことを友だちと話し合い，自分の考えをまとめようとする。

評価規準

》知識・技能

○ (2 位数) ＋ (2 位数) で，百の位にくり上がる計算を筆算でしている。

○ (2 位数) ＋ (2 位数) で，十の位と百の位にくり上がる計算を筆算でしている。

○ (2 位数) ＋ (2 位数) で，百の位に波及的にくり上がる計算を筆算でしている。

○百の位からくり下がる (百何十何) － (2 位数) の計算を筆算でしている。

○くり下がりが 2 回ある (百何十何) － (2 位数) の計算を筆算でしている。

○波及的にくり下がる (百何) － (2 位数) の計算を筆算でしている。

○波及的にくり下がる (百何) － (1 位数) や (百) － (2 位数) 計算を筆算でしている。

○百の位にくり上がらない (3 位数) ＋ (1・2 位数) の計算を筆算でしている。

○百の位からくり下がらない (3 位数) － (1・2 位数) の計算を筆算でしている。

○加法では，結合法則や交換法則が成り立つことを知り，3 口の計算を工夫して手際よく計算している。

　　　　　　　　　　　　　　　　　　　　●対応する学習指導要領の項目：A(2) ア (ア)(イ)(ウ)

》思考・判断・表現

○ (2 位数) ＋ (1・2 位数) ＝ 3 位数の計算のしかたを考え，説明している。

○ (百何十何) － (1・2 位数) ＝ 2 位数の計算のしかたを考え，説明している。

○波及的にくり下がる (百何) － (1・2 位数) の計算のしかたを考え，説明している。

　　　　　　　　　　　　　　　　　　　　●対応する学習指導要領の項目：A(2) イ (ア)

≫主体的に学習に取り組む態度

○ (2 位数) + (1・2 位数) = 3 位数の計算のしかたを考え，その考えをわかりやすく説明する工夫をしている。

○加法では，結合法則が成り立つことを，計算の順序を入れかえて計算して確かめている。

○ (百何十何) − (1・2 位数) = 2 位数の計算のしかたを考え，その考えをわかりやすく説明する工夫をしている。

関連する既習内容

学年		内容
1	年	たしざん / ひきざん
2	年	たし算 / ひき算

学習活動

小単元名	時数	学習活動	数学的活動
単元の導入	1	○ミニトマトをとる場面で，既習の (2 位数) ± (2 位数) の計算を振り返る。	(1) イ
1. たし算①	1	○(2 位数) + (2 位数) で，百の位にくり上がる筆算のしかたを考え，筆算で計算する。	(1) ア，イ，エ
		・53 + 74 の計算。十の位は 5 + 7 = 12 で百の位に 1 くり上がる。	
1. たし算②	1	○(2 位数) + (2 位数) で，十の位と百の位にくり上がる筆算のしかたを考え，筆算で計算する。	(1) ウ
1. たし算③	1	○(2 位数) + (1・2 位数) で，百の位に波及的にくり上がる筆算のしかたを考え，筆算で計算する。	(1) ウ
		・37 + 65 の計算。一の位は 7 + 5 = 12 で十の位に 1 くり上がる。十の位は 1 + 3 + 6 = 10 で百の位に 1 くり上がり答えは 102。	
2. ひき算①	1	○百の位からくり下がる (百何十何) − (2 位数) の筆算のしかたを考え，筆算で計算する。	(1) ア，イ，エ
2. ひき算②	1	○くり下がりが 2 回ある (百何十何) − (2 位数) の筆算のしかたを考え，筆算で計算する。	(1) ウ
2. ひき算③	1	○波及的にくり下がる (百何) − (2 位数)，(百何) − (1 位数)，(百) − (2 位数) の筆算のしかたを考え，筆算で計算する。	(1) ア，ウ
		・102 − 47 の計算。一の位はひけないので百の位から 1 くり下げ，十の位から 1 くり下げる。一の位は 12 − 7 = 5。十の位は 9 − 4 = 5 で答えは 55。	
3. 筆算を つかって①	1	○百の位にくり上がらない (3 位数) + (1・2 位数) を筆算でする。	(1) ウ
3. 筆算を つかって②	1	○百の位からくり下がらない (3 位数) − (1・2 位数) を筆算でする。	(1) ウ
4.( ) を つかった 計算	1	○加法では，結合法則や交換法則が成り立つことを知り，3 口の計算を工夫して手際よく計算する。	(1) イ，エ
わかっているかな？ / たしかめポイント	2	○減法の筆算のしかたを確認し，正しく計算する。 ・103 − 9 = 194 の計算の間違い箇所を指摘し，正しく計算する。 ○「たし算とひき算の筆算」の基本的な学習内容を理解しているかを確認し，それに習熟する。	

| 2年 | 日文 |

教科書【上】：p.96〜105　配当時数：7時間　配当月：9月

8. 水の かさ

領域　C 測定

到達目標

≫知識・技能

○かさの単位 dL，L を知り，1L＝10dL の関係がわかる。

○簡単な場合について，かさの加法と減法の計算をすることができる。

○かさの単位 mL を知り，1L＝1000mL の関係がわかる。

≫思考・判断・表現

○かさを予想してから測定し，かさの量感を身につけることができる。

○かさの適切な単位を選択したり，単位の関係を説明したりすることができる。

≫主体的に学習に取り組む態度　　※「主体的に学習に取り組む態度」は方向目標を示しています。

○身の回りの物のかさを L，dL，mL の単位を使って量ることに興味をもち，予想をしながら測定しようとする。

○身の回りの物のかさを、測定する大きさに合った単位で表そうとする。

評価規準

≫知識・技能

○かさの普遍単位である dL を知り，物のかさを dL 単位で表している。

○大きなかさの単位である L を知り，1L＝10dL の関係を理解している。

○ 1dL は，1L ますを 10 等分したうちの 1 つ分であることを理解している。

○やかんなどのかさを L，dL 単位で表している。

○かさの大小比較をして，不等号を使って表している。

○かさの加減計算のしかたを理解し，計算している。

○かさを予想してから，いろいろな物のかさを量っている。

○小さいかさの単位 mL を知り，1L＝1000mL の関係を理解している。

● 対応する学習指導要領の項目：C(1) ア (ア)(イ)

≫思考・判断・表現

○目的に応じた単位で表現でき，量感を身につけている。

○かさの簡単な加減について，計算のしかたを考え，説明している。

● 対応する学習指導要領の項目：C(1) イ (ア)

≫主体的に学習に取り組む態度

○身の回りの物のかさを L，dL，mL の単位を使って量ることに興味をもち，予想をしながら測定している。

○かさの単位である L，dL，mL を使うよさを知り，進んで用いている。

関連する既習内容

学年	内容
1 年	どちらがおおい　どちらがひろい

学習活動

小単元名	時数	学習活動	数学的活動
単元の導入	1	○2つの水筒に入る水のかさを比べる。(直接比較，間接比較，任意単位による比較)	(1) ア，イ
1. 水の かさ①	1	○水の表し方を考え，かさの普遍単位であるdLを知り，もののかさをdL単位で表す。	(1) ア，イ，エ
		・2つの水筒のかさを量る。	
1. 水の かさ②	1	○大きなかさの単位であるLを知り，1L = 10dLの関係を理解する。	(1) ア，イ
		・やかんのかさを量り，Lの大きさとdLとの関係を知る。	
1. 水の かさ③	1	○いろいろなもののかさを予想してから量る。	(1) ア，イ
		・身の回りの入れ物のかさを予想してから，1Lますや，1dLますを使って量る。	
1. 水の かさ④	1	○小さいかさの単位mLを知り，1L = 1000mLの関係を理解する。また，身の回りから，LやmLで表されているいものを探す。	(1) ア，イ
1. 水の かさ⑤	1	○かさの計算も，長さと同じように，同じ単位の数どうしを計算することを理解する。	(1) ア，イ
		・かさの加減計算をする。	
わかっているかな？/たしかめポイント	1	○かさの大きさの比べ方を確認する。 ・1Lと7dLについて，単位を揃えて比較することをおさえる。 ○「水のかさ」の基本的な学習内容を理解しているかを確認し，それに習熟する。	

| 2年 | 日文 |
教科書【上】：p.108～120　配当時数：12時間　配当月：9～10月

9. 三角形と 四角形

領域　B 図形

到達目標

≫知識・技能
○三角形，四角形の用語とそれらの定義がわかり，弁別することができる。
○図形の辺や頂点の用語とそれらの意味がわかり，三角形や四角形の構成要素を調べることができる。
○直角の用語とその意味がわかる。
○長方形や正方形の用語と定義や性質がわかり，弁別したりかいたりすることができる。
○直角三角形の用語とその定義がわかり，弁別したりかいたりすることができる。

≫思考・判断・表現
○同じ大きさの三角定規を使って，いろいろな形の三角形や四角形をつくることができる。
○合同な長方形や正方形，直角三角形をすき間なく並べて模様をつくり，できた模様の中からいろいろな形を見い出すことができる。

≫主体的に学習に取り組む態度　※「主体的に学習に取り組む態度」は方向目標を示しています。
○同じ大きさの三角定規を使って，いろいろな形の三角形や四角形をつくろうとする。
○合同な長方形や正方形，直角三角形を敷き詰めた模様づくりを通して，幾何学的な模様に関心をもち図形感覚を豊かにしようとする。

評価規準

≫知識・技能
○三角形と四角形の用語とそれらの定義を理解している。
○辺と頂点の用語とそれらの意味を理解している。
○点と点をむすんで，三角形と四角形をかいている。
○直角の用語とその意味を理解している。
○長方形の用語と定義，性質を理解している。
○正方形の用語と定義を理解し，正方形を弁別している。
○直角三角形の用語と定義を理解し，直角三角形を弁別している。
○与えられた大きさの長方形を方眼にかいている。
○与えられた大きさの正方形を方眼にかいている。
○与えられた大きさの直角三角形を方眼にかいている。

● 対応する学習指導要領の項目：B(1) ア (ア)(イ)

≫思考・判断・表現

○三角形や四角形を弁別し，その理由を説明している。

○三角形や四角形の紙を 1 本の直線で切り，どんな形ができるか調べている。

○正方形を弁別し，その理由を説明している。

○直角三角形を弁別し，その理由を説明している。

○同じ大きさの三角定規を使って，いろいろな形の三角形や四角形のつくり方を考えている。

○合同な長方形や正方形，直角三角形を敷き詰めた模様の中から，いろいろな形を見い出している。

●━━ 対応する学習指導要領の項目：B(1) イ (ア)

≫主体的に学習に取り組む態度

○同じ大きさの三角定規を使って，いろいろな形の三角形や四角形をつくっている。

○合同な長方形や正方形，直角三角形を敷き詰めた模様づくりを通して，幾何学的な模様に関心をもち図形感覚を豊かにしている。

関連する既習内容

学年		内容
1	年	かたちづくり

学習活動

小単元名	時数	学習活動	数学的活動
単元の導入	1	○絵にある動物を定規を使って直線で囲む。	(1) ウ
1. 三角形と 四角形①	1	○三角形と四角形の用語と定義を知る。	(1) ア，イ，エ
		・点と点を結んでできた形を，三角形と四角形に仲間分けする。 ・三角形でも四角形でもない形をみつけ，その理由を説明する。	
1. 三角形と 四角形②	1	○辺と頂点の用語と意味を知る。また，点と点をむすんで三角形と四角形をかく。	(1) ア，ウ
1. 三角形と 四角形③	1	○三角形や四角形の紙を 1 本の直線で切って 2 つの形に分け，どんな形ができるか調べる。	(1) ア，イ
2. 長方形と 正方形①	1	○直角の用語とその意味を知り，三角定規の直角部分がわかる。	(1) ア，イ
		・三角定規の直角部分を使って，直角かどうかを調べる。 ・身の回りから直角の部分を探す。	
2. 長方形と 正方形②	1	○長方形の用語と定義，性質を知る。	(1) ア，イ
2. 長方形と 正方形③	1	○正方形の用語と定義を知り，正方形を弁別する。	(1) ア，イ
2. 長方形と 正方形④	1	○直角三角形の用語と定義を知り，弁別し，その理由を説明する。	(1) ア，イ
		・同じ大きさの三角定規で三角形や四角形をつくる。	
2. 長方形と 正方形⑤	1	○与えられた大きさの長方形，正方形，直角三角形を方眼にかく。	(1) ア，ウ
2. 長方形と 正方形⑥	2	○身の回りの図形に親しむ。	(1) ア，イ
		・身の回りから，長方形や正方形，直角三角形を探す。 ・同じ大きさの長方形や正方形，直角三角形をすき間なく並べて模様をつくる。	

| たしかめポイント | 1 | ○「三角形と四角形」の基本的な学習内容を理解しているかを確認し，それに習熟する。 | |

| 2年 | 日文 | 教科書【下】：p.6〜25　配当時数：22時間　配当月：10〜11月 |

10. かけ算(1)

領域　A 数と計算

到達目標

≫知識・技能
○乗法の意味を知り，1つ分の大きさといくつ分にあたる量を捉えることができる。

○2，5，3，4の段の乗法九九を構成し，確実に唱えることができる。

○乗法に関して成り立つ簡単な性質がわかる。

○倍の意味がわかり，かけ算の式に表して求めることができる。

≫思考・判断・表現
○2，5，3，4の段の九九を使う具体的な問題を解くことができる。

○1つ分の大きさ，いくつ分，全部の数を関連づけて考えることができる。

○累加や乗数と積の関係など，乗法について成り立つ性質を用いて乗法九九の構成を考えることができる。

≫主体的に学習に取り組む態度　　※「主体的に学習に取り組む態度」は方向目標を示しています。
○日常生活の中から，乗法で表せる場面を進んでみつけようとする。

評価規準

≫知識・技能
○かけ算の用語や意味，式を知り，答えを累加で求めている。

○与えられたかけ算の式になるようにブロックを並べている。

○身の回りからかけ算の式になるものを探している。

○九九の用語と意味を理解している。

○2のいくつ分かの大きさを求めて，2の段の九九を構成している。

○2の段の九九の唱え方を知り，正しく唱えている。

○5のいくつ分かの大きさを求めて，5の段の九九を構成している。

○5の段の九九の唱え方を知り，正しく唱えている。

○かけられる数，かける数の用語と意味を理解している。

○3のいくつ分かの大きさを求めて，3の段の九九を構成している。

○3の段の九九の唱え方を知り，正しく唱えている。

○4のいくつ分かの大きさを求めて，4の段の九九を構成している。

○4の段の九九の唱え方を知り，正しく唱えている。

○1つ分，2つ分，3つ分のことを1倍，2倍，3倍ということを理解している。

○何倍かにあたる数をかけ算の式に表して求めている。

● 対応する学習指導要領の項目：A(3) ア (ア)(イ)(エ)

≫思考・判断・表現

○ 2，5，3，4 の段の九九を使う具体的な問題を解き，その解決方法を説明している。

○ 1 つ分の大きさ，いくつ分，全部の数を関連づけて考え，説明している。

○累加や乗数と積の関係など，乗法について成り立つ性質を用いて九九の構成を考え，説明している。

━━━━━━●対応する学習指導要領の項目：A(3) イ (ア)(イ)

≫主体的に学習に取り組む態度

○日常生活の中から，乗法で表せる場面を進んでみつけ，友だちと話し合っている。

関連する既習内容

学年		内容
1	年	10 よりおおきいかず

学習活動

小単元名	時数	学習活動	数学的活動
1. かけ算①	2	○数のまとまりに着目して，子どもやジュースの数を数える。 ○遊園地の絵から，同じ数ずつのものを探して，1 台に□人ずつ□台分で□人 のように表す。	(1) ア，イ
		・シーソーの人数・・・1 台に 2 人ずつ 4 台分で 8 人。馬車の人数・・・1 台に 3 人ずつ 2 台分で 6 人。ロープウェイの人数・・・1 台に 4 人ずつ 5 台分で 20 人。	
1. かけ算②	2	○かけ算の用語や意味，式を知り，かけ算の式に表す。	(1) ア，イ
		・自転車 1 台に 4 人ずつ 3 台分で 12 人を，4 × 3 = 12 と表す。 ・遊園地の絵から，他の乗り物について，かけ算の式に表す。	
1. かけ算③	1	○与えられたかけ算の式になるようにブロックを並べる。	(1) ア，ウ
1. かけ算④	1	○かけ算の答えの求め方を累加で考える。	(1) イ
1. かけ算⑤	1	○身の回りからかけ算の式になるものを探し，乗法の理解を深める。	(1) ア，イ
		・卵の数，椅子の数，パソコンの数，お菓子の数等。	
2. ばい①	1	○1 つ分，2 つ分，3 つ分のことを 1 倍，2 倍，3 倍ということを知る。	(1) イ
		・4 本のテープの長さを，もとにするテープの長さの 1 倍，2 倍，3 倍と言う。4 倍の長さに色を塗る。	
2. ばい②	1	○何倍かにあたる数をかけ算の式に表して求める。	(1) イ
		・4cm のテープの 3 倍の長さは何 cm かを 4 × 3 = 12 と式に表して 12cm と求める。	
3.2 のだんの 九九①	1	○2 のいくつ分かの大きさを求めて，2 の段の九九を構成する。また，九九の用語と意味を理解する。	(1) ア，イ
3.2 のだんの 九九①	2	○2 の段の九九の唱え方を知り，正しく唱えたり，適用したりする。	(1) ウ
4.5 のだんの 九九①	1	○5 のいくつ分かの大きさを求めて，5 の段の九九を構成する。	(1) ア，イ
4.5 のだんの 九九②	2	○5 の段の九九の唱え方を知り，正しく唱えたり，適用したりする。	(1) ウ

5.3 のだんの 九九①	1	○3 のいくつ分かの大きさを求めて，3 の段の九九を構成する。	(1) ア，イ
		・かけられる数，かける数の用語と意味を理解する。	
5.3 のだんの 九九②	2	○3 の段の九九の唱え方を知り，正しく唱えたり，適用したりする。	(1) ウ
6.4 のだんの 九九①	1	○4 のいくつ分かの大きさを求めて，4 の段の九九を構成する。	(1) ア，イ
		・かける数が 1 増えると答えが 4 ずつ増えることを知る。	
6.4 のだんの 九九②	2	○4 の段の九九の唱え方を知り，正しく唱えたり，適用したりする。	(1) ウ
たしかめポイント	1	○「かけ算 (1)」の基本的な学習内容を理解しているかを確認し，それに習熟する。	

| 2年 | 日文 |

教科書【下】：p.28〜39　配当時数：15時間　配当月：11〜12月

11. かけ算(2)

領域　A 数と計算

到達目標

≫知識・技能
○6，7，8，9，1 の段の乗法九九を構成し，確実に唱えることができる。

≫思考・判断・表現
○6，7，8，9，1 の段の九九を使う具体的な問題を解くことができる。

≫主体的に学習に取り組む態度　※「主体的に学習に取り組む態度」は方向目標を示しています。
○日常生活の中から，乗法で表せる場面を進んでみつけようとする。

評価規準

≫知識・技能
○6 のいくつ分かの大きさを求めて，6 の段の九九を構成している。
○6 の段の九九の唱え方を知り，正しく唱えている。
○7 のいくつ分かの大きさを求めて，7 の段の九九を構成している。
○7 の段の九九の唱え方を知り，正しく唱えている。
○8 のいくつ分かの大きさを求めて，8 の段の九九を構成している。
○8 の段の九九の唱え方を知り，正しく唱えている。
○9 のいくつ分かの大きさを求めて，9 の段の九九を構成している。
○9 の段の九九の唱え方を知り，正しく唱えている。
○1 のいくつ分かの大きさを求めて，1 の段の九九を構成している。
○1 の段の九九の唱え方を知り，正しく唱えている。

対応する学習指導要領の項目：A(3) ア (ア)(イ)(ウ)(エ)

≫思考・判断・表現
○6，7，8，9，1 の段の九九を使う具体的な問題を解き，その解決方法を説明している。
○1 つ分の大きさ，いくつ分，全部の数，を関連づけて考え，説明している。
○累加や乗数と積の関係など，乗法について成り立つ性質を用いて九九の構成を考え，説明している。

対応する学習指導要領の項目：A(3) イ (ア)(イ)

≫主体的に学習に取り組む態度
○日常生活の中から，乗法で表せる場面を進んでみつけ，友だちと話し合っている。

関連する既習内容

学年		内容
1	年	10 よりおおきいかず
2	年	かけ算 (1)

学習活動

小単元名	時数	学習活動	数学的活動
単元の導入	1	○既習の 2〜5 の段の九九表をつくる	(1) ウ
1. 6 のだんの 九九①	1	○6 のいくつ分かの大きさを求めて，6 の段の九九を構成する。	(1) ウ，エ
		・かける数が 1 増えると答えは 6 ずつ増えることを知る。	
1. 6 のだんの 九九②	2	○6 の段の九九の唱え方を知り，正しく唱えたり，適用したりする。	(1) ウ
2. 7 のだんの 九九①	1	○7 のいくつ分かの大きさを求めて，7 の段の九九を構成する。	(1) ウ，エ
		・交換法則でも 7 の段を構成できることを知る。 ・分配法則を使って 7 の段の九九の答えを求める。(7×3 は 5×3 と 2×3 の答えをたす)	
2. 7 のだんの 九九②	2	○7 の段の九九の唱え方を知り，正しく唱えたり，適用したりする。	(1) ウ
3. 8 のだんの 九九①	1	○8 のいくつ分かの大きさを求めて，8 の段の九九を構成する。	(1) ウ，エ
		・分配法則を使って 8 の段の九九の答えを求める。(8×3 は 2×3 と 6×3 の答えをたす)	
3. 8 のだんの 九九②	2	○8 の段の九九の唱え方を知り，正しく唱えたり，適用したりする。	(1) ウ
4. 9 のだんの 九九①	1	○9 のいくつ分かの大きさを求めて，9 の段の九九を構成する。	(1) ウ，エ
		・交換法則や分配法則等のいろいろな考え方で，9 の段の九九を考える。	
4. 9 のだんの 九九②	2	○9 の段の九九の唱え方を知り，正しく唱えたり，適用したりする。	(1) ウ
5. 1 のだんの 九九	1	○1 のいくつ分かの大きさを求めて，1 の段の九九を構成し，1 の段の九九を正しく唱える。	(1) イ
		・1 の段の九九を構成し，九九を完成する。	
わかっているかな？/たしかめポイント	1	○かけ算の考え方を確認し，正しく式に表す。 ・あめを 4 人に 6 こずつ配ると，全部で何こいりますか。$4 \times 6 = 24$ の式の間違い箇所を指摘し，正しい式に表す。 ○「かけ算 (2)」の基本的な学習内容を理解しているかを確認し，それに習熟する。	

| 2年 | 日文 |

教科書【下】：p.42～52　配当時数：7時間　配当月：12月

12. 九九の ひょう

領域　A 数と計算

到達目標

≫知識・技能

○かけ算九九の表を見て，乗法では乗数が 1 増えると積は被乗数だけ増えることがわかる。

○かけ算九九の表を見て，乗法の交換法則が成り立つことがわかる。

○かけ算九九の表を見て，分配法則の素地の見方がわかる。

○かけ算九九の表を見て，○× 10，× 11，12 の答えは，○× 9 の答えに○を順にたせば求められることがわかる。

≫思考・判断・表現

○全体の個数を，乗法九九を活用して求めたり，個数を求める図や式から思考過程を読んだりすることができる。

≫主体的に学習に取り組む態度　※「主体的に学習に取り組む態度」は方向目標を示しています。

○全体の個数の求め方を，乗法九九を活用して考え，考えたことを友だちと話し合い，自分の考えを見直してまとめようとする。

評価規準

≫知識・技能

○かけ算九九の表を見て，乗法では乗数が 1 増えると積は被乗数だけ増えることを理解している。

○かけ算九九の表を見て，乗法の交換法則が成り立つことを理解している。

○かけ算九九の表を見て，分配法則の素地の見方を理解している。

●対応する学習指導要領の項目：A(1) ア (エ)，A(3) ア (ウ)(エ)(オ)

≫思考・判断・表現

○ 1 つ数について観点を変え，色々な九九で考え，説明している。

○全体の個数を部分に分けて，たして求める方法を説明している。

○ない部分を補って大きな長方形とみて，ない部分をひいて求める方法を説明している。

○一部分を移動して，1 つの式で求める方法を説明している。

○部分に分けて，たして求める方法で，分け方が違うことを説明している。

●対応する学習指導要領の項目：A(3) イ (ア)(イ)

≫主体的に学習に取り組む態度

○全体のこ数を求めるのに，かけ算を活用している。

○同じものがいくつ分あるかを考え，部分に分けて，たして求めている。

○ない部分を補って大きな長方形とみて，ない部分をひいて求めている。

○一部分を移動して，1 つの式で求めている。

○友だちが考えた方法を聞いて，自分の考えを見直している。

関連する既習内容

学年	内容
2 年	かけ算 (1)
2 年	かけ算 (2)

学習活動

小単元名	時数	学習活動	数学的活動
1. かけ算の きまり①	2	○かけ算九九の表をつくる	(1) ウ
		○かけ算九九の表を見て，乗法では乗数が 1 増えると積は被乗数だけ増えることを理解する。	(1) ウ，エ
		・3 × 4 = 12 から 3 × 5 = 15 へ，乗数が 1 増えると答えは 3 増える。	
1. かけ算の きまり②	1	○かけ算九九の表を見て，乗法の交換法則が成り立つことを理解する。	(1) ウ，エ
		・2 × 5 = 5 × 2 になる理由を考える。	
1. かけ算の きまり③	1	○かけ算九九の表の続きを考える。	(1) ウ
		・4 × 10 から 4 × 12 までつくったり，12 の段をつくったりする。	
2. かけ算を つかって①	1	○1 つの数を 2 つの数の積とみることができる。	(1) イ，エ
		・1 つのテーブルに 2 つの椅子があり，テーブルが 3 つで 1 つのグループとして，3 つのグループがある場面の椅子の数を求めるとき，6 × 3 = 18 と見たり，2 × 9 = 18 と見たりする。	
2. かけ算を つかって②	1	○全体の個数を，乗法九九を活用して求めたり，個数を求める図や式から思考過程を読んだりする。	(1) イ，エ
		・箱の中にあるボールの数の求め方を説明する。	
つなげる算数/たしかめポイント	1	○「つなげる算数」で，たし算やひき算，かけ算を使って，1 つの数をいろいろな式で表す表し方を考える。	(1) ウ
		・24 を，24 = 12 + 12，24 = 2 × 12，24 = 5 × 5 − 1 と表す。	
		○「九九のひょう」の基本的な学習内容を理解しているかを確認し，それに習熟する。	

| 2年 | 日文 | 教科書【下】：p.56〜61　配当時数：5時間　配当月：1月 |

13. 長い 長さ

領域　C 測定

到達目標

≫知識・技能

○長さの単位 m を知り，1m = 100 cm の関係がわかる。

○ 1m のものさしの目盛りを読むことができる。

○ m，cm で表された長さの単位換算ができる。

○長さを予想して測り，適切な単位で表すことができる。

○ m，cm で表された長さの簡単な加減計算ができる。

≫思考・判断・表現

○ 1m の長さを予想して測り，1m の感覚をつかむことができる。

○目的に応じた単位を適切に選択したり，単位の関係を説明したりすることができる。

≫主体的に学習に取り組む態度　※「主体的に学習に取り組む態度」は方向目標を示しています。

○身の回りから 1m くらいのものを探すことで，1m の感覚をつかもうとする。

○長い長さを m と cm の複名数で表そうとする。

評価規準

≫知識・技能

○長さの単位 m を知り，1m = 100 cm の関係を理解している。

○ 1m のものさしの目盛りを読んでいる。

○ m，cm で表された長さの単位換算をしている。

○長さを予想して測り，適切な単位で表している。

○ m，cm で表された長さの簡単な加減計算をしている。

●対応する学習指導要領の項目：C(1) ア (ア)(イ)

≫思考・判断・表現

○ 1m の長さを予想して測り，1m の量感をつかんでいる。

○身の回りの長さを，目的に応じた単位を適切に選択している。

○長さの簡単な加減について，計算のしかたを考え，説明している。

●対応する学習指導要領の項目：C(1) イ (ア)

≫主体的に学習に取り組む態度

○ 1m の感覚をもとに、身の回りから 1m くらいのものを探している。

○長い長さを m と cm の複名数で表している。

関連する既習内容

学年		内容
1	年	どちらがながい
2	年	長さの単位

学習活動

小単元名	時数	学習活動	数学的活動
長い 長さ①	2	○長さの単位 m を知り，1m＝100 cm の関係を理解する。	(1) ア，イ，エ
		・30cm のものさしを使って，教室の中の色々なものの長さを測る。 ・1m のものさしの目盛りを読んだり，単位換算をする。	
長い 長さ②	1	○1m の長さを予想して測り，1m の感覚をつかむ。	(1) ア
		・身の回りのものの長さを予想し，1 m をものさしを使って長さを測る。	
長い 長さ③	1	○ものの長さを，適切な単位を使って表す。	(1) イ
		○m，cm で表された長さの簡単な加減計算をする。 ・ゆうなさんが台に乗ったときの高さを計算で求める。	
たしかめポイント	1	○「長い長さ」の基本的な学習内容を理解しているかを確認し，それに習熟する。	

| 2年 | 日文 | 教科書【下】：p.64〜78　配当時数：11時間　配当月：1〜2月 |

14. 10000までの 数

領域　A 数と計算

到達目標

≫知識・技能

○ 10000 までの数の数え方，表し方，読み方を知り，十進位取り記数法による数の表し方がわかる。

○ 10000 までの数の相対的な大きさがわかる。

○ 10000 までの数を数直線上に表したり，数直線上に表された数を読んだりすることができる。

○ 10000 までの数について，大小の比べ方を理解し，大小の関係を不等号を使って表すことができる。

○ 10000 という数の大きさや命数法がわかる。

○くり上がりのある (何百) ＋ (何百)，(何百) － (何百) の計算のしかたを理解し，計算することができる。

≫思考・判断・表現

○ 4 位数の数をいろいろな見方で表現することができる。

○くり上がりのある (何百) ＋ (何百)，(何百) － (何百) の計算のしかたを考えることができる。

≫主体的に学習に取り組む態度　※「主体的に学習に取り組む態度」は方向目標を示しています。

○ 4 位数の数をいろいろな見方で表現しようとする。

○くり上がりのある (何百) ＋ (何百)，(何百) － (何百) の計算のしかたを考え，友だちと話し合って自分の考えをまとめようとする。

評価規準

≫知識・技能

○位取り板に対応させて，千の位の用語を理解している。

○ 4 位数の読み方や表し方，数のしくみを理解している。

○ 4 位数で空位がある数の表し方や読み方，数のしくみを理解している。

○ 4 位数の相対的な大きさを理解している。

○数直線上の 4 位数を読み取ったり，4 位数を数直線上に表したりしている。

○ 4 位数の大小比較のしかたを理解し，大小の関係を不等号を使って表している。

○ 1000 を 10 こ集めた数を 10000 と書いて，一万と読むことを理解している。

○ (何百) ＋ (何百)，(何百) － (何百) の計算のしかたを理解し，計算している。

→ 対応する学習指導要領の項目：A(1) ア (ア)(イ)(ウ)(エ)，A(2) ア (イ)

≫思考・判断・表現

○ 4 位数の数をいろいろな見方で表現している。

○ (何百) ＋ (何百)，(何百) － (何百) の計算のしかたを考え，説明している。

→ 対応する学習指導要領の項目：A(1) イ (ア)

≫主体的に学習に取り組む態度

○何千何百の数を1目盛りが100で表された数直線を用いて、いろいろな見方をしている。

○くり上がりのある (何百) + (何百)，(何百) − (何百) の計算のしかたを考え，その考えをわかりやすく説明している。

関連する既習内容

学年		内容
1	年	20 より大きいかず
2	年	1000 までの数

学習活動

小単元名	時数	学習活動	数学的活動
1. 数の あらわし方①	2	○4 位数の数の表し方や読み方，千の位の用語を知る。	(1) ア，イ
		・はがきを数える活動を通して，4 位数の数のしくみを知る。	
1. 数の あらわし方②	1	○空位がある 4 位数の数の表し方や読み方を知る。	(1) ウ
1. 数の あらわし方③	1	○100 をいくつか集めた数を数字で書く。大きな数を 100 のいくつ分で表す。	(1) ウ
		・100 を 16 こ集めた数は 1600，2300 は 100 を 23 こ集めた数とわかる。	
1. 数の あらわし方④	1	○1000 を 10 こ集めた数を 10000 と書いて一万と読むことを知り，10000 について調べる。	(1) ウ
1. 数の あらわし方⑤	1	○10000 までの数を数直線に表し，順序や大小関係について調べる。	(1) ウ
1. 数の あらわし方⑥	1	○数の線の目盛りを読み，4 位数の数の大小比較をして不等号を使って表す。	(1) ウ，エ
		・数直線の小さい 1 目盛りを読むとともに，大小関係を捉える。	
1. 数の あらわし方⑦	1	○4 位数の数のいろいろな表し方を考える。	(1) ウ，エ
		・2800 について，1000 を 2 こと 100 を 8 こ集めた数，3000 よりも 200 小さい数，100 を 28 こ集めた数，2800 = 2000 + 800 等と表す。	
2. 何百の 計算	2	○(何百) + (何百)，(何百) − (何百) の計算をする。	(1) イ
わかっているかな？/たしかめポイント	1	○数直線の表し方を確認する。 ・1 つの目盛りの大きさをもとに，数の大きさを捉える。 ○「10000 までの数」の基本的な学習内容を理解しているかを確認し，それに習熟する。	

| 2年 | 日文 | 教科書【下】：p.80〜86　配当時数：6時間　配当月：2月 |

15. もんだいの 考え方

領域　A 数と計算

到達目標

≫知識・技能

○問題場面の構造をテープ図に表すと，数量の関係が簡潔に捉えられ，演算決定がしやすくなるなどのよさがわかる。

○数量の関係を表したテープ図を見て，加法と減法の相互関係を理解することができる。

≫思考・判断・表現

○逆思考の問題をテープ図に表して，筋道立てて解決することができる。

≫主体的に学習に取り組む態度　※「主体的に学習に取り組む態度」は方向目標を示しています。

○問題場面の構造をテープ図に表し，数量の関係を捉え，問題を解決しようとする。

評価規準

≫知識・技能

○問題場面の構造をテープ図に表すしかたを理解している。

○減法逆の減法の場面をテープ図に表している。

○減法逆の加法の場面をテープ図に表している。

○加法逆の減法の場面をテープ図に表している。

● 対応する学習指導要領の項目：A(2) ア (エ)

≫思考・判断・表現

○求める数を□としたテープ図から，□を求める式を書いている。

○加法の逆思考の場面のテープ図から，なぜ減法で求めるのかを説明している。

○減法逆の減法の場面のテープ図から立式し答えを求めるとともに，その理由を説明している。

○減法逆の加法の場面のテープ図から立式し答えを求めるとともに，その理由を説明している。

○加法逆の減法の場面のテープ図から立式し答えを求めるとともに，その理由を説明している。

● 対応する学習指導要領の項目：A(2) イ (ア)

≫主体的に学習に取り組む態度

○問題場面の構造をテープ図に表し，数量の関係を捉え，問題を解決している。

関連する既習内容

学年		内容
1	年	たしざん / ひきざん
2	年	たし算 / ひき算

2年

学習活動

小単元名	時数	学習活動	数学的活動
単元の導入	1	○加法の問題場面を図に表し，□の使い方を知る。	(1) ウ
もんだいの 考え方①	1	○減法逆の減法の場面をテープ図に表して，テープ図から式を書き，減法で求めることがわかる。	(1) イ，エ
		・カードを12枚持っていました。妹に何枚かあげたので，8枚になりました。あげたのは何枚ですか。12−□ = 8，12−8 =□。	
もんだいの 考え方②	1	○減法逆の加法の場面をテープ図に表して，テープ図から式を書き，加法で求めることがわかる。	(1) イ，エ
		・あめを何こか持っていました。4こ食べたので9こになりました。初めに何こ持っていましたか。□−4 = 9，9+4 =□	
もんだいの 考え方③	1	○加法の逆思考の場面をテープ図に表して，テープ図から式を書き，減法で求めることがわかる。	(1) イ，エ
		・めだかを12匹飼っていました。何匹かもらったので，27匹になりました。もらったのは何匹ですか。12 +□ = 27，27−12 =□。	
もんだいの 考え方④	1	○様々な問題場面を図で表し，演算を決定し答えを求める。	(1) イ，エ
		・場面が同じ場合の，求める部分が異なる問題について，求める数を□としたテープ図に表し，□を求める式と答えを書く。	
わかっているかな？/たしかめポイント	1	○問題場面をテープ図に表すしかたを確認する。 ・りんごが8こありました。何こかもらったので11こになりました。もらったのは何こですか。 ○「もんだいの考え方」の基本的な学習内容を理解しているかを確認し，それに習熟する。	

| 2年 | 日文 |

教科書【下】：p.88〜94　配当時数：6時間　配当月：2月

16. はこの 形

領域　B 図形

到達目標

》知識・技能

○直方体や立方体を構成する面，辺，頂点などの構成要素について知り，立体図形の初歩的な概念を理解することができる。
○直方体や立方体の6つの面を写し取って切り取り，つなぎ合わせて立体を構成することができる。

》思考・判断・表現

○直方体や立方体を構成する面，辺，頂点などの構成要素の特徴を調べることができる。

》主体的に学習に取り組む態度　※「主体的に学習に取り組む態度」は方向目標を示しています。

○直方体や立方体に興味・関心をもち，進んでその特徴を調べようとする。

評価規準

》知識・技能

○面の用語とその意味を理解している。
○直方体や立方体の面を写し取り，面の形や数，同じ大きさの面がいくつずつあるかを理解している。
○直方体や立方体の6つの面を写し取って切り取り，つなぎ合わせて立体をつくっている。
○直方体や立方体を構成することを通して，面と面の基礎的な位置関係を理解している。
○ひごと粘土玉で直方体をつくり，辺の長さや数，頂点の数を理解している。
○ひごと粘土玉で立方体をつくり，辺の長さや数，頂点の数を理解している。

●対応する学習指導要領の項目：B(1) ア (ウ)

》思考・判断・表現

○直方体や立方体の面を写し取り，面の形や数，同じ大きさの面がいくつずつあるかを調べている。
○ひごと粘土玉で直方体や立方体をつくり，辺の長さや数，頂点の数を調べている。

●対応する学習指導要領の項目：B(1) イ (ア)

》主体的に学習に取り組む態度

○直方体や立方体の6つの面を写し取って切り取り，つなぎ合わせて立体を構成すること通して，自ら展開図を考えている。

関連する既習内容

学年	内容
1　年	かたちあそび

学習活動

小単元名	時数	学習活動	数学的活動
単元の導入	1	○身の回りのいろいろな箱を集め，箱の形を仲間分けする。	(1) ア，エ
はこ 形①	1	○面の用語がわかり，直方体や立方体の面を写し取り，面の形や数を調べ，面の特徴を理解する。	(1) ア，イ，エ
		・箱の形には面が6つあり，ぴったり重なる面は2つずつ3組ある。 ・さいころの形には面が6つあり，どれもぴったり重なる。	
はこ 形②	1	○面と面の位置関係に気をつけながら，切り取った面をテープでつなぎ合わせて直方体や立方体をつくる。	(1) ア，イ，エ
はこ 形③	1	○長方形や正方形の紙をつないで，箱をつくる。	(1) ア，イ，エ
		・紙の形や数，つなぎ方などを考えて，箱をつくる。	
はこ 形④	1	○ひごと粘土玉を使って直方体や立方体をつくり，辺や頂点の数を調べる。	(1) ア，イ
		・箱の形には辺が12本，頂点が8つある。 ・さいころの形には辺が12本，頂点が8つある。	
たしかめポイント	1	○「はこの形」の基本的な学習内容を理解しているかを確認し，それに習熟する。	

| 2年 | 日文 | 教科書【下】：p.95〜99　配当時数：4時間　配当月：3月 |

17. 分数

領域　A 数と計算

到達目標

≫知識・技能
○分数の用語とその意味がわかる。
○1/2，1/3，1/4などの簡単な分数について知り，等分した大きさを分数を用いて表すことができる。
○もとの大きさが異なると，分数で表した大きさも異なることがわかる。

≫思考・判断・表現
○もとの大きさを2等分した1つ分の大きさを1/2，3等分した1つ分の大きさを1/3，4等分した1つ分の大きさを1/4ということを説明することができる。
○もとの大きさが異なると，分数で表した大きさも異なることを説明することができる。

≫主体的に学習に取り組む態度　※「主体的に学習に取り組む態度」は方向目標を示しています。
○具体物を等分してできる部分の大きさの表し方に興味・関心をもち，進んで調べようとする。
○もとの大きさと分数で表した大きさの関係に興味・関心をもち，進んで調べようとする。

評価規準

≫知識・技能
○もとの大きさを2等分した1つ分の大きさをもとの大きさの二分の一といい，1/2と書くことを理解している。
○もとの大きさを4等分した1つ分の大きさをもとの大きさの四分の一といい，1/4と書くことを理解している。
○1/2，1/4のような数を，分数ということを理解している。
○もとの大きさを8等分した1つ分の大きさをもとの大きさの八分の一といい，1/8と書くことを理解している。
○もとの大きさを3等分した1つ分の大きさをもとの大きさの三分の一といい，1/3と書くことを理解している。
○もとの大きさが異なると，1/2の大きさも異なることを理解している。

●対応する学習指導要領の項目：A(1) ア (カ)

≫思考・判断・表現
○もとの大きさの1/2かどうかの説明をしている。
○12個のものを同じ数ずつ2つに分ける分け方を考え，説明している。
○12個のものを同じ数ずつ4つに分ける分け方を考え，説明している。
○12個のものを同じ数ずつ3つに分ける分け方を考え，説明している。
○もとの大きさが異なると，1/2の大きさも異なるわけを考え，説明している。

≫主体的に学習に取り組む態度
○具体物を等分してできる部分の大きさの表し方に興味・関心をもち，折り紙を折って1/2，1/4，1/8の大きさをつくっている。
○もとの大きさと分数で表した大きさの関係に興味・関心をもち，大きさの異なるわけを進んで調べている。

学習活動

小単元名	時数	学習活動	数学的活動
分数①	1	○1/2の意味や表し方，読み方を知る。	(1) ア，イ
		・正方形の折り紙を折って切り，もとの大きさの1/2をつくる。	
分数②	1	○分数の用語と意味を知り，もとの大きさの1/4，1/8，1/3の大きさがわかる。	(1) ア，イ
		・正方形の折り紙を折って切り，もとの大きさの1/4をつくる。 ・もとの大きさの1/4だけ色をぬる。 ・もとの大きさの1/8だけ色をぬる。 ・正方形の折り紙を同じ大きさに3つに分けた1つ分の大きさを，もとの大きさの1/3ということがわかる。	
分数③	2	○もとの大きさと分数との関係がわかる。	(1) ア，イ，エ
		・12このブロックを同じ数ずつ分けてまとまりをつくり，分数を使って説明する。 ・長さの異なる2本テープそれぞれの1/2の長さを比べ，もとの大きさと1/2との関係をまとめる。	

2年

| 3年 | 日文 |

教科書【上】：p.10〜24　配当時数：11 時間　配当月：4 月

1. かけ算

領域　A 数と計算

到達目標

≫知識・技能
○乗数が 1 増減すると積が被乗数だけ増減することがわかる。

○乗法において，交換法則や結合法則，分配法則が成り立つことがわかる。

○乗数や被乗数が 10 の計算のしかたがわかり，計算することができる。

○ (何十，何百) × (1 位数) の計算原理がわかり，計算することができる。

○乗数や被乗数が 0 の乗法の意味がわかり，その積が常に 0 であることがわかる。

≫思考・判断・表現
○乗数や被乗数が 0 の乗法の意味を考えることができる。

○ (何十，何百) × (1 位数) の計算のしかたを乗法の性質を用いて考えることができる。

≫主体的に学習に取り組む態度　※「主体的に学習に取り組む態度」は方向目標を示しています。
○乗数が十いくつの計算のしかたを考え，考えたことを友だちと話し合い，自分の考えを見直してまとめている。

評価規準

≫知識・技能
○乗数が 1 増減すると積が被乗数だけ増減することを理解している。

○乗法において，交換法則や結合法則，分配法則が成り立つことを理解している。

○乗数や被乗数が 10 の計算のしかたを理解している。

○乗数や被乗数が 10 の計算をしている。

○ (何十，何百) × (1 位数) の計算方法を理解し，計算している。

○乗数や被乗数が 0 の乗法の意味がわかり，その積が常に 0 であることを理解している。

● 対応する学習指導要領の項目：A(3) ア (ア)(イ)(ウ)

≫思考・判断・表現
○乗数や被乗数が 0 の乗法の意味を考えている。

○ (何十，何百) × (1 位数) の計算のしかたを乗法の性質を用いて考えている。

● 対応する学習指導要領の項目：A(3) イ (ア)

≫主体的に学習に取り組む態度
○分配法則を活用して，乗数が十いくつの計算のしかたを考え、説明している。

○乗数の十いくつを，いくつといくつに分ければよいかを考え、説明している。

○友だちが考えた計算方法を聞いて，自分の考えを見直している。

関連する既習内容

学年		内容
2	年	かけ算
2	年	九九のひょう

学習活動

小単元名	時数	学習活動	数学的活動
1. 0 のかけ算①	3	○おはじき入れをして得点の合計を求める。どんな数に 0 をかけても，0 にどんな数をかけても，答えは 0 になることを知る。	(1) イ
2. かけ算のきまり①	1	○乗法では，乗数が 1 増減すると答えは被乗数分だけ増減することや乗法の交換法則を知る。	(1) ウ、エ
		・上記のことを式に表し，確認する。$7 \times 6 = 7 \times 5 + 7$，$7 \times 6 = 7 \times 7 - 7$，$7 \times 6 = 6 \times 7$	
2. かけ算のきまり②	1	○3 つの数をかけるときは，計算する順序を変えてかけても答えは同じになることを知る。(結合法則)	(1) イ、エ
		・上記のことを式に表し，確認する。$(3 \times 2) \times 4 = 3 \times (2 \times 4)$	
2. かけ算のきまり③	1	○乗法では，被乗数や乗数を分けて計算しても，答えは同じになることを知る。(分配法則)	(1) ウ、エ
		・7×8 の被乗数の 7 を 5 と 2 に分けて，$5 \times 8 = 40$，$2 \times 8 = 16$，$40 + 16 = 56$ と計算し，答えが同じになることを確認する。 ・7×8 の乗数の 8 を 6 と 2 に分けて，$7 \times 6 = 42$，$7 \times 2 = 14$，$42 + 14 = 56$ と計算し，答えが同じになることを確認する。	
2. かけ算のきまり④	1	○乗法九九を使って未知数の求め方を考える。	(1) ウ、エ
3. 10 のかけ算	1	○10 のかけ算のしかたを考える。	(1) イ、エ
4. 何十，何百のかけ算	1	○(何十)×(1 位数)，(何百)×(1 位数) の計算のしかたを考える。	(1) イ、エ
たしかめポイント	2	○「かけ算」の基本的な学習内容を理解しているかを確認し，それに習熟する。	

| 3年 | 日文 |

教科書【上】：p.26〜38　配当時数：11 時間　配当月：4〜5 月

2. わり算

領域　A 数と計算

到達目標

≫知識・技能

○等分除，包含除の意味を理解し，その場面を除法の式で表せることがわかる。

○除法の答えは，乗法九九を用いて求めることができることを知り，計算することができる。

○ 0 をわったり，1 でわったりする計算の意味を理解し，正しく計算することができる。

○簡単な場合について，除数が 1 位数で商が 2 位数の除法の計算をすることができる。

≫思考・判断・表現

○具体的な場面を通して，等分除，包含除の意味や意味の違いを既習の乗法をもとに考えることができる。

○除法の答えを，乗法九九を用いて求める方法を考えることができる。

≫主体的に学習に取り組む態度　※「主体的に学習に取り組む態度」は方向目標を示しています。

○除法の意味や計算のしかたを考え，考えたことを友だちと話し合い，自分の考えを見直してまとめようとする。

評価規準

≫知識・技能

○等分除の意味を理解し，その場面を除法の式で表せることを理解している。

○包含除の意味を理解し，その場面を除法の式で表せることを理解している。

○わられる数，わる数の用語と意味を理解している。

○除法の答えは，乗法九九を用いて求めることができることを理解している。

○除法で，九九 1 回適用のわりきれる計算をしている。

○わられる数が 0，わる数が 1，答えが 1 の除法の意味を理解している。

○わられる数が 0，わる数が 1，答えが 1 の除法の計算をしている。

○ (何十) ÷ (1 位数) = (何十) の計算のしかたを理解し，計算している。

○ (2 位数) ÷ (1 位数) = (2 位数) の計算 (各位整除) のしかたを理解し，計算している。

　　　　　　　　　　　　　　　　　　　━● 対応する学習指導要領の項目：A(4) ア (ア)(イ)(エ)(オ)

≫思考・判断・表現

○具体的な場面を通して，等分除の意味を考えている。

○具体的な場面を通して，包含除の意味を考えている。

○具体的な場面を通して，等分除，包含除の違いを既習の乗法をもとに考えている。

○ (何十) ÷ (1 位数) = (何十) の計算のしかたを 10 をもとにして考えている。

○ (2 位数) ÷ (1 位数) = (2 位数) の計算 (各位整除) のしかたを位ごとに分けて考えている。

○除法の答えを乗法九九を用いて求める方法を考えている。

　　　　　　　　　　　　　　　　　　　　　　━● 対応する学習指導要領の項目：A(4) イ (ア)(イ)

≫主体的に学習に取り組む態度

○除法の意味を具体物の操作などから考えようとしている。

○除法の計算のしかたを具体物の操作などから考えようとしている。

○ (何十) ÷ (1 位数) = (何十) の計算のしかたを 10 をもとにして考え，説明している。

○除法の計算のしかたを考え，友だちと話し合っている。

関連する既習内容

学年		内容
2	年	かけ算 / 九九のひょう
3	年	かけ算

学習活動

小単元名	時数	学習活動	数学的活動
1. 1 人分をもとめる計算①	2	○わり算の用語と意味を知り，1 人分の数を求める式と答えがわかる。(等分除)	(1) ア，イ
1. 1 人分をもとめる計算②	1	○除法の答えは，除数の段の九九で求められることを知る。	(1) イ
2. 何人分をもとめる計算①	1	○わられる数，わる数の用語と意味を知り，何人に分けられるかを求める式と答えがわかる。(包含除)	(1) ア，イ
2. 何人分をもとめる計算②	1	○除法の答えを計算で求める。	(1) イ
2. 何人分をもとめる計算③	1	○除法の式から，等分除と包含除の問題を考える。	(1) ウ
		・等分除の問題も包含除の問題も除法で答えを求めることができることをまとめる。	
3. 1 や 0 のわり算	1	○被除数が 0，除数が 1，商が 1 の除法の意味がわかり，計算できる。	(1) イ
4. 倍をもとめる計算	1	○何倍かを求めるには，どんな計算をすればよいか考える。	(1) イ
		・何倍かを求めるときには，除法を使うことをまとめる。	
5. 答えが九九にないわり算①	1	○(何十) ÷ (1 位数) の計算のしかたを考える。	(1) イ
5. 答えが九九にないわり算②	1	○(2 位数) ÷ (1 位数) の計算 (各位整除) のしかたを考える。	(1) イ，エ
わかっているかな?/たしかめポイント	1	○分け方の違いに注目し，等分除と包含除を確認する。 ○「わり算」の基本的な学習内容を理解しているかを確認し，それに習熟する。	

| 3年 | 日文 |　　　　　　　　　　　　教科書【上】：p.40〜46　配当時数：5時間　配当月：5月

3. 時間の計算と短い時間

領域　C 測定

到達目標

≫知識・技能

○ある時刻の一定時間前後の時刻を求めることができる。

○時刻と時刻の間の時間を求めることができる。

○短い時間の単位「秒」を知り，秒を用いて時間を表すことができる。

○1分＝60秒の単位の関係がわかる。

≫思考・判断・表現

○正時をまたぐ時刻の求め方を考えることができる。

○正時をまたぐ時間の求め方を考えることができる。

○合わせた時間が60分以上の時間の求め方を考えることができる。

≫主体的に学習に取り組む態度　　※「主体的に学習に取り組む態度」は方向目標を示しています。

○時刻や時間に関心をもち，必要な時刻や時間を求める計算を日常生活に生かそうとする。

評価規準

≫知識・技能

○ある時刻の一定時間後の時刻 (正時をまたぐ) を求めている。

○ある時刻の一定時間前の時刻 (正時をまたぐ) を求めている。

○短い時間の単位「秒」を知り，1秒の長さを確かめている。

○1分＝60秒の単位の関係を理解している。

　　　　　　　　　　　　　　　　　　　　　　　●対応する学習指導要領の項目：C(2) ア (ア)(イ)

≫思考・判断・表現

○正時をまたぐ時刻の求め方を考えている。

○時間の求め方を考えている。

○合わせた時間が60分以上の時間の求め方を考えている。

　　　　　　　　　　　　　　　　　　　　　　　●対応する学習指導要領の項目：C(2) イ (ア)

≫主体的に学習に取り組む態度

○時刻や時間に関心をもち，必要な時刻や時間を求める計算を日常生活に生かそうとしている。

関連する既習内容

学年		内容
2	年	時こくと時間

学習活動

小単元名	時数	学習活動	数学的活動
1. 時間の計算①	1	○正時をまたぐ○分後の時刻の求め方を考える。	(1) イ
		・8時50分から20分後の時刻を図を使って考え，求める。	
		○合わせた時間の求め方を考える。(合わせた時間が60分以上)	(1) イ
1. 時間の計算②	1	○時間の求め方を考える。また，正時をまたぐ○分前の時刻の求め方を考える。	(1) イ
		・10時30分から10時40分までの時間。 ・11時30分の15分前の時刻。	
2. 短い時間	2	○秒の単位を知り，1分＝60秒がわかる。また，「秒」に関する量感を知る活動に取り組む。	(1) イ
たしかめポイント	1	○「時間の計算と短い時間」の基本的な学習内容を理解しているかを確認し，それに習熟する。	

| 3年 | 日文 | 教科書【上】：p.48〜62　配当時数：11時間　配当月：5〜6月 |

4. たし算とひき算

領域　A 数と計算

到達目標

≫知識・技能
○ 4 位数までの加法で，くり上がりが 1 回，2 回，3 回の場合の計算方法を理解し，筆算で計算することができる。
○ 4 位数までの減法で，くり下がりが 1 回，2 回，3 回の場合の計算方法を理解し，筆算で計算することができる。
○ 2 位数までの加法とその逆の減法を暗算することができる。

≫思考・判断・表現
○ 4 位数までの加法で，くり上がりが 3 回までの計算方法を 2 位数の計算をもとに考えることができる。
○ 4 位数までの減法で，くり下がりが 3 回までの計算方法を 2 位数の計算をもとに考えることができる。
○計算に関して成り立つ性質を活用して計算を工夫することができる。

≫主体的に学習に取り組む態度　　※「主体的に学習に取り組む態度」は方向目標を示しています。
○ 4 位数までの加法で，くり上がりがある計算方法を考え，考えたことを友だちと話し合い，自分の考えを見直してまとめようとする。
○ 4 位数までの減法で，くり下がりがある計算方法を考え，考えたことを友だちと話し合い，自分の考えを見直してまとめようとする。

評価規準

≫知識・技能
○ (3 けた) + (3 けた) で，百の位にくり上がる計算を筆算で計算している。
○ (3 けた) + (3 けた) で，十の位，百の位にくり上がる計算を筆算で計算している。
○ (3 けた) + (3 けた) で，くり上がり 3 回の計算を筆算で計算している。
○ (4 けた) + (3・4 けた) の計算を筆算で計算している。
○ (3 けた) − (3 けた) で，百の位からくり下がる計算を筆算で計算している。
○ (3 けた) − (3 けた) で，十の位，百の位からくり下がる計算を筆算で計算している。
○ (3 けた) − (3 けた) で，十の位からくり下げられない計算を筆算で計算している。
○ (4 けた) − (3・4 けた) の計算を筆算で計算している。
○ 2 位数までの加法とその逆の減法を暗算でしている。

　　　　　　　　　　　　　　　　　　　　　　　●━ 対応する学習指導要領の項目：A(2) ア (ア)(イ)

≫思考・判断・表現
○ 4 位数までの加法で，くり上がりがある計算方法を 2 位数の計算をもとに考えている。
○ 4 位数までの減法で，くり下がりがある計算方法を 2 位数の計算をもとに考えている。
○加法でいくつかの数をまとめたり，順序を変えたりして能率的に計算している。

　　　　　　　　　　　　　　　　　　　　　　　●━ 対応する学習指導要領の項目：A(2) イ (ア)

≫主体的に学習に取り組む態度

○4位数までの加法で，くり上がりがある計算方法を考え，説明している。

○4位数までの減法で，くり下がりがある計算方法を考え，説明している。

○友だちが考えた計算方法を聞いて，自分の考えを見直している。

関連する既習内容

学年		内容
2	年	たし算とひき算のひっ算
2	年	10000までの数

学習活動

小単元名	時数	学習活動	数学的活動
1. たし算①	2	○(3位数)＋(3位数)で，百の位にくり上がる筆算方法を考え，筆算で計算する。	(1) イ
		・375＋264で，一の位は5＋4＝9。十の位は7＋6＝13で百の位に1くり上げる。百の位は1＋3＋2＝6で答えは639。	
1. たし算②	1	○(3位数)＋(2・3位数)で，十の位，百の位にくり上がる場合や答えが4位数になる場合の筆算方法を考え，筆算で計算する。	(1) ウ
2. ひき算①	1	○(3位数)－(3位数)で，百の位からくり下がる筆算方法を考え，筆算で計算する。	(1) イ
		・424－293で，一の位は4－3=1。十の位はひけないので百の位から1くり下げて12－9＝3。百の位は4－1－2＝1で答えは131。	
2. ひき算②	1	○(3位数)－(2・3位数)で，くり下がりが2回ある筆算方法を考え，筆算で計算する。	(1) ウ
2. ひき算③	1	○(何百何)－(1・2・3位数)で，百の位から波及的にくり下がる筆算方法を考え，筆算で計算する。	(1) ウ
3. 大きい数の筆算①	1	○(4位数)＋(3・4位数)，(4位数)－(3・4位数)の計算のしかたを考える。	(1) ウ
3. 大きい数の筆算②	1	○(千いくつ)－(1・2・3位数)で千の位から波及的にくり下がる筆算をする。	(1) ウ
4. 計算のくふう	1	○3口の加法では，順にたしても，まとめてたしても答えは同じになることを理解する。(結合法則)	(1) イ，エ
5. 暗算	1	○簡単な場合の2位数までの加法とその逆の減法の暗算をする。	(1) ウ
わかっているかな?/たしかめポイント	1	○結合法則を用いての計算の工夫について確認する。 ○「たし算とひき算」の基本的な学習内容を理解しているかを確認し，それに習熟する。	

| 3年 | 日文 |

教科書【上】：p.64～80　配当時数：14 時間　配当月：6月

5. ぼうグラフ

領域　D データの活用

到達目標

≫知識・技能

○「正」の字を使って数量を調べ，その結果を表に整理して考察することができる。

○棒グラフのしくみを知り，棒グラフを読み取ることができる。

○棒グラフの表し方を知り，資料を見やすい棒グラフに表すことができる。

○資料を分類整理し，二次元表に表すことのよさがわかる。

○棒グラフを組み合わせたグラフを 2 種類作成することのよさがわかる。

≫思考・判断・表現

○資料を分類整理し，二次元表に表して資料の特徴を考察することができる。

○棒グラフを組み合わせたグラフを 2 種類作成し，その特徴を考察することができる。

≫主体的に学習に取り組む態度　※「主体的に学習に取り組む態度」は方向目標を示しています。

○自ら観点を決めて資料を分類整理し，二次元表や棒グラフに表そうとする。

評価規準

≫知識・技能

○「正」の字 1 つが 5 を表すことを理解し，「正」の字を使った記録を表にまとめている。

○数が少ないものは「その他」にまとめるとよいことを理解している。

○ぼうグラフの用語とその意味を理解している。

○棒グラフでは，数が大きい順に並べると，大きさが比べやすくなることを理解している。

○時系列の順に表した棒グラフのよさを理解している。

○棒グラフのかき方を理解し，棒グラフに表している。

○ 1 目盛りの大きさに気をつけながら，様々な表を棒グラフに表している。

○複数の表を見やすくするために，二次元表にまとめるよさを理解している。

●対応する学習指導要領の項目：D(1) ア (ア)(イ)

≫思考・判断・表現

○時系列の順に表した棒グラフのよさを考えている。

○資料の最大値とグラフ用紙の大きさから，グラフの 1 目盛りの大きさを考えている。

○二次元表から資料の特徴を考えている。

○ 2 種類の棒グラフを組み合わせたグラフから，資料の特徴を考えている。

●対応する学習指導要領の項目：D(1) イ (ア)

≫主体的に学習に取り組む態度

○自ら観点を決めて資料を分類整理し，二次元表に表している。

○自ら観点を決めて資料を分類整理し，棒グラフに表している。

関連する既習内容

学年		内容
1	年	かずをせいりしよう
2	年	ひょうとグラフ

学習活動

小単元名	時数	学習活動	数学的活動
1. 整理のしかた	2	○表に整理すると，何がどれだけあるかがわかりやすくなることを知る。	(1) イ
		・表に整理する際，「正」の字を用いると数がわかりやすくなることを知る。	
2. 数の大きさを表すグラフ①	1	○棒グラフに表すと，大きさが比べやすくなることを知り，棒グラフを読む。	(1) イ
2. 数の大きさを表すグラフ②	2	○数の多い順に示した棒グラフを読む。また，横向きで時系列の順に表したグラフのよさを知る。	(1) イ
		・1目盛りが表している大きさを考える。	
2. 数の大きさを表すグラフ③	2	○棒グラフのかき方を知り，棒グラフに表す。	(1) イ
2. 数の大きさを表すグラフ④	1	○1目盛りの大きさに気をつけて，2つの棒グラフの違いを考える。	(1) イ
3. 表とグラフの見方①	2	○二次元表の見方を知る。	(1) イ
3. 表とグラフの見方②	1	○3年生の組ごとの好きな給食を示す表から2種類の棒グラフを組み合わせたグラフを作成し，組ごとの特徴を考察する。	(1) イ，エ
3. 表とグラフの見方③	2	○身の回りのことを調べて，表にまとめたり，グラフに表したりする。	(1) イ，エ
たしかめポイント	1	○「ぼうグラフ」の基本的な学習内容を理解しているかを確認し，それに習熟する。	

| 3年 | 日文 |

教科書【上】：p.82〜89　配当時数：6時間　配当月：7月

6. 長さ

領域　C 測定

到達目標

≫知識・技能

○巻尺の必要性や目盛りの読み方，測定のしかたがわかる。

○巻尺を用いて，長さの見当をつけていろいろなものの長さを測定することができ，まきじゃくのよさがわかる。

○道のりと距離の用語と意味を理解するとともに，長さの単位 km を知り，1 km = 1000m の関係がわかる。

≫思考・判断・表現

○目的に応じて単位や測定計器を考えることができる。

≫主体的に学習に取り組む態度　　※「主体的に学習に取り組む態度」は方向目標を示しています。

○目的に応じて単位や測定計器を適切に選んで測定しようとする。

評価規準

≫知識・技能

○巻尺の必要性や目盛りの読み方，測定のしかたを理解している。

○巻尺を用いて，長さの見当をつけて，いろいろなものの長さを測定している。

○丸いもののまわりを測定するときに便利等，巻尺のよさを理解している。

○道のりと距離の用語とその意味を理解している。

○長さの単位 km を知り，1 km = 1000m の関係を理解している。

　　　　　　　　　　　　　　　　　　　　　　　● 対応する学習指導要領の項目：C(1) ア (ア)(イ)

≫思考・判断・表現

○目的に応じて単位や測定計器を考えている。

　　　　　　　　　　　　　　　　　　　　　　　● 対応する学習指導要領の項目：C(1) イ (ア)

≫主体的に学習に取り組む態度

○目的に応じて単位や測定計器を適切に選んで測定している。

関連する既習内容

学年		内容
2	年	長さのたんい
2	年	長い長さ

学習活動

小単元名	時数	学習活動	数学的活動
1. 長さ調べ①	2	○教室の縦と横の長さを予想して，測り方を考えたり，巻尺の目盛りの読み方を理解する。 ○10mと思うところまで歩き，その長さを巻尺で測り，長さの量感を豊かにする。	(1) ア
1. 長さ調べ②	1	○巻尺で，丸いものの長さや長さの見当をつけてから学校の中のいろいろなものを測る。	(1) ア
		・巻尺は，長いところの長さや丸いもののまわりの長さを測るときに便利であることを知る。	
2. 道のり①	1	○道のりと距離の用語と意味を知る。また，1km=1000mを知る。	(1) イ
		・絵地図を見て，あんさんの家から学校までの距離と道のりを指摘する。	
2. 道のり②	1	○校庭などで1kmを歩いて，その長さを実感したり，スポーツの世界記録の長さを調べたりして長さに親しむ。	(1) ア
たしかめポイント	1	○「長さ」の基本的な学習内容を理解しているかを確認し，それに習熟する。	

| 3年 | 日文 |

教科書【上】：p.94〜106　配当時数：9時間　配当月：9月

7. 大きい数

領域　A 数と計算

到達目標

≫知識・技能
○一億までの数のしくみがわかり，一億までの数を読んだり，書いたりできる。
○数直線の用語を知り，数直線上の一億までの数を読んだり，数直線上に表したりできる。
○大きな数の大小を等号，不等号を使って表すことができる。
○ある数を 10 倍，100 倍，1000 倍した数や 10 でわった数の求め方がわかる。
○大きな数をいろいろな見方で表すことができる。

≫思考・判断・表現
○ 1000 を単位として数を相対的にみて，数の構成について考えることができる。
○ある数をいろいろな見方で考えることができる。

≫主体的に学習に取り組む態度　※「主体的に学習に取り組む態度」は方向目標を示しています。
○ 1 億までの数を既習の数の捉え方をもとに考え，表現しようとする。

評価規準

≫知識・技能
○一万の位までの数のしくみを知り，一万の位までの数を読んだり書いたりしている。
○十万，百万，千万の位を知り，千万の位までの数を読んだり書いたりしている。
○ 1000 を単位として数を相対的にみて，大きな数を表している。
○数直線上の一億までの数を読んだり，数直線上に表したりしている。
○等号，不等号の用語とその意味を理解している。
○大きな数の大小を等号，不等号を使って表している。
○ある数を 10 倍，100 倍，1000 倍した数や 10 でわった数の求め方を理解し，求めている。

● 対応する学習指導要領の項目：A(1) ア (ア)(イ)(ウ)

≫思考・判断・表現
○ 1000 を単位として数を相対的にみて，数の構成について考え，表している。
○ある数をいろいろな見方で考え，表現している。

● 対応する学習指導要領の項目：A(1) イ (ア)

≫主体的に学習に取り組む態度
○ 1 万を 10 こ集めた数が 10 万，10 万を 10 こ集めた数が 100 万のように，十進位取り記数法をまとめている。

関連する既習内容

学年		内容
2	年	10000 までの数

学習活動

小単元名	時数	学習活動	数学的活動
1. 数の表し方①	1	○一万の位までの数のしくみを知り，一万の位までの数を読んだり書いたりする。	(1) イ
1. 数の表し方②	1	○十万の位，百万の位，千万の位を知り，千万の位までの数を読んだり書いたりする。	(1) イ
		・十進位取り記数法のしくみについて理解する。	
1. 数の表し方③	1	○数の相対的な大きさについて調べる。	(1) ウ
		・1000 をもとにした数の見方を調べる。1000 を 24 こ集めた数は 24000。	
1. 数の表し方④	1	○数直線の用語を知り，大きな数を数直線に表すしかたを調べる。また，一億について知る。	(1) ウ
1. 数の表し方⑤	1	○大きい数の加減算をしたり，大きい数の大小を等号，不等号を使って表したりする。	(1) ウ
		・大きい数の計算は，1 万のまとまりで考えて計算する。	
1. 数の表し方⑥	1	○45000 をいろいろな見方で表す。	(1) ウ，エ
		・45000 は，40000 より 5000 大きい数。45000 は，1000 を 45 こ集めた数。45000 は，10000 を 4 こと，1000 を 5 こ合わせた数。	
2. 10 倍，100 倍，1000 倍した数と，10 でわった数①	1	○ある数を 10 倍した数の求め方を知る。	(1) ウ
2. 10 倍，100 倍，1000 倍した数と，10 でわった数②/わかっているかな?	1	○ある数を 100 倍，1000 倍した数や 10 でわった数の求め方を知る。	(1) ウ
		○数直線を読むときの数直線の 1 目盛りの大きさについて，確認する。	
たしかめポイント	1	○「大きい数」の基本的な学習内容を理解しているかを確認し，それに習熟する。	

| 3年 | 日文 | 教科書【上】：p.108〜117　配当時数：8時間　配当月：9月 |

8. あまりのあるわり算

領域　A 数と計算

到達目標

》知識・技能
○除法で，あまりのある場合の意味とその計算方法について理解し，計算することができる。

○除法のあまりの意味や，あまりと除数の関係がわかる。

○あまりのある除法の検算の式を理解し，検算することができる。

》思考・判断・表現
○除数とあまりの大きさの関係を考え，除数よりあまりが小さくなることを説明することができる。

○あまりのある除法を適用する場面で，あまりの処理のしかたがわかり，問題を解決することができる。

》主体的に学習に取り組む態度　※「主体的に学習に取り組む態度」は方向目標を示しています。
○あまりのある除法を適用する場面で，あまりの意味や処理のしかたを考え，説明しようとする。

評価規準

》知識・技能
○あまりのある除法の答えも，除数の段の九九を使って求めることを理解している。

○あまりのある除法で，あまりは除数より小さいことを理解している。

○あまりのある除法の検算の式を理解している。

○検算の式を利用して，あまりのある除法の答えの確かめをしている。

● 対応する学習指導要領の項目：A(4) ア (ア)(イ)(ウ)(エ)

》思考・判断・表現
○除数とあまりの大きさの関係を考え，除数よりあまりが小さくなることを説明している。

○あまりのある除法を適用する場面で，あまりの処理のしかたを考え，問題を解決している。

● 対応する学習指導要領の項目：A(4) イ (ア)(イ)

》主体的に学習に取り組む態度
○あまりのある除法を適用する場面で，あまりの意味や処理のしかたを考え，処理のしかたを説明している。

関連する既習内容

学年		内容
2	年	かけ算
3	年	わり算

学習活動

小単元名	時数	学習活動	数学的活動
1. あまりのあるわり算①	2	○除法であまりがある場合があることを知り，あまりのある除法のしかたを考える。	(1) イ，エ
		・「あまり」「わりきれる」「わりきれない」の用語の意味を知る。	
1. あまりのあるわり算②	1	○あまりの大きさについて考え，あまりは除数より小さくなることを理解する。	(1) イ
1. あまりのあるわり算③	1	○あまりのある除法の答えも，除数の段の九九を使って求めることを知る。	(1) イ
2. 答えのたしかめ	1	○あまりのある除法の検算の式を知り，答えを確かめる。	(1) イ
3. あまりを考える問題/わかっているかな?	2	○あまりの処理のしかたについて考え，説明する。 ・子どもが30人います。1脚の長いすに4人ずつ座ります。全員が座るには，長いすは何脚いりますか。 ・お楽しみ券が23枚あります。この券5枚でくじ引きが1回できます。全部でくじ引きを何回することができますか。	(1) イ，エ
		○あまりの処理のある問題にあまりの大きさを考えて，正しい答えを求める。	
たしかめポイント	1	○「あまりのあるわり算」の基本的な学習内容を理解しているかを確認し，それに習熟する。	

| 3年 | 日文 |

教科書【上】：p.120〜130　配当時数：9時間　配当月：9〜10月

9. 円と球

領域　B 図形

到達目標

≫知識・技能

○「円」，円の「中心」「半径」「直径」の用語とその意味がわかる。

○円の半径と直径の関係がわかる。

○コンパスを使って，円をかいたり，長さを写し取って長さ比べをしたりできる。

○「球」，球の「中心」「半径」「直径」の用語とその意味がわかる。

≫思考・判断・表現

○作図などを通して，円は中心の位置と半径の長さで決まることに着目して，円の性質について考えることができる。

≫主体的に学習に取り組む態度　※「主体的に学習に取り組む態度」は方向目標を示しています。

○コンパスを使って，円を使った模様をかき，その美しさを味わおうとする。

評価規準

≫知識・技能

○「円」，円の「中心」「半径」「直径」の用語とその意味を理解している。

○円の半径と直径の関係を理解している。

○コンパスを使って，円をかいている。

○コンパスを使って，長さを写し取って長さを比較している。

○「球」の用語とその意味を理解している。

● 対応する学習指導要領の項目：B(1) ア (ウ)

≫思考・判断・表現

○円は中心の位置と半径の長さで決まることに着目して，円の性質について考えている。

● 対応する学習指導要領の項目：B(1) イ (ア)

≫主体的に学習に取り組む態度

○コンパスを使って，円を使った模様をかいている。

○自分でかいた模様や友だちのかいた模様を見て，その美しさを味わおうとしている。

関連する既習内容

学年	内容
1 年	かたちあそび

学習活動

小単元名	時数	学習活動	数学的活動
1. まるい形①	2	○1 つの点から同じ長さにたくさん点を打って，丸い形がかけることから，円のかき方を考える。	(1) ア，イ
		・円，中心，半径の用語とその意味を知る。また，半径の性質を知る。	
1. まるい形②	1	○直径の用語と意味を知り，直径の長さと半径の長さの関係を理解する。	(1) ウ
1. まるい形③	1	○コンパスを使って円をかく。また，コンパスを使って線分を区切ったり，うつし取ったりする。	(1) ウ
		・①下じきをぬく。②半径の長さにコンパスを開く。③中心を決めて針をさす。④かく方向にたおしてかき始める。⑤針がずれないようにして回す。⑥できあがり。	
1. まるい形④	1	○コンパスを使って模様をかく。	(1) ア
		・コンパスを使って，模様をかいて，こまをつくる。	
1. まるい形⑤	1	○コンパスを使って，2 つの点から指定された距離にある点を探し，コンパスの使い方に習熟する。	(1) ウ
2. ボールの形①	1	○球について調べ，球の用語とその意味を知る。	(1) ア
		・球を半分に切ったとき，その切り口の円の中心，半径，直径をそれぞれ球の中心，半径，直径ということを理解する。	
2. ボールの形②/わかっているかな？	1	○身の回りから，円や球の形をしたものを探す。	(1) ア
		○コンパスを使って，長さの比べ方を確認する。	
たしかめポイント	1	○「円と球」の基本的な学習内容を理解しているかを確認し，それに習熟する。	

3年 日文　　　　　　　　　　　　　　　　　　　教科書【下】：p.6〜20　配当時数：11時間　配当月：10月

10. かけ算の筆算(1)

領域　A 数と計算

到達目標

≫知識・技能
○ (2・3 位数) × (1 位数) の計算原理がわかる。
○ (2・3 位数) × (1 位数) の筆算の方法がわかり，筆算で正しく計算することができる。
○乗法の言葉の式やテープ図などの図の表し方がわかる。
○ある数の何倍にあたる数を求めるには，乗法で求められることがわかる。

≫思考・判断・表現
○ (2・3 位数) × (1 位数) の筆算方法を，被乗数を位ごとに分けて計算するしかたと結びつけて考えることができる。
○乗法の言葉の式やテープ図などを用いて問題を解決することができる。

≫主体的に学習に取り組む態度　　※「主体的に学習に取り組む態度」は方向目標を示しています。
○ (2・3 位数) × (1 位数) の筆算の方法を考え，考えたことを友だちと話し合い，自分の考えを見直してまとめようとする。

評価規準

≫知識・技能
○ (2 位数) × (1 位数) の計算原理を理解している。
○ (2 位数) × (1 位数) の計算で，部分積がくり上がらない計算を筆算でしている。
○ (2 位数) × (1 位数) の計算で，一の位の部分積がくり上がる計算を筆算でしている。
○ (2 位数) × (1 位数) の計算で，十の位の部分積がくり上がる計算を筆算でしている。
○ (2 位数) × (1 位数) の計算で，一の位，十の位の部分積がくり上がる計算を筆算でしている。
○ (3 位数) × (1 位数) の計算で，部分積がくり上がらない計算を筆算でしている。
○ (3 位数) × (1 位数) の計算で，一，十，百の位の部分積がくり上がる計算を筆算でしている。
○ (3 位数) × (1 位数) の計算で，被乗数の十の位が 0 と一の位が 0 の計算を筆算でしている。
○ある数の何倍にあたる数を求めるには，乗法を使うことを理解している。

　　　　　　　　　　　　　　　　　　　　　●対応する学習指導要領の項目：A(3) ア (ア)(イ)(ウ)

≫思考・判断・表現
○ (2・3 位数) × (1 位数) の筆算方法を考えている。
○ (3 位数) × (1 位数) の計算で，被乗数の十の位が 0 と一の位が 0 の筆算方法を考えている。
○乗法の言葉の式やテープ図などを用いて問題を解決している。

　　　　　　　　　　　　　　　　　　　　　　　●対応する学習指導要領の項目：A(3) イ (ア)

≫主体的に学習に取り組む態度
○ (2 位数) × (1 位数) の筆算方法を，被乗数を位ごとに分けて計算するしかたと結びつけて考えている。
○ (3 位数) × (1 位数) の筆算方法を，(2 位数) × (1 位数) の筆算方法をもとに考えている。

関連する既習内容

学年		内容
2	年	かけ算
3	年	かけ算

学習活動

小単元名	時数	学習活動	数学的活動
1. 2けたの数にかける計算①	2	○(2位数)×(1位数)の計算原理や筆算のしかたを知り，部分積がくり上がらない計算を筆算する。	(1)イ，エ
		・23×3の計算は，23を20と3に位ごとに分けて考えれば，既習の計算が使えることをまとめる。	
1. 2けたの数にかける計算②	1	○(2位数)×(1位数)の計算で，一の位の部分積がくり上がる計算を筆算する。	(1)イ
1. 2けたの数にかける計算③	1	○(2位数)×(1位数)の計算で，十の位や一の位と十の位の部分積がくり上がる計算を筆算する。	(1)ウ
1. 2けたの数にかける計算④	1	○(2位数)×(1位数)の計算で，部分積の和がくり上がる計算を筆算する。	(1)ウ
2. 3けたの数にかける計算①	1	○(3位数)×(1位数)の計算原理や筆算のしかたを知り，部分積がくり上がらない計算を筆算する。	(1)イ
		・被乗数が3位数になっても，これまでに学習したかけ算と同じように考えればできることをまとめる。	
2. 3けたの数にかける計算②	1	○(3位数)×(1位数)の計算で，一の位，十の位の部分積がくり上がる計算を筆算する。	(1)ウ
2. 3けたの数にかける計算③	1	○(3位数)×(1位数)の計算で，一の位，十の位，百の位の部分積がくり上がる計算を筆算する。	(1)ウ
3. 倍の計算	1	○ある数の何倍にあたる数を求めるには，乗法を使うことを理解する。	(1)イ
4. 暗算/わかっているかな?	1	○簡単な場合の(2位数)×(1位数)を暗算する。	(1)ウ
		○筆算のしかたを確認し，正しく計算する。 ・78×3＝234の筆算の間違い箇所を指摘し，正しく計算する。	
たしかめポイント	1	○「かけ算の筆算(1)」の基本的な学習内容を理解しているかを確認し，それに習熟する。	

| 3年 | 日文 |

教科書【下】：p.22～34　配当時数：12時間　配当月：10～11月

11. 小数

領域　A 数と計算

到達目標

≫知識・技能

○かさの測定の操作を通して，端数部分の大きさを表すのに小数が用いられることを知り，小数の表し方，読み方がわかる。

○小数，小数点，小数第一位，整数の用語とその意味がわかる。

○かさや長さを小数を用いて単名数で表すことができる。

○数直線上に表された小数を読んだり，小数を数直線に表したりする。

○小数の構成や相対的な数について理解するとともに，大小比較ができる。

○小数第一位までの小数の加法，減法の計算原理や方法を理解し，計算することができる。

≫思考・判断・表現

○1つの小数をいろいろな見方で表現することができる。

○小数の加減計算を整数の加減計算をもとに考えることができる。

≫主体的に学習に取り組む態度　　※「主体的に学習に取り組む態度」は方向目標を示しています。

○小数の加減計算のしかたについて考え，考えたことを友だちと話し合い，自分の考えを見直してまとめようとする。

評価規準

≫知識・技能

○小数の用い方を知り，小数の表し方，読み方を理解している。

○小数，小数点，小数第一位，整数の用語とその意味を理解している。

○かさや長さを小数を用いて単名数で表している。

○数直線上に表された小数を読んだり，小数を数直線に表したりしている。

○小数のしくみや相対的な大きさについて理解している。

○小数の大小比較をして，不等号を用いて表している。

○小数第一位までの (純小数) + (純小数) で和が1までの計算をしている。

○小数第一位までの (帯小数) + (帯小数)，(帯小数) + (整数) の計算を筆算でしている。

○小数第一位までの (純小数) + (純小数) の逆の減法計算をしている。

○小数第一位までの (帯小数) − (帯小数)，(整数) − (帯小数) の計算を筆算でしている。

●対応する学習指導要領の項目：A(5) ア (ア)(イ)

≫思考・判断・表現

○1つの小数をいろいろな見方で表現している。

○小数の加法計算を整数の加法計算をもとに考えている。

○小数の減法計算を整数の減法計算をもとに考えている。

●対応する学習指導要領の項目：A(5) イ (ア)

≫主体的に学習に取り組む態度

○１つの小数をどのように表現したらよいかを考えようとしている。

○整数の加法と関連づけて，小数第一位までの加法の計算方法を考え，説明しようとしている。

○整数の減法と関連づけて，小数第一位までの減法の計算方法を考え，説明しようとしている。

関連する既習内容

学年		内容
3	年	大きい数

学習活動

小単元名	時数	学習活動	数学的活動
1. 1 より小さい数①	2	○1dL を 10 等分したかさを 0.1dL と書き，れい点一デシリットルと読むことを知る。	(1) イ
		○小数，小数点，整数，小数第一位の用語とその意味を知る。	
1. 1 より小さい数②	1	○1 cm より短い長さを cm で表す方法を考え，1 mm = 0.1 cm であることを知る。	(1) ウ
2. 小数の大きさ①	1	○数直線上に表された小数を読んだり，数直線に小数を表したりして，小数の大きさを調べる。	(1) ウ
2. 小数の大きさ②	1	○2.8 をいろいろな見方で表す。また，身の回りで小数が使われているものを探す。	(1) ア，ウ，エ
		・2.8 は 2 と 0.8 を合わせた数。2.8 は，0.1 を 28 こ集めた数等と表す。	
3. 小数のたし算とひき算①	1	○小数第一位までの (純小数) + (純小数) の計算のしかたを理解し，計算する。	(1) ウ，エ
		・小数の加法は，0.1 のいくつ分で考えると，整数と同じように計算できることをまとめる。	
3. 小数のたし算とひき算②	1	○小数第一位までの (小数) − (小数) の計算のしかたを理解し，計算する。	(1) イ，エ
3. 小数のたし算とひき算③	1	○小数第一位までの (帯小数) + (帯小数) の筆算のしかたを理解し，計算する。	(1) ウ
		・①位をそろえて書く。②整数の加法と同じように計算する。③上の小数点にそろえて，答えの小数点をうつ。	
3. 小数のたし算とひき算④	1	○くり上がりのある小数の加法や，答えの末位の 0 を消す小数の加法の筆算のしかたを考える。	(1) ウ
3. 小数のたし算とひき算⑤	1	○小数第一位までくり下がりのないの (帯小数) − (帯小数) の筆算のしかたを理解し，計算する。	(1) ウ
3. 小数のたし算とひき算⑥	1	○くり下がりのある小数の減法や，答えの一の位に 0 をつけたす小数の減法の筆算のしかたを考える。	(1) ウ

| わかっているかな?/た しかめポイント | 1 | ○筆算のしかたを確認し，正しく計算する。
・15 − 1.3 = 0.2 の筆算の間違い箇所を指摘し，正しく計算する。
○「小数」の基本的な学習内容を理解しているかを確認し，それに 習熟する。 | |

| 3年 | 日文 | 教科書【下】：p.36〜46　配当時数：7時間　配当月：11月 |

12. 重さ

領域　C 測定

到達目標

≫知識・技能

○重さくらべを通して，重さを量として捉え，重さの単位に g があることがわかる。

○重さを測定する計器としてはかりがあることを知り，はかりの目盛りの読み方，使い方がわかる。

○重さの単位 kg や t を知り，1kg＝1000g や 1t＝1000kg の関係がわかる。

○重さの単位の関係と既習の長さやかさの単位の関係で似ているところがあることがわかる。

≫思考・判断・表現

○重さについても加法，減法が適用できることを理解し，重さに関する問題を解決することができる。

○重さの単位の関係と既習の長さやかさの単位の関係で，似ているところを説明することができる。

≫主体的に学習に取り組む態度　※「主体的に学習に取り組む態度」は方向目標を示しています。

○ものの重さを量るとき，重さを予想して量感を身につけようとする。

○重さの単位の関係と既習の長さやかさの単位の関係で，似ているところを見つけようとする。

評価規準

≫知識・技能

　○重さくらべを通して，重さの単位にグラム (g) があることを理解している。

　○ 1g は 1 円玉 1 個分の重さであることを理解している。

　○重さははかりを使って量ることを知り，秤量 1kg のはかりの目盛りを読んでいる。

　○はかりの使い方を理解し，およそ 100g と思うものを探して量っている。

　○重さの単位キログラム (kg) を知り，1kg＝1000g の関係を理解している。

　○秤量 4kg のはかりの目盛りの読み方を理解している。

　○重さの単位トン (t) を知り，1t＝1000kg の関係を理解している。

　○長さ，かさ，重さの単位のしくみを理解している。

　　　　　　　　　　　　　　　　　　　　　　　　　　　　● 対応する学習指導要領の項目：C(1) ア (ア)(イ)

≫思考・判断・表現

　○重さについても加法，減法が適用できることを理解し，重さに関する問題を解決している。

　○重さの単位の関係と長さやかさの単位の関係で，似ているところを説明している。

　　　　　　　　　　　　　　　　　　　　　　　　　　　　● 対応する学習指導要領の項目：C(1) イ (ア)

≫主体的に学習に取り組む態度

　○ものの重さを量るとき，重さを予想して量感を身につけようとしている。

　○重さの単位の関係と既習の長さやかさの単位の関係で，似ているところを見つけ，まとめようとしている。

関連する既習内容

学年		内容
2	年	長さの単位
2	年	長い　長さ
2	年	水のかさ
3	年	長さ

学習活動

小単元名	時数	学習活動	数学的活動
単元の導入	1	○身の回りのものの重さを比べる。	(1) イ
1. 重さくらべ①	1	○直接比較や任意単位による測定を通して，重さを量として捉え，重さの普遍単位である g を知る。	(1) ア，エ
		・1 円玉 1 個分の重さが 1g であることを知り，1 円玉を使っていろいろな文房具の重さを調べる。	
2. はかりの使い方①	1	○重さを測定する計器としてはかりがあることを知り，はかりの目盛りの読み方，使い方を理解する。	(1) ア
2. はかりの使い方②	1	○重さの単位 kg を知り，1kg = 1000g の関係や秤量 4kg のはかりの目盛りの読み方を理解する。	(1) イ
		・重さの単位換算ができる。	
2. はかりの使い方③	1	○重さについても加法，減法が適用できることを理解し，重さに関する問題を解決する。 ○大きな重さを表す単位 t を知り，1t = 1000kg の関係を理解する。	(1) イ
		○いろいろなものの重さを，予想してから量り，重さの量感をつかむ。	(1) ア
3. 長さ，かさ，重さの単位	1	○長さ，かさ，重さの単位のしくみを調べ，似ているところを話し合う。	(1) ウ
		・「なるほど算数」を読み，単位のしくみについて関心を高める。	
たしかめポイント	1	○「重さ」の基本的な学習内容を理解しているかを確認し，それに習熟する。	

| 3年 | 日文 |

教科書【下】：p.48〜62　配当時数：12時間　配当月：11〜12月

13. 分数

領域　A 数と計算

到達目標

≫知識・技能

○等分されたいくつ分かの大きさを分数を用いて表すことができる。

○分母，分子の用語とその意味を知り，それらを正しく使うことができる。

○分数を表した数直線をもとに，分数の構成や大きさを理解し，大小比較ができる。

○分数と小数を同じ数直線に表し，1/10 = 0.1 を理解し，分数と小数の大小比較ができる。

○同分母分数の加減法の意味や計算方法を理解し，計算することができる。

≫思考・判断・表現

○分数と小数の関係をもとに，大小比較のしかたを考えることができる。

○同分母の真分数どうしの加法，減法や 1 から真分数をひく減法の計算方法を考えることができる。

≫主体的に学習に取り組む態度　※「主体的に学習に取り組む態度」は方向目標を示しています。

○分数の加減計算のしかたについて考え，考えたことを友だちと話し合い，自分の考えを見直してまとめようとする。

評価規準

≫知識・技能

○ 1m を等分した 1 つ分の長さを分数で表している。

○分母，分子の用語とその意味を理解し，それらを正しく使っている。

○等分されたいくつ分かの大きさを分数を用いて表している。

○分数を表した数直線をもとに，分数の構成や大きさを理解し，大小を比較している。

○分数を表した数直線をもとに，1 より大きい数も数直線上に分数で表している。

○同分母で和が 1 までの真分数どうしの加法計算をしている。

○同分母で真分数どうしの減法計算をしている。

○ 1 から真分数をひく計算をしている。

　　　　　　　　　　　　　　　　　　　●対応する学習指導要領の項目：A(6) ア (ア)(イ)(ウ)

≫思考・判断・表現

○分数と小数の関係をもとに，大小比較のしかたを考えている。

○同分母の真分数どうしの加法の計算方法を考えている。

○同分母の真分数どうしの減法の計算方法を考えている。

○ 1 から真分数をひく減法の計算方法を考えている。

　　　　　　　　　　　　　　　　　　　●対応する学習指導要領の項目：A(6) イ (ア)

≫ 主体的に学習に取り組む態度

○整数の加法と関連づけて，同分母で和が1までの真分数どうしの加法の計算方法を考え，説明している。

○整数の減法と関連づけて，同分母で真分数どうしの減法の計算方法を考え，説明している。

○分数で表すよさについて考え，進んで用いている。

関連する既習内容

学年		内容
2	年	分数
3	年	小数

学習活動

小単元名	時数	学習活動	数学的活動
1. 分数①	1	○1m を等分した長さを考え，1m の 1/2 の長さを 1/2m と書き，二分の一メートルと読むことを知る。	(1) イ
1. 分数②	1	○単位分数について，その意味や表し方，読み方を理解する。	(1) ウ
1. 分数③	1	○分数は，単位分数のいくつ分で表せばよいことを理解する。	(1) ウ
1. 分数④	1	○分母，分子の用語と意味を知り，1L より小さいかさを分数を用いて表す。	(1) ウ
1. 分数⑤	1	○5/5m ＝ 1m の関係を理解する。また，1 より大きい数も分数で表すことができることを知る。	(1) ウ
		・1 目盛りが1/5m の数直線上で，2/5m，3/5m，4/5m，6/5m の位置を指摘する。	
1. 分数⑥/つなげる算数	1	○1m のテープで分数ものさしをつくり，いろいろなところの長さを測る。	(1) ア
		○「つなげる算数」で，2m の 1/4 の長さを考える。	(1) ウ
2. 分数の大きさ①	1	○数直線に表された分数を読み，分数の大小関係を等号，不等号を用いて表す。	(1) ウ
2. 分数の大きさ②	1	○分母が 10 の分数と小数の関係を調べ，1/10 ＝ 0.1 の関係を知る。小数第一位のことを 1/10 の位ということを知る。	(1) ウ
		・分母が 10 の分数と 1/10 の位までの小数の関係を数直線に表す。	
3. 分数のたし算とひき算①	1	○真分数の加法のしかたを考え，説明する。また，計算をする。	(1) イ，エ
		・同分母分数の加法は，もとにする分数のいくつ分かを考えると計算できることをまとめる。	
3. 分数のたし算とひき算②	1	○真分数の減法，1－真分数の計算のしかたを考え，計算する。	(1) イ

126

つなげる算数/わかっているかな?/たしかめポイント	2	○「つなげる算数」で，既習の加法を見直し，もとにする大きさのいくつ分と考えると能率的に計算できることがわかる。	(1) ウ
		○真分数どうしの加法のしかたを確認し，正しく計算する。 ・3/5 + 1/5 = 4/10 の間違い箇所を指摘し，正しく計算する。 ○「分数」の基本的な学習内容を理解しているかを確認し，それに習熟する。	

| 3年 | 日文 | 教科書【下】：p.66〜79　配当時数：10 時間　配当月：1 月 |

14. 三角形と角

領域　B 図形

到達目標

≫知識・技能
○二等辺三角形，正三角形の用語とその定義がわかる。
○二等辺三角形，正三角形を作図することができる。
○角の用語とその意味を知り，二等辺三角形，正三角形の角の大きさがわかる。

≫思考・判断・表現
○円の半径を使っていろいろな三角形をかいたとき，それが二等辺三角形であることを説明することができる。
○円を使って，正三角形をかく方法を考えることができる。

≫主体的に学習に取り組む態度　　※「主体的に学習に取り組む態度」は方向目標を示しています。
○辺の長さや角の大きさに着目して，二等辺三角形や正三角形の性質を考えようとする。
○形も大きさも同じ二等辺三角形や正三角形をすき間なく敷き詰めて，いろいろな形や模様をつくろうとする。

評価規準

≫知識・技能
○辺の長さに着目して，二等辺三角形，正三角形の用語とその定義を理解している。
○辺の長さに着目して，二等辺三角形，正三角形を弁別している。
○コンパスを使って，二等辺三角形を作図している。
○コンパスを使って，正三角形を作図している。
○角の用語とその意味を理解している。
○二等辺三角形の 2 つの角の大きさは等しいことを理解している。
○正三角形の 3 つの角の大きさは等しいことを理解している。

対応する学習指導要領の項目：B(1) ア (ア)(イ)

≫思考・判断・表現
○円の半径を使ってかいた三角形が二等辺三角形であることを説明している。
○円の半径を使って，正三角形のかき方を考え，その方法を説明している。

対応する学習指導要領の項目：B(1) イ (ア)

≫主体的に学習に取り組む態度
○辺の長さや角の大きさに着目して，二等辺三角形や正三角形の性質を考え、説明している。
○形も大きさも同じ二等辺三角形や正三角形をすき間なく敷き詰めて，いろいろな形や模様をつくっている。

関連する既習内容

学年	内容
2 年	三角形と四角形

学習活動

小単元名	時数	学習活動	数学的活動
1. 二等辺三角形と正三角形①	2	○三角形の仲間分けをして，二等辺三角形，正三角形の用語とその定義を知る。	(1) ア，ウ，エ
		・2つの辺の長さが等しい三角形を二等辺三角形，3つの辺の長さが等しい三角形を正三角形ということを知る。	
1. 二等辺三角形と正三角形②	1	○二等辺三角形のかき方を考え，二等辺三角形をかく。	(1) ウ
1. 二等辺三角形と正三角形③	1	○正三角形のかき方を考え，正三角形をかく。また，折り紙を折って正三角形をつくる。	(1) ア，ウ
1. 二等辺三角形と正三角形④	1	○円の中心と半径を使っていろいろな三角形をかき，それが二等辺三角形や正三角形であることを説明する。	(1) ウ，エ
		・円の半径の長さは等しいので二等辺三角形であることを説明する。また，円を使って正三角形をかく方法を考える。	
1. 二等辺三角形と正三角形⑤	1	○身の回りで二等辺三角形や正三角形になっているものを探す。	(1) ア
2. 三角形と角①	1	○角の用語とその意味や角の大きさは辺の開き具合で決まることを知る。	(1) ウ
2. 三角形と角②	1	○二等辺三角形と正三角形の角について調べ，その性質を知る。	(1) ウ
		・二等辺三角形の2つの角の大きさは等しい。また，正三角形の3つの角の大きさはすべて等しいことを知る。	
2. 三角形と角③	1	○形も大きさも同じ二等辺三角形や正三角形をすき間なく敷き詰めて模様をつくり，図形感覚を豊かにする。	(1) ア
わかっているかな?/たしかめポイント	1	○コンパスを使って，二等辺三角形について確認する。 ○「三角形と角」の基本的な学習内容を理解しているかを確認し，それに習熟する。	

| 3年 | 日文 | 教科書【下】：p.82〜91　配当時数：8時間　配当月：1〜2月 |

15. かけ算の筆算(2)

領域　A 数と計算

到達目標

≫知識・技能

○ 1・2 位数や何百・何十に何十をかける乗法の計算原理や方法を理解し，計算することができる。

○ 2・3 位数に 2 位数をかける乗法の計算原理や方法を理解し，筆算で計算することができる。

○乗法では，乗数を 10 倍すると答えも 10 倍になることを理解し，計算に適用することができる。

○交換法則を活用し，工夫して筆算することができる。

≫思考・判断・表現

○ (2・3 位数) × (2 位数) の筆算の方法を，既習の筆算の方法をもとに考えることができる。

○交換法則を活用し，工夫した計算のしかたを考えることができる。

≫主体的に学習に取り組む態度　　※「主体的に学習に取り組む態度」は方向目標を示しています。

○ (2・3 位数) × (2 位数) の筆算の方法を考え，考えたことを友だちと話し合い，自分の考えを見直してまとめようとする。

評価規準

≫知識・技能

○ 1・2 位数や何百・何十に，何十をかける計算原理や方法を理解している。

○ 1・2 位数や何百・何十に，何十をかける計算をしている。

○ (2 位数) × (2 位数) で部分積が 2 位数の乗法の計算原理や方法を理解している。

○ (2 位数) × (2 位数) で部分積が 2 位数の計算を筆算でしている。

○ (2 位数) × (2 位数) で部分積が 3 位数の乗法の計算原理や方法を理解している。

○ (2 位数) × (2 位数) で部分積が 3 位数の計算を筆算でしている。

○ (3 位数) × (2 位数) の乗法の計算原理や方法を理解している。

○ (3 位数) × (2 位数) の計算を筆算でしている。

○乗法では，乗数を 10 倍すると答えも 10 倍になることを理解している。

○ 2 位数×何十の筆算のしかたを理解している。

○乗法の交換法則を活用して，筆算のしかたの工夫を理解している。

　　　　　　　　　　　　　　　　　　　　　　　●対応する学習指導要領の項目：A(3) ア (ア)(イ)(ウ)

≫思考・判断・表現

○ (2・3 位数) × (2 位数) の筆算の方法を，既習の筆算の方法をもとに考えている。

○ (2・3 位数) × (2 位数) の計算を適用して，問題を解決している。

○交換法則を活用し，計算のしかたの工夫を考え，説明している。

　　　　　　　　　　　　　　　　　　　　　　　●対応する学習指導要領の項目：A(3) イ (ア)

≫主体的に学習に取り組む態度

○ (2・3 位数) × (2 位数) の筆算の方法を，既習の (2・3 位数) × (1 位数) の筆算の方法をもとに考え，説明している。

関連する既習内容

学年		内容
3	年	かけ算
3	年	かけ算の筆算 (1)

学習活動

小単元名	時数	学習活動	数学的活動
単元の導入	1	○自分の誕生日の数を使って乗法の式をつくり，未習の乗法の計算について考える。	(1) イ
1. 何十をかける計算	2	○1・2 位数や何百・何十に，何十をかける計算のしかたを理解し，計算する。	(1) イ，エ
2. 2 けたの数をかける計算①	1	○(2 位数) × (2 位数) で部分積が 2 位数の乗法の計算原理や方法を理解し，筆算のしかたを考える。	(1) イ
		・21 × 32 の計算は，乗数を位ごとに分けて考え，21 × 2 = 42，21 × 30 = 630，たして 672。	
2. 2 けたの数をかける計算②	1	○(2 位数) × (2 位数) で部分積にくり上がりのある筆算方法を理解し，筆算で計算する。	(1) ウ
2. 2 けたの数をかける計算③	1	○被乗数や乗数に空位がある場合，通常の計算のしかたと簡便算を比べて，計算の工夫を考える。	(1) ウ
		・(1 位数) × (2 位数) の筆算のしかたの工夫についても考える。	
3. 3 けたの数にかける計算/わかっているかな？	1	○(3 位数) × (2 位数) の乗法の筆算方法を理解し，計算する。 ○被乗数に空位のある (3 位数) × (2 位数) の乗法の筆算方法を理解し，計算する。	(1) イ，ウ
		○2 位数どうしの乗法のしかたを確認し，正しく計算する。 ・38 × 43 = 266，38 × 43 = 15314 の間違い箇所を指摘し，正しく計算する。	
たしかめポイント	1	○「かけ算の筆算 (2)」の基本的な学習内容を理解しているかを確認し，それに習熟する。	

| 3年 | 日文 | 教科書【下】：p.94〜99　配当時数：5時間　配当月：2月 |

16. □を使った式

領域　A 数と計算

到達目標

》知識・技能

○加法の場面を未知数を□として式や図に表し，□を減法で求めることができる。

○減法の場面を未知数を□として式や図に表し，□を加法で求めることができる。

○乗法の場面を未知数を□として式や図に表し，□を除法で求めることができる。

》思考・判断・表現

○ある事柄について，数量の関係を□を使った式や図に表し，加法と減法の相互関係を考えることができる。

○ある事柄について，数量の関係を□を使った式や図に表し，乗法と除法の相互関係を考えることができる。

》主体的に学習に取り組む態度　　※「主体的に学習に取り組む態度」は方向目標を示しています。

○ある事柄について，数量の関係を□を使った式や図に表し，その関係を考え，□を求めようとする。

評価規準

》知識・技能

○加法の場面を未知数を□として式や図に表す方法を理解している。

○加法の場面を未知数を□として式や図に表し，□を求める方法を理解している。

○減法の場面を未知数を□として式や図に表す方法を理解している。

○減法の場面を未知数を□として式や図に表し，□を求める方法を理解している。

○乗法の場面を未知数を□として式や図に表す方法を理解している。

○乗法の場面を未知数を□として式や図に表し，□を求める方法を理解している。

●対応する学習指導要領の項目：A(7) ア (ア)

》思考・判断・表現

○数量の関係を□を使った式や図に表し，加法と減法の相互関係を考えている。

○数量の関係を□を使った式や図に表し，乗法と除法の相互関係を考えている。

●対応する学習指導要領の項目：A(7) イ (ア)

》主体的に学習に取り組む態度

○ある事柄について，数量の関係を□を使った式や図に表し，その関係を考え，□を求めようとしている。

関連する既習内容

学年		内容
2	年	もんだいの考え方
3	年	かけ算
3	年	わり算

学習活動

小単元名	時数	学習活動	数学的活動
単元の導入	1	○絵を見て，数量の関係を表す算数の問題づくりをする。	(1) イ
□を使った数①	1	○具体的な場面について，加法で表される数量関係を□を用いて式や線分図に表し，求め方を考える。	(1) イ，エ
		・たいちさんは切手を集めています。お兄さんから6枚もらいました。切手は全部で23枚になりました。という場面で，はじめに持っていた切手の数を□として，□を使った式に表す。	
□を使った数②	1	○具体的な場面について，減法で表される数量関係を言葉の式や線分図から□を用いた式に表し，求める。	(1) イ
		・いちごが何個かありました。かいとさんが12個食べたので，9個残りました。はじめにいちごは何個ありましたか。という場面で，はじめにあったいちごの数を□として，□を使った式に表す。	
□を使った数③	1	○具体的な場面について，乗法で表される数量関係を言葉の式や線分図から□を用いた式に表し，求める。	(1) イ
		・あめを，同じ数ずつ6人に配ると，全部で54個いりました。1人に何個ずつ配りましたか。という場面で，1人分のあめの数を□として，□を使った式に表す。	
たしかめポイント	1	○「□を使った式」の基本的な学習内容を理解しているかを確認し，それに習熟する。	

| 3年 | 日文 |

教科書【下】：p.100～103　配当時数：3時間　配当月：3月

17. そろばん

| 領域 | A 数と計算 |

到達目標

≫知識・技能
○そろばんの構造や各部の名称を理解し，そろばんによる数の表し方がわかる。
○そろばんで簡単な加減計算ができる。
○そろばんで万の位の加減計算や 1/10 の位の小数の加減計算ができる。

≫思考・判断・表現
○そろばんのしくみに着目し，万の位の加減計算や 1/10 の位の小数の加減計算の方法を考えることができる。

≫主体的に学習に取り組む態度　※「主体的に学習に取り組む態度」は方向目標を示しています。
○そろばんを使った計算のよさに気づき，加減計算に用いようとする。

評価規準

≫知識・技能
○そろばんの構造や各部の名称を理解し，そろばんによる数の表し方を理解している。
○そろばんで簡単な加減計算をしている。
○そろばんで万の位の加減計算や 1/10 の位の小数の加減計算をしている。
●対応する学習指導要領の項目：A(8) ア (ア)(イ)

≫思考・判断・表現
○そろばんのしくみに着目し，万の位の加減計算や 1/10 の位の小数の加減計算の方法を考えている。
●対応する学習指導要領の項目：A(8) イ (ア)

≫主体的に学習に取り組む態度
○そろばんによる計算のよさを学習感想に書いている。

関連する既習内容

学年		内容
2	年	たし算
2	年	ひき算
3	年	大きい数
3	年	小数

学習活動

小単元名	時数	学習活動	数学的活動
1. 数の表し方	1	○そろばんの構造や各部の名称を理解し，一玉，五玉の置き方，はらい方を理解する。	(1) ウ
2. たし算とひき算①	1	○くり上がりのない加法，くり下がりのない減法の運珠法を理解する。	(1) ウ
2. たし算とひき算②	1	○くり上がりのある加法，くり下がりのある減法，万の位や 1/10 の位の小数の運珠法を理解する。	(1) ウ

| 4年 | 日文 | 教科書【上】：p.10〜20　配当時数：7時間　配当月：4月 |

1. 大きい数

領域　A 数と計算

到達目標

≫知識・技能

○兆という単位を知り，整数の命数法，記数法についての理解を深めることができる。

○整数の 10 倍，100 倍，1/10 の数をつくることにより，整数が十進位取り記数法で表されていることの理解を深めることができる。

○どんな大きさの整数でも，0〜9 の 10 個の数字を使って表すことができることがわかる。

○ (3 位数) × (3 位数) の筆算のしかたがわかり，計算することができる。

○被乗数，乗数の末位に 0 がある筆算の方法がわかり，工夫して計算することができる。

≫思考・判断・表現

○ 0〜9 の 10 個の数字を使って，いろいろな大きさの整数を考えることができる。

○ (3 位数) × (3 位数) の筆算のしかたを既習の筆算方法から類推して考えることができる。

○被乗数，乗数の末位に 0 がある乗法の筆算方法の工夫を考えることができる。

≫主体的に学習に取り組む態度　※「主体的に学習に取り組む態度」は方向目標を示しています。

○ 0〜9 の 10 個の数字を使って，いろいろな大きさの整数をつくろうとしている。

○大きな数のかけ算の筆算方法を既習の計算方法から類推して考え，考えたことを友だちと話し合い，自分の考えを見直してまとめようとする。

評価規準

≫知識・技能

　○兆という単位を知り，千兆の位までの数を，読んだり書いたりしている。

　○整数の 10 倍，100 倍，1/10 の数の表し方と，位の変わり方を理解している。

　○どんな大きさの整数でも，0〜9 の 10 個の数字を使って表せることを理解している。

　○ある位の数が 10 こ集まると，1 つ上の位ができることを理解している。

　○何の位に数字を書くかによって，表す大きさが変わることを理解している。

　○ (3 位数) × (3 位数) の計算を筆算でしている。

　○被乗数，乗数の末位に 0 がある計算を，工夫して筆算でしている。

　　　　　　　　　　　　　　　　　　　　　　　　　　● 対応する学習指導要領の項目：A(1) ア (ア)

≫思考・判断・表現

　○ 0〜9 の 10 個の数字を使って，いろいろな大きさの整数を考え，説明している。

　○ (3 位数) × (3 位数) の筆算方法を既習の筆算方法から類推して考え，説明している。

　○被乗数，乗数の末位に 0 がある乗法の筆算方法を工夫して考え，説明している。

　　　　　　　　　　　　　　　　　　　　　　　　　　● 対応する学習指導要領の項目：A(1) イ (ア)

≫主体的に学習に取り組む態度

○0～9の10個の数字を使って，一番大きい数や一番小さい数のほかにも，自分で条件を考えて数をつくっている。

○(3位数)×(3位数)の筆算方法を既習の筆算方法から類推して考え，説明している。

○被乗数，乗数の末位に0がある乗法の筆算方法について，計算のきまりを工夫して使えないかを考え，説明している。

関連する既習内容

学年		内容
3	年	大きい数 (一億までの数)

学習活動

小単元名	時数	学習活動	数学的活動
1. 数の表し方①	1	○一億の位を知り，千億の位までの数を，読んだり書いたりする。	(1) ア
		・億という単位を知る。	
1. 数の表し方②	1	○一兆の位を知り，千兆までの数を，読んだり書いたりする。	(1) ア
		・兆という単位を知る。	
1. 数の表し方③	1	○大きい数を数直線上に表したり，数の大小関係を調べたりする。また，3兆5600億をいろいろな見方で表す。	(1) イ
2. 数のしくみ①	1	○大きな数を10倍，100倍，1/10にしたときの，位の変わり方を知る。	(1) イ，ウ
2. 数のしくみ②	1	○0から9までの数字を使って，10けたの整数をつくる。	(1) イ，ウ
3. 大きい数のかけ算	1	○(3位数)×(3位数)の筆算のしかたがわかり，計算する。 ○被乗数，乗数の末位に0がある筆算を，工夫して計算する。	(1) イ，ウ
たしかめポイント	1	○「大きい数」の基本的な学習内容を理解しているかを確認し，それに習熟する。	

4年

| 4年 | 日文 | 教科書【上】：p.22〜38　配当時数：11 時間　配当月：4〜5 月 |

2. わり算(1)

領域　A 数と計算

到達目標

≫知識・技能

○ (2 位数) ÷ (1 位数) の計算を筆算で計算することができる。

○ (2 位数) ÷ (1 位数) で，あまりのある筆算のしかたがわかる。また，検算のしかたがわかる。

○ (何百) ÷ (1 位数)，(何百何十) ÷ (1 位数) で九九 1 回でわりきれる計算のしかたがわかる。

○ (3 位数) ÷ (1 位数) の計算を筆算で計算することができる。

≫思考・判断・表現

○十の位がわりきれない (2 位数) ÷ (1 位数) の計算のしかたを，各位がわりきれる除法の計算をもとに考えることができる。

○被除数のけた数が増えても，既習の計算方法から類推して計算方法を考えることができる。

≫主体的に学習に取り組む態度　※「主体的に学習に取り組む態度」は方向目標を示しています。

○ (2 位数) ÷ (1 位数)，(3 位数) ÷ (1 位数) の筆算のしかたを考え，その考えについて友だちと話し合い，自分の考えを見直してまとめようとする。

評価規準

≫知識・技能

○ (2 位数) ÷ (1 位数) の計算の筆算のしかたを理解し，筆算で計算している。

○和，差，積，商の用語とその意味を理解している。

○あまりのある除法で，検算の方法を理解し，答えの確かめをしている。

○ (2 位数) ÷ (1 位数) で，商に 0 がたつ計算や，商が 1 位数の計算を筆算で計算している。

○ (3 位数) ÷ (1 位数) の計算の筆算のしかたを理解し，筆算で計算している。

○ (3 位数) ÷ (1 位数) で，商に 0 がたつ計算を筆算でしている。

○ (3 位数) ÷ (1 位数) で，商が 2 位数になる計算を筆算でしている。

●対応する学習指導要領の項目：A(2) ア (ウ)，A(3) ア (ア)(イ)(ウ)

≫思考・判断・表現

○ (2 位数) ÷ (1 位数) の計算のしかたを，各位がわりきれる除法の計算をもとに考え、説明している。

○被除数のけた数が増えても，既習の計算方法から類推して計算方法を考え、説明している。

●対応する学習指導要領の項目：A(3) イ (ア)

≫主体的に学習に取り組む態度

○十の位がわりきれない (2 位数) ÷ (1 位数) の計算のしかたを，各位がわりきれる除法の計算をもとに考え、説明している。

○友だちが考えた計算方法を聞いて，自分の考えを見直している。

関連する既習内容

学年		内容
3	年	あまりのあるわり算

学習活動

小単元名	時数	学習活動	数学的活動
単元の導入	1	○絵を見て，既習の除法の計算を振り返る。	(1) ウ
1. 2けたの数をわる計算①	1	○(2位数)÷(1位数)の計算で，十の位がわりきれないときの除法のしかたを考える。	(1) ア，ウ
		・2人の除法のしかたの考え方を説明する。	
1. 2けたの数をわる計算②	1	○(2位数)÷(1位数)の計算で，十の位がわりきれないときの筆算のしかたを考える。	(1) イ
		・除法の筆算のしかたを知る。	
1. 2けたの数をわる計算③	1	○(2位数)÷(1位数)で，あまりのある除法の筆算のしかたを考える。	(1) ア
		・検算方法を理解する。 ・和，差，積，商の用語とその意味を知る。	
1. 2けたの数をわる計算④	1	○(2位数)÷(1位数)で，商の一の位に0がたつ除法や，一の位から商がたつ除法の筆算のしかたを考える。	(1) イ，ウ
2. 3けたの数をわる計算①	1	○(何百)÷(1位数)，(何百何十)÷(1位数)で九九1回でわりきれる計算のしかたを考える。	(1) ア
2. 3けたの数をわる計算②	1	○(3位数)÷(1位数)の筆算のしかたを考える。	(1) ア
		・答えの確かめをする。	
2. 3けたの数をわる計算③	1	○(3位数)÷(1位数)で，商の一の位や十の位に0がたつ筆算のしかたを考える。	(1) イ
2. 3けたの数をわる計算④	1	○(3位数)÷(1位数)で，商が2位数になる筆算のしかたを考える。	(1) ア
3. 暗算	1	○(2，3位数)÷(1位数)の暗算のしかたを考える。	(1) ア
わかっているかな？/たしかめポイント	1	○商に0がたつわり算の筆算のしかたを確認する。 ○「わり算(1)」の基本的な学習内容を理解しているかを確認し，それに習熟する。	

4年

139

| 4年 | 日文 |

教科書【上】：p.40〜58　配当時数：14時間　配当月：5〜6月

3. 折れ線グラフと表

領域　D データの活用

到達目標

≫知識・技能

○折れ線グラフから，資料の変化の様子や特徴を読み取ることができる。

○資料を折れ線グラフに表すことができる。

○折れ線グラフと棒グラフを組み合わせたグラフを読み取ることができる。

○資料を目的に応じて2つの観点で分類整理し，二次元表にまとめ，資料の特徴を読み取ることができる。

○資料を2つの観点で4つに分類整理し，落ちや重なりがなく二次元表にまとめ，読み取ることができる。

≫思考・判断・表現

○折れ線グラフに現れた資料の変化の様子を読みとり，その特徴について考察することができる。

○折れ線グラフと棒グラフを組み合わせたグラフを読み取り，2つの量の関係を考察することができる。

○資料を2つの観点で分類整理して表した二次元表から，資料の特徴を考察することができる。

≫主体的に学習に取り組む態度　　※「主体的に学習に取り組む態度」は方向目標を示しています。

○折れ線グラフや二次元表の特徴について考え，考えたことを友だちと話し合い，自分の考えを見直してまとめようとする。

評価規準

≫知識・技能

○折れ線グラフでは，線の傾きが急であるほど，変わり方が大きいことを理解している。

○2つの事象の変わり方を1つのグラフ用紙に表すよさを理解している。

○波線でグラフの一部を省略して縦軸の幅を変えると，変化の様子が見やすくなることを理解している。

○2つの事象の変わり方を1つのグラフ用紙に表している。

○変化の様子が分かりやすくなる工夫をしたグラフ用紙を選んで折れ線グラフに表している。

○折れ線グラフと棒グラフを組み合わせたグラフを読んでいる。

○資料を目的に応じて2つの観点で分類整理し，二次元表に表している。

○資料を2つの観点で4つに分類整理し，落ちや重なりがなく二次元表に表している。

●対応する学習指導要領の項目：D(1) ア (ア)(イ)

≫思考・判断・表現

○折れ線グラフの特徴を考え，説明している。

○2つ以上の折れ線グラフを比較し，その変化の特徴を考え，説明している。

○折れ線グラフと棒グラフを組み合わせたグラフを読み取り，2つの量の関係を考え，説明している。

○資料を2つの観点で分類整理して二次元表に表し，その特徴を説明している。

●対応する学習指導要領の項目：D(1) イ (ア)

》主体的に学習に取り組む態度

○ 2つ以上の折れ線グラフを比較し，違いに着目し，その理由を考え，説明している。

○折れ線グラフと棒グラフを組み合わせたグラフを読み取り，2つの量の相関関係を考え，わかりやすく説明する工夫をしている。

○資料を2つの観点で分類整理して表した二次元表から，資料の特徴を友だちと話し合っている。

関連する既習内容

学年		内容
3	年	ぼうグラフ

学習活動

小単元名	時数	学習活動	数学的活動
単元の導入	1	○棒グラフや温度計を見て，気温の変化の様子を見るにはどのようにしたらよいかを考える。	(1) イ
1. 変わり方を表すグラフ①	1	○折れ線グラフの特徴を知り，折れ線グラフを読む。	(1) ア，ウ
		・折れ線グラフの用語を知る。	
1. 変わり方を表すグラフ②	1	○折れ線グラフを見て，線の傾きと変わり方の度合いの関係を調べる。	(1) イ，ウ
1. 変わり方を表すグラフ③	1	○2本の折れ線グラフを読み，変わり方の違いを話し合う。	(1) ア，ウ
1. 変わり方を表すグラフ④	1	○変わり方を見やすくする方法を知る。	(1) ア，ウ
		・目盛りのとり方を変えることで見え方が変わることがわかる。 ・波線を使って途中を省けることがわかる。	
1. 変わり方を表すグラフ⑤	1	○折れ線グラフと棒グラフを組み合わせたグラフを読む。	(1) ア，ウ
2. 折れ線グラフのかき方①	1	○折れ線グラフのかき方を理解し，1年間の気温の変わり方を表す。	(1) ア
2. 折れ線グラフのかき方②	1	○1目盛りの大きさを考えて，変化の様子がわかりやすいグラフ用紙について考える。	(1) ア
3. 整理のしかた①	2	○けがの種類と学年について二次元表にまとめ，気づいたことを話し合う。	(1) ア，ウ
3. 整理のしかた②	1	○資料を2つの観点で4つに分類整理し，二次元表にまとめる。	(1) ア，ウ
3. 整理のしかた③	2	○自分で調べたいことや，身の回りのことについて，テーマを決めて表やグラフに表す。	(1) ア
たしかめポイント	1	○「折れ線グラフと表」の基本的な学習内容を理解しているかを確認し，それに習熟する。	

| 4年 | 日文 | 教科書【上】：p.60〜70　配当時数：9時間　配当月：6月 |

4. 角と角度

領域　B 図形

到達目標

≫知識・技能

○角を回転角として捉え，半回転や1回転の角の大きさを，直角を単位として表すことができる。

○分度器のしくみを理解し，いろいろな角度を測定することができる。

○対頂角が等しいことがわかる。

○三角定規のそれぞれの角の大きさを知り，1組の三角定規を組み合わせてできる角の大きさを求めたり，つくったりできる。

○分度器を使って，与えられた角の大きさを作図することができる。

○角の作図のしかたを活用して，三角形を作図することができる。

≫思考・判断・表現

○三角定規の角を組み合わせてできる角の大きさを，和や差として考えることができる。

○ 180°より大きい角度のはかり方やかき方を考え，説明することができる。

○角の作図のしかたを活用して，三角形を作図し，どのように作図したかを説明することができる。

≫主体的に学習に取り組む態度　※「主体的に学習に取り組む態度」は方向目標を示しています。

○ 1組の三角定規を組み合わせていろいろな角度のつくり方を考え，考えたことを友だちと話し合い，自分の考えを見直してまとめようとする。

○ 180°より大きい角度のはかり方やかき方を考え，考えたことを友だちと話し合い，自分の考えを見直してまとめようとする。

評価規準

≫知識・技能

○角を回転角として捉えることを理解している。

○分度器を使って，いろいろな角度を測定している。

○対頂角が等しいことを理解している。

○ 1組の三角定規を組み合わせてできる角の大きさを求めている。

○ 1組の三角定規を組み合わせて，与えられた角度をつくっている。

○分度器を使って，与えられた角の大きさを作図している。

○角の作図のしかたを活用して，三角形を作図している。

● 対応する学習指導要領の項目：B(5) ア (ア)(イ)

≫思考・判断・表現

○三角定規の角を組み合わせてできる角の大きさを，和や差として考え，説明している。

○ 180°より大きい角度のはかり方を考え，説明している。

○ 180°より大きい角度のかき方を考え，説明している。

○角の作図のしかたを活用して，三角形を作図し，どのように作図したかを説明している。

● 対応する学習指導要領の項目：B(5) イ (ア)

≫主体的に学習に取り組む態度

○１組の三角定規を組み合わせていろいろな角度のつくり方を考え、説明している。

○180°より大きい角度のはかり方やかき方を考え，友だちと話し合っている。

関連する既習内容

学年		内容
3	年	三角形と角

学習活動

小単元名	時数	学習活動	数学的活動
1. 回転の角	1	○半直線が回転してできる角の大きさについて考え，角を回転角として捉える。	(1) イ
		・角の大きさを，直角を単位として表す。	
2. 角の大きさのはかり方①	2	○単位 (度°) を知り，分度器を使っていろいろな角度をはかる。	(1) イ
		・1 直角 = 90° ・分度器の使い方がわかる。	
2. 角の大きさのはかり方②	1	○180°より大きい角度のはかり方を考え，説明する。また，対頂角の大きさや求め方を理解する。	(1) イ, ウ
		・180°より大きい角度について，180°と残りの部分に分けたり，360°からひいたりする2人の考え方を説明する。	
2. 角の大きさのはかり方③	1	○三角定規の角の大きさを知り，1組の三角定規を組み合わせて，いろいろな角をつくる。	(1) イ
2. 角の大きさのはかり方④	1	○かたむき分度器を使って，身の回りのいろいろな角度をはかる。	(1) ア
2. 角のかき方①	1	○分度器を使って，いろいろな大きさの角を作図する。	(1) イ
2. 角のかき方②	1	○角のかき方を使って，三角形 (2 角夾辺) を作図する。	(1) イ
わかっているかな？/たしかめポイント	1	○分度器の正しい目盛りの読み方を確認する。 ○「角と角度」の基本的な学習内容を理解しているかを確認し，それに習熟する。	

4年

| 4年 | 日文 |

教科書【上】：p.72～86　配当時数：12時間　配当月：6月

5. 小数

領域　A 数と計算

到達目標

≫知識・技能

○ 1/1000 の位までの小数の表し方や大きさがわかる。

○数直線をもとに，小数の相対的な大きさを指摘したり，大小を比較したりすることができる。

○小数は，十進位取り記数法で表されていることをもとに，10 倍，1/10 の数がわかる。

○小数の加法，減法の計算を筆算でできる。

≫思考・判断・表現

○小数をいろいろな見方で表すことを考えることができる。

○小数の加減算の筆算方法を，小数のしくみをもとに考えることができる。

≫主体的に学習に取り組む態度　　※「主体的に学習に取り組む態度」は方向目標を示しています。

○いろいろな見方で小数を表すことを考え，考えたことを友だちと話し合い，自分の考えを見直してまとめようとする。

○小数の加減算の筆算方法を小数のしくみをもとに考え，考えたことを友だちと話し合い，自分の考えを見直してまとめようとする。

評価規準

≫知識・技能

○ 1/1000 の位までの小数の表し方や大きさを理解している。

○数直線をもとに，小数の相対的な大きさを指摘したり，大小を比較したりしている。

○小数を 10 倍，1/10 したときの，位の変わり方を理解している。

○ (小数第 2 位) + (小数第 2 位) の計算を筆算でしている。

○小数点以下のけた数がちがう加法や，末位の 0 を消す加法を筆算で計算している。

○ (小数第 2 位) − (小数第 2 位) の計算を筆算でしている。

○小数点以下のけた数がちがう減法や，答えが純小数になる減法を筆算でしている。

　　　　　　　　　　　　　　　　　　　　　　● 対応する学習指導要領の項目：A(4) ア (イ)(ウ)

≫思考・判断・表現

○ 1 つの小数をいろいろな見方で表し，説明している。

○小数の加減算の筆算方法を小数のしくみをもとに考え，説明している。

　　　　　　　　　　　　　　　　　　　　　　● 対応する学習指導要領の項目：A(4) イ (ア)

≫主体的に学習に取り組む態度

○ 1 つの小数をいろいろな見方で表すことを考えようとしている。また，友だちの見方を聞いて，自分の見方を見直している。

○小数の加減算の筆算方法を小数のしくみをもとに考え，友だちの考えを聞いて，自分の考えを見直している。

関連する既習内容

学年	内容
3 年	小数 (1/10 の位まで)

学習活動

小単元名	時数	学習活動	数学的活動
単元の導入	1	○立ちはばとびの記録を，mの単位だけで表す方法を考える。	(1) ア
1. 小数①	1	○0.1L より小さいかさの表し方を考える。	(1) ア
		・1/100 の位までの小数の読み方を知る。	
1. 小数②	1	○9368 mを km の単位で表す表し方を考える。	(1) ア
		・1/1000 の位までの小数の読み方を知る。	
2. 小数のしくみ①	1	○小数と整数の関係や小数のしくみを考える。	(1) イ
		・1，0.1，0.01，0.001 の関係を調べたり，4.675 のしくみを調べたりする。	
2. 小数のしくみ②	1	○小数を 0.01 のいくつ分で表す方法を考えたり，大きさの比べ方を考えたりする。	(1) イ
2. 小数のしくみ③	1	○8.51 をいろいろな見方で表す。	(1) イ
		○身の回りから小数が使われているものを探す。	(1) ア
2. 小数のしくみ④	1	○小数を 10 倍，1/10 にしたときの位の変わり方を考える。	(1) イ，ウ
3. 小数のたし算とひき算①	1	○(小数第 2 位) ＋ (小数第 2 位) の計算のしかたを考え，筆算で計算する。	(1) ア，ウ
3. 小数のたし算とひき算②	1	○末位の 0 を消す加法や，小数点以下のけた数がちがう加法のしかたを考え，筆算で計算する。	(1) イ，ウ
3. 小数のたし算とひき算③	1	○(小数第 2 位) － (小数第 2 位) の計算のしかたを考え，筆算で計算する。	(1) ア
3. 小数のたし算とひき算④	1	○0 を消したり付けたりする減法や，小数点以下のけた数がちがう減法のしかたを考え，筆算で計算する。	(1) イ，ウ
わかっているかな？/たしかめポイント	1	○小数の大きさの比べ方を確認する。 ○「小数」の基本的な学習内容を理解しているかを確認し，それに習熟する。	

| 4年 | 日文 | 教科書【上】：p.88〜97　配当時数：8時間　配当月：7月 |

6. およその数

領域　A 数と計算

到達目標

≫知識・技能

○がい数，四捨五入の用語とその意味を知り，四捨五入して概数を求めることができる。

○四捨五入して求めた概数の表す範囲を，以上，以下，未満を使って表すことができる。

○大きな数量を概数を用いて棒グラフに表すことができる。

≫思考・判断・表現

○大きな数の和，差，積，商の見積もりなど，数値を必要に応じた概数になおして考えることができる。

○グラフの1目盛りの大きさをもとに，資料の数量を表す適切な概数を考えることができる。

≫主体的に学習に取り組む態度　　※「主体的に学習に取り組む態度」は方向目標を示しています。

○概数が用いられる場面や概数で表すよさを考え，日常生活で生かそうとする。

評価規準

≫知識・技能

○がい数，四捨五入の用語とその意味を理解している。

○四捨五入して〇の位までのがい数や，上から〇けたのがい数を求めている。

○四捨五入して求めたがい数の表す範囲を，以上，以下，未満を使って表している。

○大きな数量をがい数を用いて棒グラフに表している。

● 対応する学習指導要領の項目：A(2) ア (ア)(イ)

≫思考・判断・表現

○グラフの1目盛りの大きさをもとに，資料の数量を表す適切ながい数を考え、説明している。

● 対応する学習指導要領の項目：A(2) イ (ア)

≫主体的に学習に取り組む態度

○日常生活の中で，がい数が用いられる場面を見つけている。

関連する既習内容

学年		内容
3	年	大きい数 (一億までの数)

学習活動

小単元名	時数	学習活動	数学的活動
単元の導入	1	○全国と各都道府県の小学4年生の児童の数を絵グラフに表すには，およその数で表す必要があることを理解する。	(1) ア
1. がい数①	1	○およその数の表し方について考え，がい数の用語と意味を知る。	(1) ア
1. がい数②	1	○四捨五入のしかたを知り，四捨五入して概数に表す。	(1) ア
		・○の位までの概数にする方法を知る。	
1. がい数③	1	○上から○けたの概数にする方法を知り，四捨五入して○けたの概数にする。また，概数の表し方をまとめる。	(1) ア，ウ
1. がい数④	1	○以上，以下，未満の用語とその意味を知り，がい数の範囲を以上，以下，未満を使って表す。	(1) ア
2. がい数の使用①	1	○概数を使って，各駅の乗車人数を棒グラフに表す。	(1) ア，ウ
2. がい数の使用②	1	○身の回りで使われている概数を調べる。	(1) ア
たしかめポイント	1	○「およその数」の基本的な学習内容を理解しているかを確認し，それに習熟する。	

4年

| 4年 | 日文 | 教科書【上】：p.98〜100　配当時数：2時間　配当月：7月 |

7. そろばん

領域　A 数と計算

到達目標

≫知識・技能

○そろばん上に億や兆，小数第2位までの数をおいたり，はらったりできる。

○そろばんで，億や兆の単位の加減算や，小数第2位までの加減算ができる。

≫思考・判断・表現

○そろばんで，大きな数や小数の計算のしかたを考えることができる。

≫主体的に学習に取り組む態度　　※「主体的に学習に取り組む態度」は方向目標を示しています。

○そろばんの有用性が，大きな数や小数に広がり，さらに深めようとする。

評価規準

≫知識・技能

○そろばん上に億や兆，小数第2位までの数をおいたり，はらったりしている。

○そろばんで，億や兆の単位の加減算や，小数第2位までの加減算をしている。

　　　　　　　　　　　　　　　　　　　　●対応する学習指導要領の項目：A(8) ア (ア)

≫思考・判断・表現

○そろばんで，大きな数や小数の計算のしかたを考え，説明している。

　　　　　　　　　　　　　　　　　　　　●対応する学習指導要領の項目：A(8) イ (ア)

≫主体的に学習に取り組む態度

○そろばんで，大きな数や小数の計算ができることを知り，練習している。

関連する既習内容

学年	内容
3 年	そろばん

学習活動

小単元名	時数	学習活動	数学的活動
1. 数の表し方	1	○そろばんにおいた大きな数や小数を読んだり，数をそろばんに入れたりする。	(1) イ
2. たし算とひき算	1	○そろばんを使って，億や兆の単位で示された加減や，小数の加減計算を行う。	(1) イ

4年

| 4年 | 日文 | | 教科書【上】：p.104～123　配当時数：15 時間　配当月：9 月 |

8. 四角形

領域 B 図形

到達目標

》知識・技能

○垂直の用語とその意味を理解し，垂直な直線をみつけたり，かいたりすることができる。

○平行の用語とその意味，性質を理解し，平行な直線をみつけたり，かいたりすることができる。

○台形，平行四辺形，ひし形の用語とその定義や性質を理解し，それらを弁別したり，作図したりすることができる。

○対角線の用語とその意味を理解し，対角線に着目していろいろな四角形を考察したり，対角線を用いていろいろな四角形を作図したりすることができる。

○形も大きさも同じ平行四辺形，台形，ひし形をそれぞれ敷き詰めた模様から，どのような図形や角度が見えるか調べることができる。

》思考・判断・表現

○２本の直線の並び方を，ほかの１本の直線との交わり方に着目して考えることができる。

○台形や平行四辺形の特徴を，辺の並び方に着目して考えることができる。

○ひし形の性質を，対辺や対角に着目して考えることができる。

○対角線に着目して，いろいろな四角形の性質を捉えることができる。

》主体的に学習に取り組む態度　　※「主体的に学習に取り組む態度」は方向目標を示しています。

○いろいろな四角形について，それぞれの図形を構成する要素に着目し，図形の性質をみいだそうとする。

評価規準

》知識・技能

○垂直の用語とその意味を理解し，垂直な直線をみつけたり，かいたりしている。

○平行の用語とその意味，性質を理解し，平行な直線をみつけたり，かいたりしている。

○平行な直線は，他の直線と等しい角度で交わることを理解している。

○台形，平行四辺形の定義を理解し，２本の平行な直線を使って，台形，平行四辺形をかいている。

○平行四辺形の性質を理解し，作図している。

○ひし形の定義や性質を理解し，作図している。

○対角線の定義や性質を理解し，いろいろな四角形の対角線の特徴を調べている。

○形も大きさも同じ平行四辺形，台形，一般四角形をそれぞれ敷き詰めることができる。

● 対応する学習指導要領の項目：B(1) ア (ア)(イ)

》思考・判断・表現

○台形や平行四辺形の特徴を，辺の並び方に着目して説明している。

○ひし形の性質を，対辺や対角に着目して説明している。

○２本の対角線からできる四角形の名前を，四角形の対角線の特徴から説明している。

● 対応する学習指導要領の項目：B(1) イ (ア)

≫主体的に学習に取り組む態度

○いろいろな四角形の特徴から，四角形どうしの関係を説明している。

関連する既習内容

学年		内容
3	年	三角形と角
4	年	角と角度

学習活動

小単元名	時数	学習活動	数学的活動
単元の導入	1	○絵地図や写真を使って，2本の直線の交わり方を調べる。	(1) ア
1. 直線の交わり方①	1	○垂直の意味を理解し，垂直な直線を弁別する。	(1) ア
		・「垂直」の用語を知る。	
1. 直線の交わり方②	1	○1つの直線に垂直な直線のひき方を理解し，垂直な直線をひく。	(1) イ
2. 直線のならび方①	1	○平行の意味を理解し，平行な直線を弁別する。	(1) ア
		・「平行」の用語を知る。	
2. 直線のならび方②	1	○平行な直線は，他の直線と等しい角度で交わることを理解する。	(1) イ
2. 直線のならび方③	1	○1つの直線に平行な直線のひき方を理解し，平行な直線をひく。	(1) イ
2. 直線のならび方④	1	○方眼を用いて，1つの直線に垂直な直線や平行な直線をひく。	(1) イ
		○身の回りで，垂直や平行になっているものを探す。	(1) ア
3. いろいろな四角形①	1	○台形，平行四辺形の定義を理解し，2本の平行な直線に2本の直線をかき加えて，台形，平行四辺形をかく。	(1) イ
3. いろいろな四角形②	1	○平行四辺形の性質を理解する。	(1) イ，ウ
3. いろいろな四角形③	1	○平行四辺形のかき方を考え，平行四辺形をかく。	(1) イ，ウ
3. いろいろな四角形④	1	○ひし形の定義と性質を理解する。	(1) イ
3. いろいろな四角形⑤	1	○コンパスを使ったひし形のかき方を説明する。	(1) イ，ウ
4. 対角線①	1	○対角線の定義がわかり，いろいろな四角形の対角線の特徴を調べ，理解する。	(1) イ，ウ
		・「対角線」の用語を知る。	
4. 対角線②	1	○身の回りのいろいろな四角形を探す。	(1) ア
		○合同な平行四辺形，台形，一般四角形を敷き詰めることを通して，図形感覚を豊かにする。	(1) イ，ウ
わかっているかな？/たしかめポイント	1	○台形の定義を確認し，調べ方を確認する。 ○「四角形」の基本的な学習内容を理解しているかを確認し，それに習熟する。	

| 4年 | 日文 |

教科書【下】：p.6〜25　配当時数：15 時間　配当月：10月

9. わり算(2)

領域　A 数と計算

到達目標

≫知識・技能

○何十や何百何十を何十でわる除法の計算原理や方法を理解し，計算することができる。

○(2 位数) ÷ (2 位数) の計算を筆算ですることができる。

○(3 位数) ÷ (2 位数) の計算で，商が 1 けた，2 けたになる計算を筆算ですることができる。

○被除数と除数に同じ数をかけても，被除数と除数を同じ数でわっても，商は変わらないことを知り，工夫して計算することができる。

○何倍かを求めるには，除法を用いることがわかる。

○もとにする大きさを求めるには，除法を用いることがわかる。

○ある 2 つの数量の関係と別の 2 つの数量の関係を比べるとき，割合で比べる場合があることがわかる。

≫思考・判断・表現

○(2 位数) ÷ (2 位数)，(3 位数) ÷ (2 位数) の筆算のしかたを，既習事項をもとに考えることができる。

○テープと数直線図から，もとにする大きさの何倍かを求める式を考えることができる。

○テープと数直線図から，もとにする大きさを求める式を考えることができる。

○ある 2 つの数量の関係と別の 2 つの数量の関係の比べ方を考えることができる。

≫主体的に学習に取り組む態度　　※「主体的に学習に取り組む態度」は方向目標を示しています。

○(2 位数) ÷ (2 位数)，(3 位数) ÷ (2 位数) の筆算のしかたを考え，考えたことを友だちと話し合い，自分の考えを見直してまとめようとする。

○ある 2 つの数量の関係と別の 2 つの数量の関係を比べるとき，割合を用いた比べ方のよさに気づき，日常生活で生かそうとする。

評価規準

≫知識・技能

○何十や何百何十を何十でわる除法の計算原理や方法を理解している。

○何十や何百何十を何十でわる計算をしている。

○(2 位数) ÷ (2 位数) の計算の筆算方法を理解している。

○(2 位数) ÷ (2 位数) の計算を筆算でしている。

○(3 位数) ÷ (2 位数) の計算で，商が 1 けたになる計算を筆算でしている。

○(3 位数) ÷ (2 位数) の計算で，商が 2 けたになる計算を筆算でしている。

○被除数と除数に同じ数をかけても，被除数と除数を同じ数でわっても，商は変わらないことを理解している。

○わり算のきまりを使って，工夫して計算している。

○何倍か求めるには，除法を用いることを理解している。

○もとにする大きさを求めるには，除法を用いることを理解している。

○ある 2 つの数量の関係と別の 2 つの数量の関係を比べるとき，割合で比べる場合があることを理解している。

◀ 対応する学習指導要領の項目：A(3) ア (ア)(イ)(ウ)(エ)，C(2) ア (ア)

≫思考・判断・表現

○既習の1けたでわる計算をもとに，2けたでわる計算のしかたを説明している。

○テープと数直線図から，もとにする大きさの何倍かを求める式を考え、説明している。

○テープと数直線図から，もとにする大きさを求める式を考え、説明している。

○ある2つの数量の関係と別の2つの数量の関係の比べ方を考え、説明している。

━━━━━━━━━━━━━━━━━━▶ 対応する学習指導要領の項目：A(3)イ(ア)，C(2)イ(ア)

≫主体的に学習に取り組む態度

○既習の1けたでわる計算をもとに，2けたでわる計算のしかたを考え、説明している。

○計算のきまりを使って，被除数と除数の末位に0のあるわり算のしかたを考え，あまりの大きさを考え、説明している。

○ある2つの数量の関係と別の2つの数量の関係を比べるとき，割合で比べることを知り，差で比べることとの違いを考え，わかりやすく説明する工夫をしている。

関連する既習内容

学年		内容
3	年	わり算
4	年	わり算 (1)
4	年	およその数

学習活動

小単元名	時数	学習活動	数学的活動
単元の導入	1	○絵を見て，既習の除法の計算を振り返る。	(1)イ
1. 何十でわる計算	1	○何十や何百何十を何十でわる計算をし，答えを確かめる。（あまりなし，あまりあり）	(1)ア，ウ
2. 2けたの数でわる計算 (1)①	1	○(2位数)÷(2位数)の計算で，被除数と除数を何十とみて商の見当をつける筆算のしかたを知り，筆算する。	(1)ア
2. 2けたの数でわる計算 (1)②	1	○(2位数)÷(2位数)の計算で，見当をつけた商を小さくする筆算のしかたを知り，筆算する。	(1)イ
		・過大商をたてたときの仮商修正の筆算のしかたがわかり，計算する。	
2. 2けたの数でわる計算 (1)③	1	○(3位数)÷(2位数)の筆算のしかたを考え，筆算する。	(1)イ
2. 2けたの数でわる計算 (1)④	1	○2位数どうしの除法で，被除数と除数を四捨五入して商の見当をつける筆算のしかたを知り，筆算する。	(1)イ
3. 2けたの数でわる計算 (2)①	1	○(3位数)÷(2位数)の計算で，商が2けたの計算を筆算する。	(1)ア
3. 2けたの数でわる計算 (2)②	1	○(3位数)÷(2位数)の計算で，商の一の位が0になる計算のしかたを説明し，筆算する。	(1)イ
4. わり算のきまり①	1	○被除数と除数に同じ数をかけても，被除数と除数を同じ数でわっても，商は変わらないことを知る。	(1)イ

4. わり算のきまり②	1	○被除数と除数の末位に 0 があるわり算を，工夫して計算する。また，あまりの求め方を知る。	(1) イ
5. 倍の計算①	1	○何倍かを求める計算を考える。	(1) ア
		・何倍かを求めるには除法になることを知る。（第 1 用法）	
5. 倍の計算②	1	○もとにする大きさを求める計算を考える。	(1) ア
		・もとにする大きさを求めるには除法になることを知る。（第 3 用法）	
6. かんたんな割合	2	○倍（割合）を使った比べる方法を考える。	(1) ア，ウ
		・ゴムののび方を比べる方法を考え，割合を使って比べることを知る。	
たしかめポイント	1	○「わり算 (2)」の基本的な学習内容を理解しているかを確認し，それに習熟する。	

| 4年 | 日文 |

教科書【下】：p.28〜37　配当時数：8時間　配当月：10〜11月

10. 式と計算

領域　A 数と計算

到達目標

≫知識・技能

○（　　　）のある式では，（　　　）の中を先に計算することを理解し，計算することができる。

○四則混合計算では，乗法や除法を先に計算することを理解し，計算することができる。

○計算の分配法則，交換法則，結合法則を理解し，工夫して計算することができる。。

≫思考・判断・表現

○2段階の構造の問題を（　　　）を用いて1つの式に表す方法や計算の順序を考えることができる。

○分配法則の意味を図や式を使って考えることができる。

≫主体的に学習に取り組む態度　※「主体的に学習に取り組む態度」は方向目標を示しています。

○2段階の構造の問題を1つの式に表す方法を理解し，日常生活に生かそうとする。

評価規準

≫知識・技能

○加減算と（　　　）のある式では，（　　　）の中を先に計算することを理解し，計算している。

○乗除算と（　　　）のある式では，（　　　）の中を先に計算することを理解し，計算している。

○四則混合計算では，乗法や除法を先に計算することを理解し，計算している。

○計算の分配法則，交換法則，結合法則を理解し，工夫して計算している。。

　　　　　　　　　　　　　　　　　　　　　　　　→ 対応する学習指導要領の項目：A(6) ア（ア），A(7) ア（ア）

≫思考・判断・表現

○2段階の構造（加法・減法）の問題を（　　）を用いて1つの式に表す方法や計算の順序を考え，説明している。

○2段階の構造（加法・乗法）の問題を（　　）を用いて1つの式に表す方法や計算の順序を考え，説明している。

○四則混合計算の計算の順序を考え，説明している。

○分配法則の意味を，図や式を使って説明している。

　　　　　　　　　　　　　　　　　　　　　　　　● 対応する学習指導要領の項目：A(6) イ（ア），A(7) イ（ア）

≫主体的に学習に取り組む態度

○日常生活にある2段階の場面の数量の関係を，（　　）を用いて1つの式に表す方法を考え，説明している。

○日常生活にある数量の関係を，四則混合の1つの式に表し，計算の順序を考え，説明している。

関連する既習内容

学年		内容
3	年	たし算とひき算
3	年	かけ算
3	年	わり算

学習活動

小単元名	時数	学習活動	数学的活動
1.(　　) を使った式①	1	○加減算と (　　) のある式では，(　　) の中を先に計算することを理解し，計算する。	(1) ア，ウ
		・買い物の場面で，2つの式を使う求め方を1つの式に表す。	
1.(　　) を使った式②	1	○乗除算と (　　) のある式では，(　　) の中を先に計算することを理解し，計算する。	(1) ア
2. ＋，－，×，÷のまじった式①	1	○＋，－と×，÷のまじった3□の式では，乗法や除法を先に計算することを理解し，計算する。	(1) イ
2. ＋，－，×，÷のまじった式②	1	○計算の順序を考えて，4□の計算をする。	(1) イ
3. 計算のきまり①	1	○計算の分配法則を理解する。	(1) ア，ウ
3. 計算のきまり②	1	○計算の分配法則，交換法則，結合法則を理解し，工夫して計算する。	(1) イ
4. 式のよみ方	1	○●の数を求めるための式をよんで，その求め方を図を使って説明する。	(1) イ，ウ
わかっているかな？/たしかめポイント	1	○乗法部分に (　　) を使った1つの式に表したとき，(　　) をつけなくてもよいことを除法とともに確認する。 ○「式と計算」の基本的な学習内容を理解しているかを確認し，それに習熟する。	

| 4年 | 日文 |

教科書【下】：p.40〜60　配当時数：14時間　配当月：11〜12月

11. 面積

領域　B 図形

到達目標

≫知識・技能

○面積の用語と意味，cm^2 の単位を知り，方眼上の図形の面積を cm^2 の単位で表すことができる。

○面積を計算で求める方法を考え，長方形と正方形の面積を求める公式をまとめ，適用することができる。

○面積の単位 cm^2，m^2，km^2，a，ha があることを知り，それぞれの大きさの関係がわかる。

≫思考・判断・表現

○公式を適用して，複合図形の面積の求め方を考えることができる。

≫主体的に学習に取り組む態度　※「主体的に学習に取り組む態度」は方向目標を示しています。

○複合図形の面積の求め方について，既習事項を使って考えようとする。

評価規準

≫知識・技能

○面積の用語とその概念を理解している。

○面積の単位 cm^2 を知り，方眼上の図形の面積を cm^2 の単位で表している。

○長方形，正方形の面積の求積公式を理解している。

○求積公式を適用して，長方形，正方形の面積を求めている。

○求積公式を適用して，面積と横の長さから縦の長さを求めている。

○大きな面積の単位 m^2 を知り，$1\,m^2 = 10000\,cm^2$ の関係を理解している。

○大きな面積の単位 km^2 を知り，$1\,km^2 = 1000000\,cm^2$ の関係を理解している。

○大きな面積の単位 a，ha を知り，$1a = 100\,m^2$，$1ha = 10000\,m^2$ の関係を理解している。

　　　　　　　　　　　　　　　　　　　　　　　●対応する学習指導要領の項目：A(6) ア（イ），B(4) ア（ア）(イ)

≫思考・判断・表現

○求積公式を適用して，まわりの長さが同じ長方形や正方形の面積を求め，気づいたことを話し合っている。

○求積公式を適用して，複合図形の面積の求め方を考え，説明している。

○面積の単位の関係をまとめ，1 辺の長さを 10 倍すると，面積が 100 倍になることを説明している。

　　　　　　　　　　　　　　　　　　　　　　　　　　　●対応する学習指導要領の項目：B(4) イ（ア）

≫主体的に学習に取り組む態度

○求積公式を適用して，まわりの長さが同じ長方形や正方形の面積を求め，気づいたことを話し合い，自分の考えを見直している。

○求積公式を適用して，複合図形の面積の求め方を考え，その考えをわかりやすく説明する工夫をしている。

関連する既習内容

学年	内容
1 年	どちらがおおい　どちらがひろい

学習活動

小単元名	時数	学習活動	数学的活動
単元の導入	1	○まわりの長さが同じ花だんの広さを比べる方法を考える。	(1) ア
1. 広さの表し方①	1	○じんとりゲームでできた長方形と正方形の広さを，いろいろな方法で比べる。	(1) イ，ウ
1. 広さの表し方②	1	○面積の用語と意味，$1\,cm^2$ の単位を知り，方眼上の図形の面積を cm^2 の単位で表す。	(1) イ
		・1 辺が 1 cm の正方形のいくつ分で考えると，数で表して比べられることを知る。	
2. 長方形と正方形の面積①	1	○長方形と正方形の面積を計算で求める方法を考える。	(1) イ，ウ
		・長方形と正方形の面積を求める公式をまとめる。	
2. 長方形と正方形の面積②	1	○長方形の面積と辺の長さの関係を調べる。	(1) イ
		・まわりの長さが 12 cm の長方形や正方形をつくり，それらの面積を調べる。	
3. 面積の求め方のくふう	1	○長方形を組み合わせた複合図形の面積の求め方を考える。	(1) イ，ウ
		・L 字型の面積を，長方形に分割した求め方や大きな長方形とみて欠けた部分をひく求め方などを説明する。	
4. 大きな面積の単位①	1	○面積の単位 m^2 を知り，教室の面積を求める。	(1) ア
4. 大きな面積の単位②	1	○$1\,m^2$ と $1\,cm^2$ の関係を調べ，$1\,m^2 = 10000\,cm^2$ の関係を知る。	(1) イ，ウ
		・辺の長さが cm と m で表された長方形の面積を求める。	
4. 大きな面積の単位③	1	○新聞紙で $1\,m^2$ をつくり，面積の量感を豊かにする。	(1) ア
		・身の回りから $1\,m^2$ のものを探す。	
4. 大きな面積の単位④	1	○面積の単位 km^2 を知り，$1\,km^2 = 1000000\,m^2$ の関係を知る。	(1) ア
4. 大きな面積の単位⑤	1	○面積の単位 a，ha を知り，$1a = 100\,m^2$，$1ha = 10000\,m^2$ の関係を知る。	(1) ア
4. 大きな面積の単位⑥	1	○面積の単位 m^2，a，ha，km^2 の関係をまとめる。また，長さの単位とのちがいを考える。	(1) イ
4. 大きな面積の単位⑦	1	○身の回りにあるものの面積を調べる。	(1) ア
たしかめポイント	1	○「面積」の基本的な学習内容を理解しているかを確認し，それに習熟する。	

| 4年 | 日文 | 教科書【下】：p.62〜71　配当時数：4時間　配当月：12月 |

12. 変わり方

領域　C 変化と関係

到達目標

知識・技能

○伴って変わる2つの数量の関係の調べ方がわかる。

○伴って変わる2つの数量の変わり方を調べて，表や式に表すことができる。

思考・判断・表現

○伴って変わる2つの数量の関係を表に表したり，□，△などを用いた式に表したりして考えることができる。

○伴って変わる2つの数量の関係を表に表してその関係を考えることができる。

主体的に学習に取り組む態度　※「主体的に学習に取り組む態度」は方向目標を示しています。

○伴って変わる2つの数量の関係について考え，考えたことを友だちと話し合い，自分の考えを見直してまとめようとする。

評価規準

知識・技能

○伴って変わる2つの数量の関係を調べるときは，表や式を用いるよさを理解している。

○まわりの長さが決まっている長方形の縦の長さと横の長さの関係を□＋△＝aの式に表している。

○正三角形を横に並べたときのまわりの長さを□＋a＝△の式に表している。

○棒を階段のような形に並べたときの，段の数とまわりの長さを□×a＝△の式に表している。

● 対応する学習指導要領の項目：A (6) ア (ウ)，C(1) ア (ア)

思考・判断・表現

○伴って変わる2つの数量の関係をみつけるとき，一方を順序よくかえ，もう一方の変わり方に着目している。

○伴って変わる2つの数量の関係を表に表したり，□，△などを用いた式に表したりして考え、説明している。

○伴って変わる2つの数量の関係を表に表してその関係を考え、説明している。

● 対応する学習指導要領の項目：A (6) イ (ア)，C(1) イ (ア)

主体的に学習に取り組む態度

○表や式など，伴って変わる2つの数量の関係を表す方法を考え，変化の規則性などについて考え、説明している。

関連する既習内容

学年		内容
3	年	□を使った式

学習活動

小単元名	時数	学習活動	数学的活動
変わり方①	1	○まわりの長さが 20 cm になる長方形や正方形の，縦の長さと横の長さの変わり方を調べる。	(1) イ，ウ
		・表にまとめて，変わり方のきまりをみつける。	
変わり方②	1	○1 辺が 1 cm の正三角形を横に並べたときの正三角形の数とまわりの長さの変わり方を調べ，きまりを式に表す。	(1) イ，ウ
変わり方③	1	○1 cm の棒を使って階段の形に並べ，10 段のときのまわりの長さの求め方を工夫して式に表す。	(1) イ，ウ
わかっているかな？/たしかめポイント	1	○変わり方のきまりをみつけて，式に表すしかたを確認する。 ○「変わり方」の基本的な学習内容を理解しているかを確認し，それに習熟する。	

| 4年 | 日文 | 教科書【下】：p.72〜77　配当時数：4時間　配当月：12月 |

13. 計算の見積もり

領域　A 数と計算

到達目標

≫知識・技能

○大きな数の和，差，積，商を概数を用いて計算し，見積もることができる。

○場面に応じて，切り上げや切り捨てを用いて見積もりをする必要があることがわかる。

≫思考・判断・表現

○大きな数の和，差，積，商の見積もりなど，数値を必要に応じた概数になおして考えることができる。

○場面に応じて，切り上げや切り捨てなどの適切な処理のしかたを考えることができる。

≫主体的に学習に取り組む態度　※「主体的に学習に取り組む態度」は方向目標を示しています。

○概算を用いるよさを理解し，日常生活で生かそうとする。

評価規準

≫知識・技能

○大きな数の和，差，積，商の見積もりを，概数を用いて計算する良さを理解している。

○大きな数の和，差，積，商を概数を用いて計算し，見積もっている。

○多めの見積もりや少なめの見積もりが必要となる場面を理解している。

●対応する学習指導要領の項目：A(2) ア (イ)(ウ)

≫思考・判断・表現

○大きな数の和，差，積，商の見積もりなど，数値を必要に応じた概数になおして考え、説明している。

○場面に応じて，切り上げや切り捨てなどの適切な処理のしかたを考え、説明している。

●対応する学習指導要領の項目：A(2) イ (ア)

≫主体的に学習に取り組む態度

○概算のよさを理解し，日常生活の中の大きな数を概算で処理している。

○場面に応じて，見積もりのしかたを変える必要があることを理解し，場面ごとに見積もりのしかたを考えている。

関連する既習内容

学年		内容
4	年	およその数

学習活動

小単元名	時数	学習活動	数学的活動
計算の見積もり①	1	○和や差を概数を用いて見積もる方法を知る。	(1) ア，ウ
計算の見積もり②	1	○積を概数を用いて見積もる方法を知る。	(1) ア，ウ
		・実際に計算したものと見積もったものを比べる。	
計算の見積もり③	1	○商を概数を用いて見積もる方法を知る。	(1) ア，ウ
		・実際に計算したものと見積もったものを比べる。	
計算の見積もり④	1	○目的に合った見積もりの方法を考え，四捨五入，切り上げ，切り捨てを使い分ける。	(1) ア，ウ

| 4年 | 日文 |

教科書【下】：p.82〜94　配当時数：10時間　配当月：1月

14. 分数

領域　A 数と計算

到達目標

≫知識・技能

○真分数，仮分数，帯分数の用語とその意味を知り，仮分数を帯分数や整数で表したり，帯分数を仮分数で表したりすることができる。

○分母や分子がちがっても大きさの等しい分数があることを理解し，大きさの等しい分数をみつけたり，大小比較をしたりすることができる。

○同分母分数の加法，減法の意味や計算方法を理解し，立式したり，計算したりすることができる。

≫思考・判断・表現

○帯分数のくり上がりのある加法，くり下がりのある減法の計算方法を考えることができる。

≫主体的に学習に取り組む態度　※「主体的に学習に取り組む態度」は方向目標を示しています。

○同分母分数の加法，減法の計算する力を身につけようとする。

評価規準

≫知識・技能

○真分数，仮分数，帯分数の用語とその意味を理解している。

○仮分数と帯分数の関係を知り，仮分数を帯分数か整数で表している。

○帯分数と仮分数の関係を知り，帯分数を仮分数で表している。

○分母や分子がちがっても大きさの等しい分数があることを理解している。

○分子が等しい分数では分母が大きくなるほど数が小さくなることを理解している。

○大きさの等しい分数をみつけたり，大きさの大小を比較したりしている。

○仮分数の加法，減法の計算をしている。

○帯分数の加法，減法の計算をしている。

○分数部分がひけないときの帯分数のひき算をしている。

●対応する学習指導要領の項目：A (5) ア (ア)(イ)

≫思考・判断・表現

○仮分数を帯分数に，帯分数を仮分数に表す方法を説明している。

○帯分数の加法で，くり上がりのある計算方法を考え，説明している。

○帯分数の減法で，くり下がりのある計算方法を考え，説明している。

●対応する学習指導要領の項目：A (5) イ (ア)

≫主体的に学習に取り組む態度

○帯分数の計算で，くり上がりのある加法やくり下がりのある減法の計算方法を考え，それをわかりやすく説明する工夫をしている。

○友だちが考えた計算方法を聞いて，自分の考えを見直している。

関連する既習内容

学年		内容
3	年	分数

学習活動

小単元名	時数	学習活動	数学的活動
1. いろいろな分数①	2	○1 より大きい分数の表し方を考える。	(1) ア，ウ
		・単位分数や数直線をもとに考える。	
1. いろいろな分数②	1	○数直線を使って分数を分類し，真分数，仮分数および帯分数について理解する。	(1) イ
		・真分数，仮分数，帯分数の用語とその意味を知る。	
1. いろいろな分数③	1	○仮分数と帯分数の関係を知り，仮分数を帯分数か整数で表したり，帯分数を仮分数になおしたりする。	(1) イ
1. いろいろな分数④	1	○仮分数と帯分数の大きさの比べ方を考え，帯分数と仮分数のどちらかにそろえると，比べやすいことを知る。	(1) イ，ウ
2. 分数の大きさ	1	○分母がちがっても同値分数があること，分子が同じ分数では分母が大きくなるほど数が小さくなることを知る。	(1) イ，ウ
3. 分数のたし算とひき算①	1	○和が仮分数になる分数の加法や，その逆の減法のしかたを考え，計算する。	(1) ア，ウ
3. 分数のたし算とひき算②	1	○帯分数の加法のしかたを考え，計算する。	(1) イ，ウ
3. 分数のたし算とひき算③	1	○帯分数の減法のしかたを考え，計算する。	(1) イ，ウ
		・分数部分がひけない場合は，仮分数にして計算する考え方と整数部分から1くり下げて計算する考え方を説明する。	
たしかめポイント	1	○「分数」の基本的な学習内容を理解しているかを確認し，それに習熟する。	

| 4年 | 日文 |

教科書【下】：p.96〜114　配当時数：13時間　配当月：1〜2月

15. 小数のかけ算とわり算

領域　A 数と計算

到達目標

≫知識・技能

○小数に整数をかける乗法の意味や計算方法を理解し，筆算で計算することができる。

○小数を整数でわり，あまりのない除法の意味や計算方法を理解し，筆算で計算することができる。

○小数を整数でわり，あまりのある除法の意味や筆算方法を理解し，計算することができる。

○小数や整数を整数でわる除法で，わり進んで商が小数になる場合の筆算方法を理解し，計算することができる。

○小数や整数を整数でわる除法で，わりきれない場合，商を概数で求めることができる。

○除法を用いて何倍かを求め，整数や小数を用いて何倍かを表すことができる。

≫思考・判断・表現

○小数×整数，小数÷整数の計算のしかたを，既習の整数の乗法，除法をもとに考えることができる。

○あまりのある小数÷整数で，あまりの大きさを考えることができる。

≫主体的に学習に取り組む態度　※「主体的に学習に取り組む態度」は方向目標を示しています。

○小数×整数，小数÷整数の計算のしかたについて考え，考えたことを友だちと話し合い，自分の考えを見直してまとめようとする。

評価規準

≫知識・技能

○純小数×整数 (1 位数) を計算している。

○帯小数 (小数第 1 位) ×整数 (1・2 位数) の計算を筆算でしている。

○帯小数 (小数第 2 位) ×整数 (1・2 位数) の計算を筆算でしている。

○帯小数 (小数第 1 位) ÷整数 (1・2 位数) の計算を筆算でしている。

○商が純小数になる計算を筆算でしている。

○帯小数 (小数第 2 位) ÷整数 (1 位数) の計算を筆算でしている。

○あまりがあるわり算で，あまりの小数点は被除数の小数点にそろえて打つことを理解している。

○ (整数・小数) ÷整数で，わりきれるまで計算している。

○商を上から 2 けたや，1/100 の位までの概数で求めている。

○何倍かを表す数が小数になることがあることを理解し，求めている。

　　　　　　　　　　　　　　　　　　　　　　　　●対応する学習指導要領の項目：A(4) ア (ア)(エ)

≫思考・判断・表現

○小数×整数の計算のしかたを，既習の整数の乗法をもとに考え，説明している。

○小数÷整数の計算のしかたを，既習の整数の除法をもとに考え，説明している。

○小数÷整数で，あまりがある場合，あまりの大きさを考え，説明している。

　　　　　　　　　　　　　　　　　　　　　　　　●対応する学習指導要領の項目：A(4) イ (ア)

≫主体的に学習に取り組む態度

○整数の乗法・除法と関連付けて，被乗数・被除数が小数の場合の計算方法を考え，説明している。

○小数を整数に置き換えて考えたり，図や式に表したりして計算方法を考え，友だちと話し合っている。

○友だちが考えた計算方法を聞いて，自分の考えを見直している。

関連する既習内容

学年		内容
3	年	かけ算の筆算 (2)
4	年	小数
4	年	わり算 (2)

学習活動

小単元名	時数	学習活動	数学的活動
単元の導入	1	○絵を見て，既習の計算について，もとにする大きさに着目して考える。	(1) イ
1. 小数に整数をかける計算①/つなげる算数	1	○純小数×整数 (1 位数) の計算のしかたを考える。 ・2 人の計算のしかたを説明する。	(1) ア，ウ
		○「つなげる算数」を読んで，既習のかけ算のきまりと関連付ける。	(1) イ
1. 小数に整数をかける計算②	1	○帯小数×整数 (1 位数) の筆算のしかたを考え，説明する。	(1) ア，ウ
1. 小数に整数をかける計算③	1	○帯小数×整数 (2 位数) の筆算のしかたを考え，説明する。	(1) イ，ウ
		・小数第 2 位×整数 (1 位数) の筆算のしかたを考える。	
2. 小数を整数でわる計算①	1	○帯小数÷整数 (1 位数) で整除の計算のしかたを考える。	(1) ア，ウ
		・2 人の計算のしかたを説明する。	
2. 小数を整数でわる計算②	1	○帯小数÷整数 (1 位数) で一の位がわりきれない計算のしかたを考え，説明する。	(1) ア，ウ
2. 小数を整数でわる計算③	1	○小数第 1 位÷整数 (2 位数) の計算や，商の一の位に 0 がたつ小数÷整数の計算のしかたを考え，説明する。	(1) イ
		・小数第 1 位÷整数 (1・2 位数) の筆算のしかたを考え，小数第 2 位÷整数 (1・2 位数) の計算を筆算でする。	
3. いろいろなわり算①	1	○帯小数÷整数 (1 位数) のあまりについて考え，あまりの小数点は被除数の小数点にそろえて打つことを知る。	(1) ア
3. いろいろなわり算②	1	○小数÷整数でわり進む筆算のしかたを考え，わりきれるまで計算する。	(1) ア
3. いろいろなわり算③	1	○整数÷整数でわり進み，商を上から 2 けたや 1/100 の位までの概数で求める計算をする。	(1) イ
4. 何倍かを表す小数①	1	○倍について考え，何倍かを表す数が小数になることがあることを知る。	(1) ア
4. 何倍かを表す小数②	1	○小数倍の関係について，もとにする量を変えて考える。	(1) ア

| わかっているかな？/た しかめポイント | 1 | ○小数倍で，何をもとにする量にすればよいかについて確認する。
○「小数のかけ算とわり算」の基本的な学習内容を理解しているか を確認し，それに習熟する。 | |

| 4年 | 日文 | 教科書【下】：p.116〜129　配当時数：10時間　配当月：2〜3月 |

16. 直方体と立方体

領域　B 図形

到達目標

》知識・技能

○直方体，立方体の用語と定義がわかる。

○直方体，立方体について，頂点，辺，面の数や，まわりが平面で囲まれていることがわかる。

○展開図の用語とその意味を知り，直方体，立方体の展開図をかくことができる。また，展開図から直方体，立方体をつくることができる。

○直方体の展開図から，向かい合う面，重なる辺を指摘できる。

○直方体の面と面，辺と辺，面と辺の関係を調べ，それぞれ垂直，平行の関係がわかる。

○見取図の用語とその意味を知り，直方体，立方体の見取図をかくことができる。

○平面上にある点，空間にある点の位置を基準点をもとに表すことができる。

》思考・判断・表現

○頂点，辺，面など構成要素の数や形，その位置関係を観察し，直方体や立方体の特徴を考察することができる。

○平面上の位置の表し方をもとに，空間にある点の位置の表し方を考えることができる。

》主体的に学習に取り組む態度　※「主体的に学習に取り組む態度」は方向目標を示しています。

○展開図から直方体，立方体をつくり，頂点，辺，面など構成要素の数や，その位置関係を調べようとする。

評価規準

》知識・技能

○直方体，立方体の用語と定義を理解している。

○直方体，立方体の頂点，辺，面の数や，まわりが平面で囲まれていることを理解している。

○展開図の用語とその意味を知り，直方体，立方体の展開図をかいている。

○展開図を組み立てて，直方体，立方体をつくっている。

○直方体の展開図から，向かい合う面，重なる辺を指摘している。

○直方体の面と面，辺と辺，面と辺の垂直，平行の関係を理解している。

○見取図の用語とその意味を知り，直方体，立方体の見取図をかいている。

○平面上にある点，空間にある点の位置を基準点をもとに表している。

●対応する学習指導要領の項目：B(2) ア (ア)(イ)(ウ)，B(3) ア (ア)

》思考・判断・表現

○頂点，辺，面など構成要素の数や形を調べ，直方体と立方体を比較している。

○平面上の位置の表し方をもとに，空間にある点の位置の表し方を考え，説明している。

●対応する学習指導要領の項目：B(2) イ (ア)，B(3) イ (ア)

≫主体的に学習に取り組む態度

○展開図から直方体，立方体をつくり，頂点，辺，面など構成要素の数や，その位置関係を調べている。

○平面上の位置の表し方をもとに，空間にある点の位置を表している。

関連する既習内容

学年		内容
2	年	はこの形
4	年	四角形

学習活動

小単元名	時数	学習活動	数学的活動
1. 直方体と立方体①	1	○直方体，立方体の用語と定義を知る。	(1) ア，ウ
1. 直方体と立方体②	1	○直方体，立方体の頂点，辺，面の数と面の形を調べる。	(1) イ，ウ
		・平面の用語とその意味を知る。	
2. 見取図と展開図①	1	○見取図の用語とその意味を知り，直方体，立方体の見取図をかく。	(1) イ
2. 見取図と展開図②	1	○展開図の用語とその意味を知り，直方体や立方体の展開図のかき方を考える。	(1) イ，ウ
		・いろいろな展開図ができることを知る。 ・立方体の展開図になっているものを選ぶ。	
3. 辺や面の垂直と平行①	1	○直方体の面と面の垂直・平行の関係を調べる。	(1) イ
3. 辺や面の垂直と平行②	1	○直方体の辺と辺の垂直・平行の関係を調べる。	(1) イ
3. 辺や面の垂直と平行③	1	○直方体の面と辺の垂直・平行の関係を調べる。	(1) イ
		○身の回りにある垂直や平行な辺や面を探す。	(1) ア
4. 位置の表し方①	1	○平面上にある点の位置の表し方を考える。	(1) ア
4. 位置の表し方②	1	○空間にある点の位置の表し方を考える。	(1) ア
たしかめポイント	1	○「直方体と立方体」の基本的な学習内容を理解しているかを確認し，それに習熟する。	

4年

| 5年 | 日文 | 教科書【上】：p.10～14　配当時数：4時間　配当月：4月 |

1. 整数と小数のしくみ

領域 A 数と計算

到達目標

≫知識・技能

○整数，小数はともに十進位取り記数法のしくみで表されていることがわかる。

○整数や小数を 10 倍，100 倍，1000 倍，1/10，1/100，1/1000 にしたときの小数点の移動のしかたがわかる。

○小数も 0～9 までの 10 個の数字と小数点を使って表せることがわかる。

≫思考・判断・表現

○整数も小数も同じ十進数として，統合的に捉えることができる。

≫主体的に学習に取り組む態度　　※「主体的に学習に取り組む態度」は方向目標を示しています。

○小数点の移動によって，いろいろな大きさの数ができることを理解し，整数や小数でいろいろな大きさの数をつくろうとする。

評価規準

≫知識・技能

○整数や小数を 10 倍，100 倍，1000 倍，1/10，1/100，1/1000 にしたときの小数点の移動のしかたを理解している。

○整数，小数はともに十進位取り記数法のしくみで表されていることを理解している。

○小数も 0 から 9 までの 10 個の数字と小数点を使って表せることを理解している。

● 対応する学習指導要領の項目：A(2) ア (ア)

≫思考・判断・表現

○小数を 10 倍，100 倍，1000 倍，1/10，1/100，1/1000 にすることを小数点の移動と捉え，計算の結果を考えることができる。

● 対応する学習指導要領の項目：A(2) イ (ア)

≫主体的に学習に取り組む態度

○小数点の移動によって，いろいろな大きさの数をつくっている。

○ 0～9 までの 10 個の数字と小数点を使って，いろいろな大きさの数をつくっている。

関連する既習内容

学年		内容
4	年	大きい数
4	年	小数

学習活動

小単元名	時数	学習活動	数学的活動
整数と小数のしくみ①	1	○整数，小数はともに十進位取り記数法のしくみで表されていることを理解する。	(1) イ
		・小数が 0 から 9 までの 10 個の数字と小数点を使って表せることを理解する。	
整数と小数のしくみ②	1	○10 倍，100 倍，1000 倍した数を求め，小数点の移動のしかたを調べる。	(1) イ
整数と小数のしくみ③	1	○1/10，1/100，1/1000 した数を求め，小数点の移動のしかたを調べる。	(1) イ
たしかめポイント	1	○「整数と小数のしくみ」の基本的な学習内容を理解しているかを確認し，それに習熟する。	

5年

| 5年 | 日文 |

教科書【上】：p.16〜36　配当時数：13時間　配当月：4〜5月

2. 図形の合同と角

領域　B 図形

到達目標

》知識・技能

○図形の合同の意味がわかる。

○合同な図形の対応関係を理解し，合同かどうかの判別ができる。

○合同な三角形の作図のしかたがわかる。

○合同な三角形や四角形をかくことができる。

○三角形，四角形の内角の和がそれぞれ180°，360°であることがわかる。

○内角の和を用いて，図形の示されていない1つの角の大きさを計算で求めることができる。

○五角形，六角形や多角形の用語とその定義がわかる。

○多角形を三角形に分けて，内角の和を求めることができる。

》思考・判断・表現

○平行四辺形やひし形に対角線をひいてできる三角形について，合同かどうか調べることができる。

○合同な三角形の作図のしかたをもとに，合同な四角形の作図のしかたを考えることができる。

○三角形の内角の和から，多角形の内角の和の求め方を考えることができる。

》主体的に学習に取り組む態度　※「主体的に学習に取り組む態度」は方向目標を示しています。

○2つの図形が合同であるかどうかの条件をみつけようとする。

○基本的な図形の性質をもとに多角形の内角の和について，筋道を立てて考えようとする。

評価規準

》知識・技能

○図形の合同の意味を理解している。

○合同な2つの図形について，対応する頂点，対応する辺，対応する角を理解している。

○対応する辺の長さや角の大きさから，合同かどうかの判別している。

○合同な三角形の作図のしかたを理解している。

○合同な三角形の作図のしかたをもとに，合同な四角形をかいている。

○三角形の内角の和が180°であることを理解している。

○四角形の内角の和が360°であることを理解している。

○内角の和を用いて，三角形，四角形の示されていない1つの角の大きさを計算で求めることができる。

○五角形，六角形や多角形の用語と定義を理解している。

○多角形を三角形に分けて，内角の和を求めることができる。

　　　　　　　　　　　　　　　　　　　　　　　　　　　●対応する学習指導要領の項目：B(1) ア (ア)(イ)

≫思考・判断・表現

○平行四辺形やひし形に対角線をひいてできる三角形について，合同かどうか説明している。

○合同な三角形の作図のしかたをもとに，合同な四角形の作図のしかたを考え，説明している。

○四角形の内角の和が 360° であることを筋道を立てて説明している。

○多角形を三角形に分けて考え，その内角の和の求め方を説明している。

→ 対応する学習指導要領の項目：B(1) イ (ア)

≫主体的に学習に取り組む態度

○身の回りにある合同な図形をみつけている。

○合同な図形の性質について，友だちと話し合っている。

○三角形や四角形などの内角の和をいろいろな方法で調べ，説明している。

関連する既習内容

学年		内容
4	年	角と角度
4	年	四角形

学習活動

小単元名	時数	学習活動	数学的活動
1. 合同な図形①	1	○身の回りから，ぴったり重なる形を探す。	(1) ア
		○2 つの図形を重ね合わせる活動を通して，合同の意味を理解する。	(1) イ
		・合同の用語と定義や，うら返してぴったり重ね合わせることができる図形も合同と知る。	
1. 合同な図形②	1	○・合同な図形の性質を理解する。	(1) イ
		・対応する頂点，対応する辺，対応する角を知る。	
1. 合同な図形③	1	○四角形に対角線をひいてできる三角形について，合同かどうか調べる。	(1) イ
2. 合同な図形のかき方①	2	○合同な三角形を作図するために必要な要素に着目し，合同な三角形をかく。	(1) イ，ウ
2. 合同な図形のかき方②	2	○合同な三角形のかき方をもとに，合同な四角形のかき方を考える。	(1) イ
3. 三角形と四角形の角①	2	○三角形の内角の和は 180° であることを理解する。また，三角形の示されていない角の大きさを計算で求める。	(1) イ
		・三角形を敷き詰めたり，分度器で角度を測ったりして三角形の内角の和が 180° であることを調べる。	
		・三角形の外角の性質を理解する。	
3. 三角形と四角形の角②	2	○三角形の内角の和が 180° であることをもとに，どんな四角形でも内角の和は 360° であることを説明する。	(1) イ，ウ
		・3 人の四角形の内角の和の求め方を説明する。	

3. 三角形と四角形の角 ③	1	○多角形の存在を知り，多角形の内角の和を求める方法を説明する。	(1) イ
		・五角形，六角形や多角形の用語と定義を知る。　多角形の内角の和を調べる。	
わかっているかな？/たしかめポイント	1	○合同な三角形をかくための条件を確認する。 ○「図形の合同と角」の基本的な学習内容を理解しているかを確認し，それに習熟する。	

| 5年 | 日文 | 教科書【上】：p.38〜51　配当時数：12 時間　配当月：5 月 |

3. 体積

領域　B 図形

到達目標

》知識・技能

○体積の単位 cm^3 を知り，それを用いて体積を表すことができる。

○直方体や立方体の求積公式を理解し，体積を求めることができる。

○体積の単位に関連して，1 L = 1000 cm^3，1mL = 1 cm^3，1 m^3 = 1000L，1000000 cm^3 の関係がわかる。

○内のり，容積の用語と意味を理解し，容積を求めることができる。

》思考・判断・表現

○直方体や立方体の体積を求める公式をつくることができる。

○複合図形の体積の求め方について，直方体や立方体に分割するなどして，工夫して考えることができる。

》主体的に学習に取り組む態度　　※「主体的に学習に取り組む態度」は方向目標を示しています。

○体積の意味や単位を知り，図形の体積の求め方や身の回りにあるものの体積を考えようとする。

評価規準

》知識・技能

○体積の用語とその意味を理解している。

○直方体や立方体の体積を求積公式を適用して求めている。

○ 1 L = 1000 cm^3 の関係を理解し，1mL = 1 cm^3，1 m^3 = 1000L の関係を理解している。

○内のり，容積の用語と意味を理解し，容積を求めている。

●対応する学習指導要領の項目：B(4) ア（ア）（イ）

》思考・判断・表現

○直方体や立方体の求積公式を，説明している。

○複合図形の体積の求め方を，工夫して考え，説明している。

●対応する学習指導要領の項目：B(4) イ（ア）

》主体的に学習に取り組む態度

○ 1 cm^3 の何個分とみて，直方体の体積の表し方を進んで考えている。

○身の回りのいろいろなものの体積を進んで調べている。

関連する既習内容

学年		内容
2	年	水のかさ
4	年	面積
4	年	直方体と立方体

学習活動

小単元名	時数	学習活動	数学的活動
1. 直方体と立方体の体積①	2	○直方体や立方体のかさの比べ方を考え，1辺が1cmの立方体で数値化する。 ・体積の用語とその意味や表し方を理解する。 ・単位 cm^3 がわかる。	(1) イ
1. 直方体と立方体の体積②	1	○直方体や立方体の求積公式を理解し，体積を求める。	(1) イ
2. 体積の求め方のくふう	2	○複合図形の体積を，直方体に分割したり，欠損部分をひいたりして求める。 ・L字型の体積について，3人の求め方を説明する。	(1) イ，ウ
3. いろいろな体積の単位①	1	○大きな体積の単位 m^3 を知り，大きな立体の体積を求める。	(1) イ
3. いろいろな体積の単位②	2	○$1 m^3 = 1000000 cm^3$ の関係を理解する。 ○1mものさしやテープを使って，$1 m^3$ の立方体をつくり，量感を養う。	(1) イ
3. いろいろな体積の単位③	1	○内のり，容積の用語と意味を理解し，容積を求める。	(1) ア
3. いろいろな体積の単位④	1	○$1 L = 1000 cm^3$，$1mL = 1 cm^3$，$1 m^3 = 1000L$ の関係を理解する。 ・既習の単位と結びつけて，単位間の関係をまとめる。	(1) イ
3. いろいろな体積の単位④	1	○身の回りにあるものの体積や容積を調べる。	(1) ア
わかっているかな？/たしかめポイント	1	○複合図形を求める式の読み取りを通して，体積の求め方を確認する。 ○「体積」の基本的な学習内容を理解しているかを確認し，それに習熟する。	

| 5年 | 日文 |

教科書【上】：p.52〜54　配当時数：2時間　配当月：5月

4. 比例

領域　C 変化と関係

到達目標

》知識・技能
○比例の用語とその定義がわかる。
○比例する 2 つの量の一方の値を求めることができる。

》思考・判断・表現
○伴って変わる 2 つの数量が比例関係にあるかどうかを，表などに表して判断することができる。

》主体的に学習に取り組む態度　　※「主体的に学習に取り組む態度」は方向目標を示しています。
○伴って変わる 2 つの数量の関係をもとに，数値を変えて変化や対応の特徴を考察しようとする。

評価規準

》知識・技能
○比例の用語とその定義を理解している。
○比例関係にある 2 つ数量の，一方の量に対応するもう一方の量を求めている。
　　　　　　　　　　　　　　　　　　　　　　　●対応する学習指導要領の項目：C(1) ア (ア)

》思考・判断・表現
○比例関係にあるかどうかを判断し，比例関係を式に表している。
　　　　　　　　　　　　　　　　　　　　　　　●対応する学習指導要領の項目：C(1) イ (ア)

》主体的に学習に取り組む態度
○比例する 2 つの数量の関係に関心をもち，いろいろな見方で調べている。

関連する既習内容

学年		内容
4	年	変わり方

学習活動

小単元名	時数	学習活動	数学的活動
比例①	1	○伴って変わる2つの数量の関係を表に整理し，比例関係にあることを理解する。	(1) イ
		・比例の用語とその定義を理解する。□，△を使って，比例の関係を式に表す。	
比例②	1	○比例関係を数直線図で表せることを理解する。	(1) ア

| 5年 | 日文 |

教科書【上】：p.56〜70　配当時数：12時間　配当月：5〜6月

5. 小数のかけ算

領域　A 数と計算

到達目標

≫知識・技能

○乗数が小数の場合でも乗法が用いられることを数直線図などを用いて理解し，立式することができる。

○乗数が小数の場合の計算原理や計算方法を理解し，筆算で計算することができる。

○小数×小数の乗法のしくみを理解し，積の小数点の位置を定めることができる。

○小数の乗法について，乗数の大きさから，被乗数と積の大小関係を判断することができる。

○辺の長さが小数の場合でも，面積・体積の求積公式が使えることがわかる。

○小数の場合でも，乗法の分配法則や交換法則，結合法則が成り立つことがわかる。

≫思考・判断・表現

○乗数が小数の場合でも乗法が用いられることを数直線図などを用いて理解し，整数と同じ考え方で捉えることができる。

≫主体的に学習に取り組む態度　※「主体的に学習に取り組む態度」は方向目標を示しています。

○既習事項や生活などの経験を振り返り，それを活用したり関連付けたりして小数の乗法を考えようとする。

評価規準

≫知識・技能

○小数をかける意味を理解している。

○乗数が小数の場合の計算原理や計算方法，筆算のしかたを理解している。

○乗数が小数の場合について，筆算で計算している。

○小数×小数の場合について，筆算で計算している。

○乗数の大きさから，積と被乗数の大小関係の判断ができることを理解している。

○辺の長さが小数の場合でも，面積や体積の求積公式が使えることを理解している。

○辺の長さが小数の場合でも，面積や体積の求積公式を使って，面積・体積を求めている。

○小数の場合でも，計算のきまりが成り立つことを理解している。

○小数の場合でも，計算のきまりを使って工夫して計算している。

●対応する学習指導要領の項目：A(3) ア (ア)(イ)(ウ)

≫思考・判断・表現

○乗数が小数の乗法の式になる根拠を，数直線図を用いて考え，説明している。

○乗数が小数の乗法の計算方法を，小数のしくみや計算のきまりなどをもとに考え，説明している。

●対応する学習指導要領の項目：A(3) イ (ア)

≫主体的に学習に取り組む態度

○乗数が小数の乗法について，整数の乗法と関連づけて計算方法を考え，説明している。

○計算方法について具体例に置き換えて考えたり，図などに表したりして考えている。

○小数が日常生活で多く使われていることに気づき，小数の乗法の計算を進んで練習している。

関連する既習内容

学年		内容
4	年	小数のかけ算とわり算
5	年	整数と小数のしくみ

学習活動

小単元名	時数	学習活動	数学的活動
1. 小数をかける計算①	2	○既習の乗法計算をふり返り，乗数が小数の乗法計算を学習することを知る。	(1) イ
		○帯小数をかける意味や乗数が帯小数のときの立式を理解する。	(1) ア，ウ
		・数直線図を用いて，整数×小数の計算場面を理解し，立式する。	
1. 小数をかける計算②	1	○整数×帯小数の計算のしかたを，数直線図を用いたり，乗数が整数の場合に帰着させたりして説明する。	(1) イ，ウ
		・計算のしかたを比較し，どの考え方も既習である整数の計算に直すことで説明できることを理解する。	
1. 小数をかける計算③	1	○整数×純小数の場合について立式し，計算のしかたを考える。	(1) ア，ウ
2. 小数のかけ算①	1	○小数×小数の計算方法を理解する。	(1) ア，ウ
		・数直線図を用いて，小数×小数の計算場面を理解し，立式する。	
		・小数×小数の計算のしかたを，乗法のきまりを用いて説明する。	
2. 小数のかけ算②	1	○計算のしかたと関連付けながら，小数×小数の筆算方法を理解し，正しく計算する。	(1) イ
2. 小数のかけ算③	1	○被乗数や乗数が 1/100 の位までの乗法を筆算で計算する。	(1) イ
2. 小数のかけ算④	1	○筆算後の末位の 0 の処理や空位に 0 を補う処理について理解する。	(1) イ
2. 小数のかけ算⑤	1	○積は乗数が 1 より大きいと被乗数より大きくなること，1 より小さいと被乗数より小さくなることを理解する。	(1) イ
		・整数×帯小数，整数×純小数の場合について立式し，積の大きさを比較する。	
3. 小数のかけ算を使う問題①	1	○辺の長さが小数の場合でも，面積や体積の求積公式が使えることを理解する。	(1) イ
3. 小数のかけ算を使う問題②	1	○小数の場合にも，乗法の交換，結合，分配法則が成り立つことを理解する。	(1) イ
わかっているかな？/たしかめポイント	1	○小数をかける計算のしかたを，図などで確認する。 ○「小数のかけ算」の基本的な学習内容を理解しているかを確認し，それに習熟する。	

| 5年 | 日文 |

教科書【上】：p.72〜87　配当時数：14 時間　配当月：6〜7 月

6. 小数のわり算

領域　A 数と計算

到達目標

≫知識・技能

○除数が小数の場合でも除法が用いられることを数直線などを用いて理解し，立式することができる。

○除数が小数の場合の計算原理や計算方法を理解し，筆算で計算することができる。

○小数の除法について，除数の大きさから，被除数と商の大小関係を判断することができる。

○ある数量の小数倍の大きさを求めるときには，小数の乗法が用いられることがわかる。

○小数倍を理解し，除法を使って小数倍を求めることができる。

○小数倍を理解し，除法を使って基準量を求めることができる。

≫思考・判断・表現

○除数が小数の場合でも除法が用いられることを数直線などを用いて理解し，整数と同じ考え方で捉えることができる。

≫主体的に学習に取り組む態度　※「主体的に学習に取り組む態度」は方向目標を示しています。

○既習事項や生活などの経験を振り返り，それを活用したり関連付けたりして小数のわり算を考えようとする。

評価規準

≫知識・技能

○小数でわる意味を理解している。

○除数が小数の場合の計算原理や計算方法，筆算のしかたを理解している。

○除数が小数の場合について，筆算で計算している。

○除数の大きさから，商と被除数の大小関係の判断ができることを理解している。

○わりきれるまでわり進む筆算のしかたを理解し，計算している。

○あまりの意味と大きさを理解し，商とあまりを求めている。

○商を四捨五入して，1/10 の位までの概数で求めている。

○小数倍にあたる量を求めるときには小数の乗法が用いられることを理解している。

○小数倍を求めるときには小数の除法が用いられることを理解している。

○基準量を求めるとき，小数の除法が用いられることを理解している。

●対応する学習指導要領の項目：A(3) ア (ア)(イ)(ウ)

≫思考・判断・表現

○除数が小数の除法の式になる根拠を，数直線を用いて考え，説明している。

○除数が小数の除法の計算方法を，小数のしくみや計算のきまりなどをもとに考え，説明している。

●対応する学習指導要領の項目：A(3) イ (ア)

≫主体的に学習に取り組む態度

　○除数が小数の場合でも，整数の除法と関連付けて計算方法を考えようとしている。

　○小数が日常生活で多く使われていることに気づき，計算ができるようにしている。

関連する既習内容

学年	内容
4　年	小数のかけ算とわり算

学習活動

小単元名	時数	学習活動	数学的活動
1. 小数でわる計算①	2	○既習の除法計算をふり返り，除数が小数の除法計算を学習することを知る。	(1) イ
		○帯小数でわる意味や除数が帯小数のときの立式を理解する。	(1) ア，ウ
		・数直線図を用いて，整数÷小数の計算場面を理解し，立式する。 ・2人が考えた式を説明する。	
1. 小数でわる計算②	1	○整数÷帯小数の計算のしかたを，数直線図を用いたり，除数が整数の場合に帰着させたりして説明する。	(1) イ，ウ
		・計算のしかたを比較し，どの考え方も既習である整数の計算に直すことで説明できることを理解する。	
1. 小数でわる計算③	1	○整数÷純小数の場合について立式し，計算のしかたを考える。	(1) ア，ウ
2. 小数のわり算①	1	○小数÷小数の場面を立式し，筆算で計算する。	(1) ア
		・小数÷小数の筆算のしかたを考える。	
2. 小数のわり算②	1	○被除数が1/1000の位まで，除数が1/100の位の除法を筆算で計算する。	(1) イ
2. 小数のわり算③	1	○わり進みのある筆算のしかたを考える。除数が被除数より大きい筆算のしかたを考える。	(1) イ
2. 小数のわり算④	1	○純小数でわると，商は被除数より大きくなることを理解する。	(1) イ
2. 小数のわり算⑤	1	○あまりのある除法の方法，あまりの意味と大きさについて理解する。	(1) ア
2. 小数のわり算⑥	1	○商を概数で表す場合の除法の計算のしかたを理解する。	(1) ア
3. 倍を表す小数①	1	○基準量や比較量が小数の場合について，何倍かを求める計算を理解する。（第1用法）	(1) ア
3. 倍を表す小数②	1	○基準量や倍を表す数が小数の場合に比較量を求める計算を理解する。（第2用法）	(1) ア
3. 倍を表す小数③	1	○比較量や倍を表す数が小数の場合に基準量を求める計算を理解する。（第3用法）	(1) ア
わかっているかな？/ たしかめポイント	1	○小数のわり算のあまりについて，あまりの小数点を打つ位置を確認する。 ○「小数のわり算」の基本的な学習内容を理解しているかを確認し，それに習熟する。	

| 5年 | 日文 |

教科書【 上 】：p.92〜102　配当時数：9 時間　配当月：9 月

7. 整数の性質

| 領域 | A 数と計算

到達目標

≫知識・技能

○偶数，奇数の用語とその意味がわかる。

○整数を 2 でわったあまりに着目すれば，偶数と奇数に類別することができる。

○倍数，公倍数，最小公倍数の用語とその意味や求め方がわかる。

○約数，公約数，最大公約数の用語とその意味や求め方がわかる。

≫思考・判断・表現

○公倍数，最小公倍数の考え方を活用して，問題を解決することができる。

○公約数，最大公約数の考え方を活用して，問題を解決することができる。

≫主体的に学習に取り組む態度　※「主体的に学習に取り組む態度」は方向目標を示しています。

○倍数，公倍数，最小公倍数や約数，公約数，最大公約数が，日常生活でどう利用できるかを考えようとしたり，調べようとしたりする。

評価規準

≫知識・技能

○偶数，奇数の用語とその意味を理解している。

○整数を 2 でわったときのあまりに着目して類別している。

○倍数，公倍数，最小公倍数の用語とその意味を理解している。

○公倍数の手際よい見つけ方を理解し，公倍数，最小公倍数を求めている。

○約数，公約数，最大公約数の用語とその意味を理解している。

○公約数の手際よい見つけ方を理解し，公約数，最大公約数を求めている。

　　　　　　　　　　　　　　　　　　　　　　　● 対応する学習指導要領の項目：A(1) ア (ア)(イ)

≫思考・判断・表現

○公倍数，公約数の手際よい見つけ方を考え，説明している。

○公倍数，最小公倍数の考え方を活用して，問題を解決している。

○公約数，最大公約数の考え方を活用して，問題を解決している。

　　　　　　　　　　　　　　　　　　　　　　　● 対応する学習指導要領の項目：A(1) イ (ア)

≫主体的に学習に取り組む態度

○倍数，公倍数，最小公倍数に関心を持ち，進んでそれらを調べている。

○約数，公約数，最大公約数に関心を持ち，進んでそれらを調べている。

関連する既習内容

学年		内容
2	年	かけ算
3	年	わり算

学習活動

小単元名	時数	学習活動	数学的活動
1. 偶数と奇数	2	○1〜20の整数を2つに分ける分け方を考える。	(1) イ
		○整数を2でわったあまりに着目すれば，偶数と奇数に類別できることを理解する。	(1) ア
		・偶数，奇数を式に表すことで，その定義について理解を深める。	
2. 倍数と公倍数①	1	○倍数の用語と意味を理解する。	(1) イ
2. 倍数と公倍数②	1	○公倍数，最小公倍数の用語と意味を理解し，公倍数を求めることができる。	(1) イ
		・数直線から公倍数，最小公倍数をみつける。	
2. 倍数と公倍数③	1	○公倍数の手際よい見つけ方を理解し，公倍数，最小公倍数を求める。	(1) イ，ウ
		・3つの数の公倍数の見つけ方を考える。 ・3つの数の公倍数も，最小公倍数の倍数になっていることを理解する。	
3. 約数と公約数①	1	○約数の用語と意味を理解する。	(1) ア
3. 約数と公約数②	1	○公約数，最大公約数の用語と意味を理解し，公約数を求めることができる。	(1) ア
3. 約数と公約数③	1	○公約数の手際よい見つけ方を理解し，公約数，最大公約数を求めることができる。	(1) イ，ウ
たしかめポイント	1	○「整数の性質」の基本的な学習内容を理解しているかを確認し，それに習熟する。	

| 5年 | 日文 | 教科書【上】：p.104〜115　配当時数：11時間　配当月：9〜10月 |

8. 分数のたし算とひき算

領域　A 数と計算

到達目標

≫知識・技能

○分数は，分母と分子に同じ数をかけても，同じ数でわっても大きさは変わらないことがわかる。

○通分，約分の用語とその意味がわかる。

○大きさの等しい分数をつくったり，分数の通分，約分をしたりすることができる。

○通分のしかたを知り，異分母分数の大小比較をすることができる。

○異分母分数の加法，減法の計算をすることができる。

≫思考・判断・表現

○大きさの等しい分数のきまりを活用して，通分する方法を考えることができる。

○異分母分数の加法，減法の計算は，同分母にすれば既習の計算と同じようにできると考えることができる。

≫主体的に学習に取り組む態度　　※「主体的に学習に取り組む態度」は方向目標を示しています。

○分数の意味や表し方から，分数がどう利用されているか調べたり，どう活用できるか考えたりする。

評価規準

≫知識・技能

○分数は，分母と分子に同じ数をかけても，同じ数でわっても大きさは変わらないことを理解している。

○通分の用語とその意味や方法を知り，異分母分数の大小比較をしている。

○通分する際は，それぞれの分母の最小公倍数を分母にすることを理解している。

○約分の用語とその意味や方法を知り，約分をしている。

○異分母分数の加法，減法の計算をしている。

○異分母分数の 3 口の計算をしている。

○帯分数の加減法で，くり上がりあり，くり下がりありの計算をしている。

　　　　　　　　　　　　　　　　　　　➡ 対応する学習指導要領の項目：A(4) ア (ウ)(エ)，A(5) ア (ア)

≫思考・判断・表現

○大きさの等しい分数のきまりを活用して，通分する方法を考え，説明している。

○異分母分数の加法，減法の計算は，同分母にすれば既習の計算と同じようにできると考え，説明している。

　　　　　　　　　　　　　　　　　　　➡ 対応する学習指導要領の項目：A(4) イ (ア)，A(5) イ (ア)

≫主体的に学習に取り組む態度

○大きさの等しい分数には，どんなきまりがあるか進んで調べている。

○異分母分数の加法，減法の計算のしかたを考え，わかりやすく説明する工夫をしている。

関連する既習内容

学年		内容
4	年	分数
5	年	整数の性質

学習活動

小単元名	時数	学習活動	数学的活動
1. 分数の大きさ①	1	○異分母分数の大小比較のしかたを考える。	(1) イ
		○分数は，分母と分子に同じ数をかけても，同じ数でわっても大きさは変わらないことを知る。	(1) イ，ウ
1. 分数の大きさ②	1	○約分の用語とその意味や方法を知り，約分する。	(1) イ，ウ
1. 分数の大きさ③	1	○通分の用語とその意味や方法を知り，異分母分数の大小比較をする。	(1) イ，ウ
1. 分数の大きさ④	1	○通分する際は，それぞれの分母の最小公倍数を分母にすると簡単で分かりやすいことを知る。	(1) イ，ウ
		・3つの分数を通分する方法を理解する。	
2. 分数のたし算とひき算①	1	○異分母分数（真分数）の加法の計算原理や方法を理解し，計算する。	(1) ア，ウ
2. 分数のたし算とひき算②	1	○答えが帯分数になる場合，約分できる場合の加法の計算方法を知り，計算する。	(1) イ，ウ
2. 分数のたし算とひき算③	1	○帯分数どうしの加法の計算方法を知り，計算する。	(1) イ，ウ
2. 分数のたし算とひき算④	1	○異分母分数（真分数）の減法の計算原理や方法を理解し，計算する。	(1) ア，ウ
2. 分数のたし算とひき算⑤	1	○答えが約分できる場合や帯分数どうしの減法の計算を知り，計算する。	(1) イ，ウ
2. 分数のたし算とひき算⑥	1	○3□の分数の計算をする。	(1) イ，ウ
わかっているかな？/たしかめポイント	1	○通分のしかたについて，分母どうしをかける方法と最小公倍数にする方法を比べ，確認する。 ○「分数のたし算とひき算」の基本的な学習内容を理解しているかを確認し，それに習熟する。	

| 5年 | 日文 | 教科書【下】：p.6〜13　配当時数：5時間　配当月：10月 |

9. 平均

領域　D データの活用

到達目標

≫知識・技能
○平均の用語とその意味や求め方を理解し，平均を求めることができる。
○資料の中に0がある場合の平均の求め方や，平均では分離量でも小数で表せることがわかる。
○歩幅の平均と歩数から，いろいろな場所のおよその長さを測定することができる。

≫思考・判断・表現
○平均の考えを活用して，いろいろな問題の解き方を考えることができる。

≫主体的に学習に取り組む態度　※「主体的に学習に取り組む態度」は方向目標を示しています。
○測定した結果を平均することについて考察し，それを学習や日常生活に生かそうとする。

評価規準

≫知識・技能
○平均の用語とその意味や求め方を理解している。
○資料の中に0がある場合の平均の求め方を理解している。
○平均では分離量でも小数で表せることを理解している。
○平均から全体量を求める方法を理解している。
○平均を使って，歩幅を求めることを理解している。

●対応する学習指導要領の項目：D(2) ア (ア)

≫思考・判断・表現
○平均の考えを活用して，いろいろな問題の解き方を考え，説明している。
○歩幅を活用して，いろいろな場所のおよその長さを測定している。

●対応する学習指導要領の項目：D(2) イ (ア)

≫主体的に学習に取り組む態度
○平均の意味や求め方を進んで調べるとともに，平均のよさに気づき，生活に用いる場面がないかを友だち話し合っている。

関連する既習内容

学年		内容
4	年	小数のかけ算とわり算

学習活動

小単元名	時数	学習活動	数学的活動
平均①	1	○「ならす」ということのイメージを持つ。また，その意味を知る。	(1) ア
		○平均の用語とその意味や求め方を理解する。	(1) ア，ウ
		・5個のオレンジからできるジュースの量から，1個あたりにならした量を求める。	
平均②	1	○資料の中に0がある場合の平均の求め方や，平均では分離量でも小数で表せることを理解する。	(1) ア，ウ
平均③	1	○平均から全体量を求める方法を理解する。	(1) ア
		・極端な数値を除外した平均の求め方を理解する。	
平均④	1	○平均を使って，歩幅を求めることができる。また，それを使っていろいろな場所のおよその長さを測定する。	(1) ア
わかっているかな？/たしかめポイント	1	○平均を利用した歩幅の測定のしかたを確認する。 ○「平均」の基本的な学習内容を理解しているかを確認し，それに習熟する。	

| 5年 | 日文 |

教科書【下】：p.16〜31　配当時数：12時間　配当月：10月

10. 単位量あたりの大きさ

領域　C 変化と関係

到達目標

》知識・技能

○人数と面積を使って混み具合を比べることを通して，単位量あたりの考え方がわかる。

○単位量あたりの大きさの用語とその意味がわかる。

○いろいろな単位量あたりの大きさを求めて比べることができる。

○人口密度の用語とその意味を理解し，人口密度を求めて比べることができる。

○速さは単位量あたりの大きさを用いると表すことができることがわかる。

○時速，分速，秒速の用語とその意味がわかる。

○速さを求める式を理解し，道のりと時間から速さを求めることができる。

○道のりを求める式を理解し，速さと時間から道のりを求めることができる。

○時間を求める式を理解し，道のりと速さから時間を求めることができる。

》思考・判断・表現

○人数と面積を使って混み具合を比べるとき，どちらか一方の数値を同じにしたときの，他方の量で比べればよいと考えることができる。

○単位量あたりの大きさを求めて解決する問題の解き方を筋道を立てて考えることができる。

○速さを比べる方法を，単位量あたりの大きさの考えを使って考えることができる。

》主体的に学習に取り組む態度　※「主体的に学習に取り組む態度」は方向目標を示しています。

○単位量あたりの大きさを用いて，比べるよさに気づき，目的に応じて比べる方法を日常生活に生かそうとする。

○速さは単位量あたりの大きさの考え方にもとづいていることを知り，日常生活で速さが扱われている場面を考えようとする。

評価規準

》知識・技能

○単位量あたりの大きさの意味や求め方を理解している。

○人口密度の意味や求め方を理解している。

○混み具合を数値化して比べている。

○いろいろな単位量あたりの大きさを求めて比べている。

○人口密度を計算により求め，比べている。

○速さは，単位量あたりの大きさの考え方を使って比べられることを理解している。

○時速，分速，秒速の用語とその意味を理解している。

○速さ，道のり，時間を求める公式を理解し，それぞれ計算で求めている。

●対応する学習指導要領の項目：C(2) ア (ア)

≫思考・判断・表現

○混み具合を比べるとき，どちらか一方の数値を同じにして，他方の量で比べればよいと考え，説明している。

○速さを比べる方法を，単位量あたりの大きさの考えを使って考え，説明している。

○単位量あたりの大きさを求めて解決する問題の解き方を筋道を立てて考え，説明している。

●対応する学習指導要領の項目：C(2) イ (ア)

≫主体的に学習に取り組む態度

○単位量あたりの考えを用いると，数値化して比較できることのよさに気づき，進んで活用している。

○速さを，単位量あたりの大きさなどを用いて数値化したり，実際の場面と結びつけて生活や学習に活用したりしている。

関連する既習内容

学年		内容
5	年	小数のかけ算
5	年	小数のわり算
5	年	平均

学習活動

小単元名	時数	学習活動	数学的活動
1. 単位量あたりの大きさ①	2	○シートに座っている子どもの絵から，混み具合の比べ方を考える。	(1) ア
		○人数もシートの数も違うときの混み具合を比べることを通して，単位量あたりの考え方や用い方を理解する。	(1) ア，ウ
		・混み具合の比べ方について，3人の考え方を比較し，単位量あたりの大きさの意味を理解する。	
1. 単位量あたりの大きさ②	1	○人口密度の用語とその意味，求め方を理解し，人口の混み具合を比べる。	(1) ア
1. 単位量あたりの大きさ③	1	○単位量の考え方を適用し，2つの畑のとれ具合を比べる。	(1) ア
1. 単位量あたりの大きさ④	1	○長さと重さの関係を数直線図に表し，それをもとに立式する。	(1) ア
2. 速さ①	1	○単位量あたりの大きさの考え方を使って，速さの比べ方を考える。	(1) ア，ウ
3. 速さ②	1	○時速，分速，秒速の用語と意味を理解し，速さを計算で求める式を理解する。	(1) ア
2. 速さ③	1	○速さと時間から道のりの求め方を考え，道のりを計算で求める式を理解する。	(1) ア
2. 速さ④	1	○速さと道のりからかかった時間の求め方を考え，時間を計算で求める式を理解する。	(1) ア
2. 速さ⑤	1	○単位量，速さの考え方を，仕事の速さに適用して問題を解決する。	(1) ア
3. 速さ⑥	1	○身の回りから，速さの学習に関するテーマを選んで，レポートにまとめる。	(1) ア，ウ

わかっているかな？/た しかめポイント	1	○混み具合の比べ方について，いつも数が大きいほうが混んでいる 　といえるかを確認する。 ○「単位量あたりの大きさ」の学習を振り返り，2つの量の関係に 　注目した比べ方について説明する。	

| 5年 | 日文 | 教科書【下】：p.32〜40　配当時数：7時間　配当月：11月 |

11. 分数と小数，整数

領域　A 数と計算

到達目標

≫知識・技能

○整数どうしの除法の商は，分数を用いて表すことができることがわかる。

○分数倍の意味を理解し，分数を用いて何倍かを表すことができることがわかる。

○いろいろな分数を小数で表す方法がわかる。また，小数できちんと表せない分数があることがわかる。

○小数や整数はどんな数でも分数で表すことができることがわかる。

≫思考・判断・表現

○整数どうしの除法の商を分数で表すとき，その大きさを筋道立てて考えることができる。

≫主体的に学習に取り組む態度　※「主体的に学習に取り組む態度」は方向目標を示しています。

○分数と小数，整数の関係から，分数の表す意味について考えようとする。

評価規準

≫知識・技能

○整数どうしの除法の商を分数を用いて表している。

○分数を用いて何倍かを表している。

○いろいろな分数を小数で表している。

○小数や整数を分数で表している。

　　　　　　　　　　　　　　　　　　　　　　●対応する学習指導要領の項目：A(4) ア (ア)(イ)

≫思考・判断・表現

○整数どうしの除法の商を分数で表すとき，その大きさを筋道立てて考え，説明している。

　　　　　　　　　　　　　　　　　　　　　　●対応する学習指導要領の項目：A(4) イ (ア)(イ)

≫主体的に学習に取り組む態度

○除法の計算の結果を進んで分数を用いて表している。

○分数と小数，整数の関係に関心を持ち，進んで小数，整数を分数で表したり，分数を小数で表したりしている。

関連する既習内容

学年	内容
4 年	小数
4 年	分数

学習活動

小単元名	時数	学習活動	数学的活動
1. わり算と分数①	1	○1L のジュースを 1〜5 人で等分するときの, 1 人分が何 L になるかを考える。 ○整数どうしの除法の商は, 分数で表すことができることを理解する。	(1) ア
		・2 L のジュースを 3 人で等分するときの 1 人分の量を分数で表す。	
1. わり算と分数②	1	○何倍かを表す数が分数になることがあることを理解する。	(1) ア
1. わり算と分数③	1	○分数の学習を振り返り, 分数のもつ様々な意味について考える。	(1) イ, ウ
2. 分数と小数, 整数①	1	○分数を小数で表す方法を理解する。また, 小数で正確に表せない分数があることを理解する。	(1) イ
2. 分数と小数, 整数②	1	○小数を分数で表す方法を理解する。	(1) イ
		・小数は 10 や 100 などを分母に, 整数は 1 などを分母にした分数で表せることを知る。	
2. 分数と小数, 整数③	1	○整数を分数で表す方法を理解する。また, 分数と小数の大小比較をする。	(1) イ
たしかめポイント	1	○「分数と小数, 整数」の基本的な学習内容を理解しているかを確認し, それに習熟する。	

| 5年 | 日文 | 教科書【下】：p.42〜54　配当時数：10時間　配当月：11月 |

12. 割合

領域　C 変化と関係

到達目標

≫知識・技能

○割合の用語とその意味がわかる。

○パーセント（％），百分率の用語やその意味，表し方がわかる。

○割合，比べる量，もとにする量の求め方がわかる。

○百分率を求めることができる。

○割合を百分率で表したり，百分率で表された割合を小数や整数で表したりすることができる。

○歩合の用語とその意味，表し方がわかる。

≫思考・判断・表現

○数量を比較する場合，全体と部分の関係を捉えて比べ方を考えることができる。

○割合，比べる量，もとにする量の関係をもとに，比べる量，もとにする量の求め方を考えることができる。

○割合，比べる量，もとにする量の関係をもとに，問題解決の方法を考えることができる。

≫主体的に学習に取り組む態度　※「主体的に学習に取り組む態度」は方向目標を示しています。

○割合を用いた比べ方のよさに気づき，割合がどう利用されているかを考え，それを日常生活に生かそうとする。

評価規準

≫知識・技能

○割合の用語とその意味を理解している。

○百分率や歩合の用語やその意味，表し方を理解している。

○割合，比べる量，もとにする量の求め方を理解している。

○百分率，歩合を求めている。

○割合を百分率で表したり，百分率で表された割合を小数や整数で表したりしている。

　　　　　　　　　　　　　　　　　　　　　　　　● 対応する学習指導要領の項目：C(3) ア (ア)(イ)

≫思考・判断・表現

○数量を比較する場合，全体と部分の関係を捉えて比べ方を考え，説明している。

○比べる量やもとにする量の求め方を，割合を求める式や数直線をもとに考え，説明している。

○割合を利用した問題を解決している。

　　　　　　　　　　　　　　　　　　　　　　　　● 対応する学習指導要領の項目：C(3) イ (ア)

≫主体的に学習に取り組む態度

○割合，比べる量，もとにする量の関係を具体的な場面に活用し，問題を解決している。

○割合の考え方が生活場面に用いられていることを理解し，活用しようとしている。

関連する既習内容

学年		内容
5	年	小数のかけ算
5	年	小数のわり算
5	年	単位量あたりの大きさ

学習活動

小単元名	時数	学習活動	数学的活動
1. 割合と百分率①	2	○輪投げをして投げた回数も入った回数も違うときの，輪投げのうまさを比べる方法を考える。 ○2つの数量の大きさを割合を使って比較できることを理解する。	(1) ア，ウ
1. 割合と百分率②	1	○割合は，「比べる量÷もとにする量」で求められることを理解する。	(1) ア
		・割合，比べる量，もとにする量の用語を知る。	
1. 割合と百分率③	1	○％，百分率の用語とその意味を理解し，割合を百分率で表す。	(1) ア
		・小数や整数で表した割合を百分率で表したり，百分率で表した割合を小数や整数で表したりする。 ・割合が1より大きい場合の百分率の表し方についても理解する。	
1. 割合と百分率④	1	○歩合の意味とその表し方を理解し，割合を歩合で表す。	(1) ア
		・割合の表し方として，小数，百分率，歩合があることを理解し，その関係を整理する。	
2. 割合を使う問題①	1	○比べる量は，「もとにする量×割合」で求められることを理解する。	(1) ア
		・数直線図をつくって，比べる量を求める方法を考える。	
2. 割合を使う問題②	1	○もとにする量は，「比べる量÷割合」で求められることを理解する。	(1) ア
2. 割合を使う問題③	1	○割引き，割り増しの場面を理解し，比べる量の割合がもとにする量のどれだけにあたるかを考え，比べる量を求める。	(1) ア，ウ
2. 割合を使う問題④	1	○買い物の様々な値引きを比較することを通して，割合の考え方を深める。	(1) ア
わかっているかな？/たしかめポイント	1	○割合の求め方で，何をもとにする量にするかについて，確認する。 ○「割合」の基本的な学習内容を理解しているかを確認し，それに習熟する。	

5年

| 5年 | 日文 | 教科書【下】：p.56〜71　配当時数：12時間　配当月：11〜12月 |

13. 正多角形と円

領域　B 図形

到達目標

≫知識・技能
○正多角形の用語を知り，その定義と性質がわかる。
○円を用いた正多角形のかき方を考え，円を用いた正六角形の工夫したかき方がわかる。
○正多角形をかくことができる。
○円周や円周率の用語とその意味がわかる。
○円周の長さを求める公式を理解し，直径や半径の長さから円周の長さを求めることができる。
○直径の長さと円周の長さが比例することを理解し，比例関係をもとに円周の長さを求めることができる。

≫思考・判断・表現
○円周の長さを求める式を使って，問題解決をすることができる。

≫主体的に学習に取り組む態度　※「主体的に学習に取り組む態度」は方向目標を示しています。
○正多角形と円について，それぞれの図形を構成する要素に着目し，図形の性質を見いだそうとする。

評価規準

≫知識・技能
○正多角形の用語を知り，その定義と性質を理解している。
○円を使って，正多角形をかいている。
○円周や円周率の用語とその意味を理解している。
○円周の長さを求める公式を理解し，直径や半径の長さから円周の長さを求めている。
○直径の長さと円周の長さが比例することを理解し，比例関係をもとに円周の長さを求めている。

● 対応する学習指導要領の項目：B(1) ア (イ)(ウ)(エ)

≫思考・判断・表現
○円周の長さを求める式を使って，問題を解決している。

● 対応する学習指導要領の項目：B(1) イ (ア)

≫主体的に学習に取り組む態度
○正多角形と円の性質から，円を使って正多角形をかく方法を考えている。
○円周の長さを求める式を使って，問題解決の方法を考え，説明しようとしている。

関連する既習内容

学年		内容
3	年	円と球
3	年	三角形と角
4	年	角と角度

学習活動

小単元名	時数	学習活動	数学的活動
1. 正多角形①	2	○六角がえしをつくり，面の変化を楽しむ。 ○正多角形の用語を知り，その定義と性質を理解する。	(1) イ
1. 正多角形②	1	○円を用いた正多角形のかき方を考える。	(1) イ
		・円の中心の周りの角を等分して正多角形をかく。	
1. 正多角形③	1	○円を用いた正六角形の工夫したかき方を知る。	(1) イ，ウ
		・円の半径を利用した正六角形のかき方を説明する。	
1. 正多角形④	2	○正多角形をかくプログラムを考える。	(1) イ
2. 円周と直径①	1	○円周の用語と意味を理解し，円周の長さは直径の長さの 3 倍より長く，4 倍より短いことを理解する。	(1) イ，ウ
2. 円周と直径②	1	○実際に円の直径とその円周の長さを測り，円周率の用語と意味を理解する。	(1) イ
		・直径の長さから円周の長さを求める。	
2. 円周と直径③	1	○円周の長さから直径の長さを求めたり，半径の長さを求めたりする。	(1) ア
2. 円周と直径④	1	○直径の長さと円周の長さが比例することを理解し，比例関係をもとに円周の長さを求める。	(1) イ
3. 円周と直径⑤	1	○身の回りから円の形をしたものを探し，円周からその直径を調べる。	(1) ア
たしかめポイント	1	○「正多角形と円」の基本的な学習内容を理解しているかを確認し，それに習熟する。	

| 5年 | 日文 | 教科書【下】：p.76〜98　配当時数：14 時間　配当月：1 月 |

14. 図形の面積

領域　B 図形

到達目標

≫知識・技能

○平行四辺形，三角形，台形及びひし形の面積は，既習の図形に等積変形して求められることがわかる。

○平行四辺形，三角形，台形及びひし形の求積公式の意味を理解し，求積公式を使って面積を求めることができる。

○平行四辺形，三角形，台形の底辺，高さ，上底，下底などの用語とその意味がわかる。

○高さが図形の内部にとれない平行四辺形や三角形の面積の求め方がわかる。

○平行四辺形の底辺を一定にして高さを変えていくとき，面積は高さに比例していることがわかる。

≫思考・判断・表現

○平行四辺形，三角形，台形及びひし形の面積の求め方を，既習の図形に等積変形して説明することができる。

≫主体的に学習に取り組む態度　※「主体的に学習に取り組む態度」は方向目標を示しています。

○いろいろな平面図形について，既習の図形の面積の求め方と関連させて考えようとする。

評価規準

≫知識・技能

○平行四辺形，三角形や台形，ひし形の等積変形や倍積変形の意味を理解している。

○平行四辺形，三角形，台形及びひし形の求積公式の意味を理解している。

○平行四辺形，三角形，台形の底辺，高さ，上底，下底などの用語の意味を理解している。

○平行四辺形，三角形，台形及びひし形の面積を求積公式を使って求めている。

○平行四辺形の底辺を一定にして高さを変えていくとき，面積は高さに比例していることを理解している。

→ 対応する学習指導要領の項目：B(3) ア (ア)，C(1) ア (ア)

≫思考・判断・表現

○平行四辺形，三角形などの面積の求め方を考え，既習の図形に等積変形して説明している。

→ 対応する学習指導要領の項目：B(3) イ (ア)

≫主体的に学習に取り組む態度

○既習の図形の面積の求め方をもとにして，平行四辺形，三角形，台形及びひし形の求積公式をつくり出そうとしている。

関連する既習内容

学年		内容
3	年	三角形と角
4	年	四角形
4	年	面積

学習活動

小単元名	時数	学習活動	数学的活動
1. 平行四辺形の面積①	2	○5種の平面図形のうち，長方形，正方形以外の未習の図形の面積の求め方を考える。	(1) イ
		○平行四辺形の面積の求め方を考え，長方形に変形して求める考え方を説明する。	(1) イ，ウ
1. 平行四辺形の面積②	1	○平行四辺形の面積を計算で求める方法を考え，求積公式を理解する。	(1) イ
1. 平行四辺形の面積③	1	○高さが図形の内部にとれない平行四辺形の面積の求め方を理解する。	(1) イ, ウ
1. 平行四辺形の面積④	1	○底辺の長さと高さが等しければ，どんな形の平行四辺形も面積は等しくなることを理解する。	(1) イ
2. 三角形の面積①	1	○三角形の面積の求め方を考え，平行四辺形や長方形に変形して求める考え方を説明する。	(1) イ，ウ
2. 三角形の面積②	1	○三角形の面積を計算で求める方法を考え，求積公式を理解する。	(1) イ
2. 三角形の面積③	1	○高さが図形の内部にとれない三角形の面積の求め方を理解する。	(1) イ，ウ
2. 三角形の面積④	1	○底辺の長さと高さが等しければ，どんな形の三角形も面積は等しくなることを理解する。	(1) イ
3. いろいろな図形の面積①	1	○台形の面積の求め方を考え，平行四辺形や2つの三角形に分けて求める考え方を説明する。	(1) イ，ウ
3. いろいろな図形の面積②	1	○台形の面積を計算で求める方法を考え，求積公式を理解する。	(1) イ
3. いろいろな図形の面積③	1	○ひし形の面積の求め方を考え，求積公式を理解する。	(1) イ，ウ
3. いろいろな図形の面積④	1	○平行四辺形の底辺が決まっているとき，その高さと面積が比例することを理解する。	(1) イ
わかっているかな？/たしかめポイント	1	○三角形や四角形の高さがどこになるのかを確認する。 ○「図形の面積」の基本的な学習内容を理解しているかを確認し，それに習熟する。	

5
年

| 5年 | 日文 | 教科書【下】：p.100〜111　配当時数：8時間　配当月：2月 |

15. 帯グラフと円グラフ

| 領域 | D データの活用 |

到達目標

≫知識・技能

○帯グラフと円グラフの意味とそれぞれの特徴や読み方がわかる。

○複数の帯グラフをならべると，割合の変化の様子が比べやすくなることがわかる。

○資料の全体に対する各部分の割合を求めて，帯グラフと円グラフに表すことができる。

≫思考・判断・表現

○資料を詳しく調べるために，どのようなグラフに表すとよいかを考えることができる。

○棒グラフ，折れ線グラフ，帯グラフの表し方の工夫を捉え，目的に応じて，資料を棒グラフ，折れ線グラフ，帯グラフに表してデータの特徴や傾向を判断できる。

○結論やデータについて正しく読みとれることを考えることができる。

≫主体的に学習に取り組む態度　　※「主体的に学習に取り組む態度」は方向目標を示しています。

○問題を解決するために資料を収集し適切なグラフを選択して判断し，その結論や問題解決の過程がどうであったか考えようとする。

評価規準

≫知識・技能

○帯グラフと円グラフの意味とそれぞれの特徴や読み方を理解している。

○複数の帯グラフをならべると，割合の増減が比べやすくなることを理解している。

○資料の全体に対する各部分の割合を求めて，帯グラフと円グラフに表している。

○資料を詳しく調べるために，工夫したグラフの表し方があることを理解している。

○目的に応じて，資料を適切なグラフに表している。

●対応する学習指導要領の項目：D(1) ア (ア)(イ)

≫思考・判断・表現

○資料を詳しく調べるために，どのようなグラフに表すとよいかを考え，その理由を説明している。

○目的に応じて，資料を表すグラフを選択して判断している。

○出した結論やデータについて，その理由を説明している。

●対応する学習指導要領の項目：D(1) イ (ア)

≫主体的に学習に取り組む態度

○帯グラフと円グラフを日常生活の考察に進んで用いようとしている。

○目的に応じて，進んで資料を集め，分類整理をしている。

○問題を解決するために適切なグラフを選択して判断し，その結論について考察している。

関連する既習内容

学年	内容
3 年	ぼうグラフ
4 年	折れ線グラフと表
5 年	割合

学習活動

小単元名	時数	学習活動	数学的活動
1. 帯グラフと円グラフ①	1	○図書室で貸し出された本の種類と数を，表や棒グラフ以外の表し方で，特徴が表せないかを考える。 ○割合を表すグラフとして帯グラフと円グラフがあることを知る。	(1) ア
1. 帯グラフと円グラフ②	1	○帯グラフと円グラフの見方，読み方などを知り，割合を比較するときに便利であることを理解する。	(1) ア
1. 帯グラフと円グラフ③	2	○資料の全体に対する各部分の割合を求めて，帯グラフと円グラフに表す。	(1) ア
2. 表やグラフの利用①	1	○様々な表やグラフから情報を読み取り，それぞれの特徴を理解する。 ・いくつかの帯グラフをならべると，それぞれの割合の増減が比べやすくなることを理解する。	(1) ア，ウ
2. 表やグラフの利用②	2	○問題→計画→データ→分析→結論　という 5 つの段階を経て問題解決をする。 ・どんなデータを集める必要があるかを考える。 ・目的に応じて表したグラフは，どんなことがわかりやすくなるか考える。	(1) ア，ウ
たしかめポイント	1	○「帯グラフと円グラフ」の基本的な学習内容を理解しているかを確認し，それに習熟する。	

5年 日文　　　　　　　　　　　　　教科書【下】：p.113〜116　配当時数：3時間　配当月：2月

16. □や△を使った式

領域　A　数と計算　C　変化と関係

到達目標

≫知識・技能

○伴って変わる2つの数量の関係を，表や式で表すことができる。

○伴って変わる2つの数量について表や式に表すと，その対応や変化の特徴がつかみやすくなることがわかる。

≫思考・判断・表現

○伴って変わる2つの数量を見いだし，表や式に表すことでその対応や変化の特徴をみつけることができる。

○伴って変わる2つの数量の関係を，表や式を用いて説明することができる。

≫主体的に学習に取り組む態度　※「主体的に学習に取り組む態度」は方向目標を示しています。

○求めたい数量に関して，それと関係のある数量を使って調べようとする。

○伴って変わる2つの数量の対応や変化の特徴を見いだすために，表や式に表そうとする。

評価規準

≫知識・技能

○伴って変わる2つの数量の関係を，表や式で表すことができる。

○伴って変わる2つの数量について表や式に表すと，その対応や変化の特徴がつかみやすくなることがわかる。

　　　　　　　　　　　　　　　　　　　　●対応する学習指導要領の項目：A (6) ア (ア)

≫思考・判断・表現

○伴って変わる2つの数量を見いだし，表や式に表すことでその対応や変化の特徴をみつけることができる。

○伴って変わる2つの数量の関係を，表や式を用いて説明することができる。

　　　　　　　　　　　　　　　　　　　　●対応する学習指導要領の項目：A (6) イ (ア)，C(1) イ (ア)

≫主体的に学習に取り組む態度

○求めたい数量に関して，それと関係のある数量を使って調べている。

○伴って変わる2つの数量の対応や変化の特徴を見いだすために，表や式に表している。

関連する既習内容

学年		内容
4	年	変わり方

学習活動

小単元名	時数	学習活動	数学的活動
□や△を使った式①	1	○伴って変わる2つの数量について，表や式で表し，その対応や変化の特徴を調べる。(差が一定)	(1) ア，ウ
		・厚さ1 cmの板を使って本棚をつくるとき，本棚の内側の横の長さを変えていったとき，本棚の横の長さがどう変わるか調べる。	
□や△を使った式②	1	○伴って変わる2つの数量について，表や式で表し，比例関係であることを知る。	(1) イ，ウ
		・たての長さが5 cmの長方形の横の長さを1 cmずつ長くしていったときの，横の長さと面積の関係を調べる。	
□や△を使った式③	1	○伴って変わる2つの数量について，表や式で表すことで，□に対応する△が求められることを理解する。	(1) イ，ウ
		・長さの等しい棒を使って正方形をつくり，横にならべていくときの正方形の数(□個)と棒の数(△本)の関係を調べ，棒の数を計算で求める方法を考える。	

| 5年 | 日文 | 教科書【下】：p.118〜127　配当時数：7時間　配当月：2〜3月 |

17. 角柱と円柱

領域　B 図形

到達目標

≫知識・技能
○角柱，円柱の定義やその特徴がわかる。
○角柱，円柱の底面，側面，高さなどの用語とそれらの意味がわかる。
○三角柱，四角柱，五角柱の頂点，辺，面の数を調べ，数のきまりがわかる。
○角柱や円柱の見取図や展開図の見方がわかる。
○角柱や円柱の見取図や展開図のかき方を理解して，それらをかくことができる。

≫思考・判断・表現
○角柱や円柱の辺や面のつながりや位置関係に着目して，見取図や展開図のかき方を考えることができる。
○角柱の底面は三角形，四角形などがあり，側面はすべて長方形か正方形であることに着目し，角柱の名前を見いだすことができる。
○角柱について，頂点，辺，面の数をそれぞれ調べ，それらの関係についてまとめることができる。

≫主体的に学習に取り組む態度　　※「主体的に学習に取り組む態度」は方向目標を示しています。
○角柱と円柱について，それぞれの図形を構成する要素に着目し，図形の性質を見いだそうとする。

評価規準

≫知識・技能
○角柱，円柱の定義やその特徴を理解している。
○角柱，円柱の底面，側面，高さなどの用語とそれらの意味を理解している。
○角柱の頂点，辺，面の数を調べ，数のきまりを理解している。
○角柱や円柱の見取図や展開図を読んだり，かいたりしている。
○角柱や円柱の見取図や展開図をかいて，辺や面のつながりや位置関係を調べている。

●対応する学習指導要領の項目：B(2) ア (ア)

≫思考・判断・表現
○角柱の底面や側面の形に着目し，角柱の名前をつけて，説明している。
○角柱について，頂点，辺，面の数をそれぞれ調べ，それらの関係についてまとめている。

●対応する学習指導要領の項目：B(2) イ (ア)

≫主体的に学習に取り組む態度
○角柱や円柱の構成要素に着目して，角柱や円柱の特徴を進んで調べようとしている。
○角柱や円柱の展開図をかき，それを組み立てて，角柱や円柱の性質を調べようとしている。

関連する既習内容

学年		内容
4	年	直方体と立方体
5	年	正多角形と円

学習活動

小単元名	時数	学習活動	数学的活動
1. 角柱と円柱①	1	○箱の中にある 6 つの立体を，3 つのヒントをもとに取り出そうとしている立体を考えることを通して，立体の特徴を考える。	(1) イ
		○立体を自分なりの観点でグループ分けし，その分け方について説明する。	(1) ウ
		・立体の特徴を調べ，角柱，円柱の用語とその意味を理解する。	
1. 角柱と円柱②	1	○三角柱，四角柱，五角柱の頂点，辺，面の数を調べ，数のきまりをみつける。	(1) イ
		・三角柱，四角柱，五角柱の頂点，辺，面の数を表にまとめる。	
1. 角柱と円柱③	1	○円柱の用語とその意味を理解し，方眼を使って，三角柱，円柱の見取図をかく。	(1) イ
2. 角柱と円柱の展開図①	1	○工作用紙を使って，三角柱の展開図をかいて三角柱をつくる。	(1) イ
2. 角柱と円柱の展開図②	1	○工作用紙を使って，円柱の展開図をかいて円柱をつくる。	(1) イ
2. 角柱と円柱の展開図③/わかっているかな？	1	○身の回りから，角柱，円柱の形をしたものを探す。	(1) ア
		○円柱の展開図から，側面の横の長さと底面の円周の長さが等しいことを確認する。	
たしかめポイント	1	○「角柱と円柱」の基本的な学習内容を理解しているかを確認し，それに習熟する。	

| 6年 | 日文 | 教科書：p.10〜16　配当時数：4時間　配当月：4月 |

1. 分数のかけ算とわり算

領域　A 数と計算

到達目標

≫知識・技能

○分数×整数の計算原理や計算方法を理解し，計算することができる。

○分数÷整数の計算原理や計算方法を理解し，計算することができる。

≫思考・判断・表現

○分数×整数の計算原理や計算方法を，分数の性質や既習の計算をもとに考えたり，説明したりすることができる。

○分数÷整数の計算原理や計算方法を，分数の性質や既習の計算をもとに考えたり，説明したりすることができる。

≫主体的に学習に取り組む態度　※「主体的に学習に取り組む態度」は方向目標を示しています。

○分数×整数，分数÷整数で，計算間違いをしない工夫を考えようとする。

評価規準

≫知識・技能

○分数×整数の計算原理や計算方法を理解し，計算している。

○分数÷整数の計算原理や計算方法を理解し，計算している。

● 対応する学習指導要領の項目：A(1) ア (ア)(イ)

≫思考・判断・表現

○分数×整数の計算原理や計算方法を，分数の性質や既習の計算をもとに考え，説明している。

○分数÷整数の計算原理や計算方法を，分数の性質や既習の計算をもとに考え，説明している。

● 対応する学習指導要領の項目：A(1) イ (ア)

≫主体的に学習に取り組む態度

○分数×整数，分数÷整数の計算のしかたを考え，その考えをわかりやすく説明する工夫をしている。

○友だちが考えた計算方法を聞いて，自分の考えを見直している。

関連する既習内容

学年		内容
4	年	小数のかけ算とわり算
5	年	分数のたし算とひき算
5	年	分数と小数，整数

学習活動

小単元名	時数	学習活動	数学的活動
分数のかけ算とわり算①	1	○分数×整数のしかたを考える。単位分数をもとにして，計算のしかたを考え，計算する。	(1) ア，ウ
		・2/7 × 3 を，1/7 が (2 × 3) 個と，1/7 がいくつ分かと考える。	
分数のかけ算とわり算②	2	○分数÷整数のしかたを考える。単位分数をもとにして，計算のしかたを考え，計算する。	(1) ア，ウ
		・4/5 ÷ 2 を，1/5 の (4 ÷ 2) 個分で，1/5 がいくつ分かと考える。	
		○分子がわりきれない場面の計算方法を考え，計算する。	(1) イ，ウ
たしかめポイント	1	○「分数のかけ算とわり算」の基本的な学習内容を理解しているかを確認し，それに習熟する。	

6年 | 日文　　　　　　　　　　　　　　　　　教科書：p.18〜32　配当時数：11時間　配当月：4月

2. 対称な図形

領域 | B 図形

到達目標

≫知識・技能
○線対称な図形や点対称な図形の定義や性質がわかる。
○線対称な図形や点対称な図形の残り半分を作図することができる。
○多角形と線対称，点対称の関係がわかる。

≫思考・判断・表現
○対称性という観点から既習の図形を見直し，図形を分類整理したり，図形の性質を説明したりできる。

≫主体的に学習に取り組む態度　※「主体的に学習に取り組む態度」は方向目標を示しています。
○対称性という観点から線対称や点対称な図形をみつけたり，その図形の性質を考えようとする。

評価規準

≫知識・技能
○線対称な図形の対応する点，辺，角の意味や性質を理解している。
○線対称な図形の性質を理解し，対応する点をみつけている。
○線対称な図形の性質を用いて，線対称な図形を作図している。
○点対称な図形の対応する点，辺，角の意味や性質を理解している。
○点対称な図形の性質を理解し，対応する点をみつけている。
○点対称な図形の性質を用いて，線対称な図形を作図している。
○線対称な図形，点対称な図形を弁別している。

● 対応する学習指導要領の項目：B(1) ア (イ)

≫思考・判断・表現
○対称性という観点から既習の図形を見直し，分類整理したり，図形の性質を説明したりしている。

● 対応する学習指導要領の項目：B(1) イ (ア)

≫主体的に学習に取り組む態度
○対称性という観点から図形の性質を考察し，図形のもつ美しさに着目しようとしている。
○身の回りから，対称な図形をみつけようとしている。
○さまざまな図形を新たな観点から分類整理する授業において，自分の観点を説明したり，多様な観点から分類整理している。

関連する既習内容

学年		内容
3	年	三角形と角
4	年	四角形
5	年	合同な図形

学習活動

小単元名	時数	学習活動	数学的活動
単元の導入/1.整った形	2	○線対称な図形，点対称な図形の意味を理解し，弁別する。	(1) イ、ウ
		・線対称，点対称，対称の軸，対称の中心の用語を知る。	
2.線対称な図形①	1	○線対称な図形の対応する点，辺，角の意味や性質を理解する。	(1) イ
		○線対称な図形で，対応する点を結んだ直線と対称の軸の関係を調べる。	
2.線対称な図形②	1	○線対称な図形の性質を用いて，線対称な図形を作図する。	(1) イ
3.点対称な図形①	1	○点対称な図形の対応する点，辺，角の意味や性質を理解する。	(1) イ
		○点対称な図形で，対応する点を結んだ直線と対称の中心の関係を調べる。	
3.点対称な図形②	1	○点対称な図形の性質を用いて，点対称な図形を作図する。	(1) イ
4.いろいろな図形の対称①	1	○既習の四角形を対称の観点から見直し，それらの図形についての理解を深める。	(1) イ
4.いろいろな図形の対称②	1	○いろいろな正多角形を対称の観点から見直し，それらの図形についての理解を深める。	(1) イ
4.いろいろな図形の対称③	2	○都道府県のマークや地図記号などを対象の観点から見直し，図形感覚を豊かにする。	(1) ア
たしかめポイント	1	○「対称な図形」の基本的な学習内容を理解しているかを確認し，それに習熟する。	

| 6年 | 日文 | 教科書：p.34〜40　配当時数：6時間　配当月：5月 |

3. 文字と式

領域　A 数と計算

到達目標

≫知識・技能

○数量の関係を x，y などの文字を使って式に表せることがわかる。

○ x，y などの文字を使った式から，x や y にあたる数量を求めることができる。

≫思考・判断・表現

○数量の関係を x，y などの文字を使って式に表すことができる。

○ x，y などの文字を使った式から，数量の関係や問題場面などを考えることができる。

≫主体的に学習に取り組む態度　※「主体的に学習に取り組む態度」は方向目標を示しています。

○ x，y などの文字を使った式を使って，数量関係や問題場面を表し，問題解決に用いようとする。

評価規準

≫知識・技能

○数量の関係を x，y などの文字を使って式に表すことを理解している。

○ x，y などの文字を使った式から，x や y にあたる数量を求めている。

　　　　　　　　　　　　　　　　　　　　　　　●対応する学習指導要領の項目：A(2) ア (ア)

≫思考・判断・表現

○数量の関係を x，y などの文字を使って式に表している。

○ x，y などの文字を使った式から，数量の関係や問題場面などを考えている。

　　　　　　　　　　　　　　　　　　　　　　　●対応する学習指導要領の項目：A(2) イ (ア)

≫主体的に学習に取り組む態度

○ x，y などの文字を用いて式に表すと，簡潔に表すことができるよさに気づき，用いている。

○ x，y などの文字を使った式から，数量の関係や問題場面を考え，わかりやすく説明する工夫をしている。

関連する既習内容

学年		内容
3	年	□を使った式
4	年	変わり方
5	年	□や△を使った式

学習活動

小単元名	時数	学習活動	数学的活動
1. 文字を使った式	1	○未知数を x，a を使って式に表す。	(1) ア
		・未知数を表すのに□に代わり，x や a を用いることを知る。 ・問題場面を x や a を用いて立式する。	
2. 文字にあてはまる数①	1	○加法の問題場面を x を用いて立式し，x を求める。また，x を使った加法や減法の式の x を求める。	(1) ア
2. 文字にあてはまる数②	1	○乗法の問題場面を x を用いて立式し，x を求める。	(1) ア
3. 2つの文字を使った式	1	○ともなって変わる2量の関係を x，y を使った式に表す。	(1) ア
		・縦の長さが一定の長方形で，横の長さを x，面積を y として，x と y の関係を式に表す。 ・x の値，y の値の用語を知る。	
4. 式のよみ方	1	○x，y を使った式から，その式に表された場面を考える。	(1) ア，ウ
たしかめポイント	1	○「文字と式」の基本的な学習内容を理解しているかを確認し，それに習熟する。	

| 6年 | 日文 | 教科書：p.42〜56　配当時数：12時間　配当月：5月 |

4. 分数のかけ算

領域　A 数と計算

到達目標

》知識・技能
○乗数が分数の場合でも，乗法の式に表せることがわかる。

○分数×分数，整数×分数の計算方法を理解し，計算することができる。

○分数をかける乗法で，乗数の大きさから積と被乗数の大小関係を判断することができる。

○辺の長さが分数の場合でも，面積や体積の求積公式を使えることがわかる。

○乗数が分数の場合でも，計算のきまりが成り立つことがわかる。

○逆数の用語とその意味を理解し，求めることができる。

》思考・判断・表現
○乗数が分数の場合でも，乗法が用いられることを数直線図などを用いて理解し，立式することができる。

○乗数が分数の場合の計算のしかたを図をもとに考えることができる。

》主体的に学習に取り組む態度　※「主体的に学習に取り組む態度」は方向目標を示しています。
○乗数が分数の場合の計算のしかたを考え，考えたことについて友だちと話し合い，自分の考えを見直してまとめようとする。

評価規準

》知識・技能
○乗数が分数の場合でも，乗法の式に表せることを数直線図などを用いて理解している。

○分数×分数，整数×分数，3口の計算のしかたを理解し，計算している。

○分数をかける計算で，計算の途中で約分できるときの計算のしかたを理解している。

○分数をかける乗法で，乗数の大きさから積と被乗数の大小関係を理解している。

○辺の長さが分数の場合でも，面積や体積の求積公式を使って求めている。

○乗数が分数の場合でも，交換，結合，分配法則を使ってくふうして計算している。

○逆数の用語とその意味を理解し，求めている。

　　　　　　　　　　　　　　　　　　　　　　　　● 対応する学習指導要領の項目：A(1) ア (ア)(イ)(ウ)

》思考・判断・表現
○乗数が分数の乗法の式になる根拠を，数直線図を用いて考え，説明している。

○乗数が分数の場合の計算のしかたを，図をもとに考え，説明している。

　　　　　　　　　　　　　　　　　　　　　　　　● 対応する学習指導要領の項目：A(1) イ (ア)

≫主体的に学習に取り組む態度

○整数，小数の乗法と関連付けて，乗数が分数の計算方法を考えている。

○分数を整数に置き換えて考えたり，図などに表したりして計算方法を考えている。

○乗数が分数の計算方法を考え，その考えをわかりやすく説明する工夫をしている。

○友だちが考えた計算方法を聞いて，自分の考えを見直している。

関連する既習内容

学年		内容
5	年	小数のかけ算
6	年	分数のかけ算とわり算

学習活動

小単元名	時数	学習活動	数学的活動
単元の導入/1.分数をかける計算①	2	○分数×分数の場面で，分数をかけることの意味や乗数が単位分数のときの立式を理解する。	(1) ア，ウ
		・立式した理由を説明する。 ・乗数が単位分数の計算のしかたを説明する。	
1.分数をかける計算②	2	○分数×分数の計算のしかたを考える。	(1) ア，ウ
		・分母どうし，分子どうしをそれぞれかけることをまとめる。	
1.分数をかける計算③	1	○分数×分数で，計算の途中で約分できるときの計算のしかたを理解する。 ○整数×分数の計算は，整数を分数になおして分数×分数として計算できることを理解する。	(1) イ，ウ
1.分数をかける計算④	1	○帯分数の乗法や3口の分数の乗法の計算のしかたを理解する。	(1) イ
1.分数をかける計算⑤	1	○分数をかける乗法で，乗数の大きさから積と被乗数の大小関係を判断する。	(1) イ，ウ
2.分数のかけ算を使う問題①	1	○辺の長さが分数の場合でも，面積の求積公式を使えることを調べる。	(1) イ
2.分数のかけ算を使う問題②	1	○速さの問題において時間を分数で表し，分数のかけ算を活用して解決する。	(1) イ，ウ
2.分数のかけ算を使う問題③	1	○分数の場合でも，乗法の交換法則，結合法則，分配法則が成り立つことを調べる。	(1) イ
3.積が1になる2つの数	1	○逆数の用語とその意味を理解し，逆数を求める。	(1) イ
わかっているかな？/たしかめ問題	1	○数直線図を使って，分数のかけ算の計算のしかたを確認する。 ○「分数のかけ算」の基本的な学習内容を理解しているかを確認し，それに習熟する。	

6年

6年 日文 　　　　　　　　　　　　　　教科書：p.58〜73　配当時数：13 時間　配当月：6 月

5. 分数のわり算

領域　A 数と計算

到達目標

≫知識・技能

○除数が分数の場合でも，除法の式に表せることがわかる。

○分数÷分数，整数÷分数の計算のしかたを理解し，計算することができる。

○分数でわる除法で，除数の大きさから商と被除数の大小関係を判断することができる。

○整数，小数と分数の混じった計算のしかたを考え，整数，小数を分数になおして計算することができる。

○基準量や割合が分数で表されているとき，割合や比較量，基準量を分数の乗法・除法を適用して求めることができる。

≫思考・判断・表現

○除数が分数の場合でも，除法が用いられることを数直線図などを用いて理解し，立式することができる。

○除数が分数の場合の計算のしかたを図をもとに考えることができる。

≫主体的に学習に取り組む態度　※「主体的に学習に取り組む態度」は方向目標を示しています。

○除数が分数の場合の計算のしかたを考え，考えたことについて友だちと話し合い，自分の考えを見直してまとめようとする。

評価規準

≫知識・技能

○除数が分数の場合でも，除法の式に表せることを数直線図などを用いて理解している。

○分数÷分数，整数÷分数，3 口の計算のしかたを理解し，計算している。

○分数でわる計算で，計算の途中で約分できるときの計算のしかたを理解している。

○分数でわる除法で，除数の大きさから商と被除数の大小関係を理解している。

○整数，小数と分数の混じった計算で，整数，小数を分数になおして計算している。

○基準量が分数で表されているとき，何倍かを分数の除法を用いて求めている。

○割合が分数で表されているとき，比較量を分数の乗法を用いて求めている。

○割合が分数で表されているとき，基準量を分数の除法を用いて求めている。

●対応する学習指導要領の項目：A(1) ア (ア)(イ)(ウ)

≫思考・判断・表現

○分数の除法の文章題で，その意味を考え，数直線図を用いて演算決定をし，立式している。

○除数が分数の除法の式になる根拠を，数直線図を用いて考え，説明している。

○除数が分数の場合の計算のしかたを，図をもとに考え，説明している。

●対応する学習指導要領の項目：A(1) イ (ア)

≫主体的に学習に取り組む態度

○整数，小数の除法と関連付けて，除数が分数の計算方法を考えている。

○分数を整数に置き換えて考えたり，図などに表したりして計算方法を考えている。

○除数が分数の計算方法を考え，その考えをわかりやすく説明する工夫をしている。

○友だちが考えた計算方法を聞いて，自分の考えを見直している。

関連する既習内容

学年		内容
5	年	小数のわり算
6	年	分数のかけ算とわり算
6	年	分数のかけ算

学習活動

小単元名	時数	学習活動	数学的活動
単元の導入/1. 分数でわる計算①	2	○分数÷単位分数の場面で，分数でわることの意味や除数が分数のときの立式を理解する。	(1) ア，ウ
		・立式した理由を説明する。 ・除数が単位分数の計算のしかたを説明する。	
1. 分数でわる計算②	2	○分数÷分数の計算のしかたを考える。	(1) ア，ウ
		・分数でわる計算では，われる数にわる数の逆数をかけることをまとめる。	
1. 分数でわる計算③	1	○分数÷分数で，計算の途中で約分できるときの計算のしかたを理解する。 ○整数÷分数の計算は，整数を分数になおして分数÷分数として計算できることを理解する。	(1) イ
1. 分数でわる計算④	1	○帯分数の除法や3口の分数の乗除混合計算のしかたを理解する。	(1) イ
1. 分数でわる計算⑤	1	○小数と分数の混じった計算のしかたを考え，小数を分数になおして計算することをまとめる。	(1) イ，ウ
1. 分数でわる計算⑥	1	○整数と小数の除法のしかたを考え，整数や小数を分数になおすことで，乗法で計算できることをまとめる。	(1) イ，ウ
1. 分数でわる計算⑦	1	○分数でわる除法で，除数の大きさから商と被除数の大小関係を判断する。	(1) イ
2. 分数のわり算を使う問題	1	○速さの問題において時間が分数で表される問題でも，分数の除法を活用して解決する。	(1) ア，ウ
3. 倍を表す分数①	1	○基準量が分数で表されているとき，何倍かを求めるのに分数の除法が適用されることを理解する。	(1) ア
3. 倍を表す分数②	1	○割合が分数で表されているときの，比較量や基準量を求める方法を理解する。	(1) ア

6年

| わかっているかな？／た しかめポイント | 1 | ○数直線図を使って，基準量を求める式について確認する。
○「分数のわり算」の基本的な学習内容を理解しているかを確認し，それに習熟する。 | |

| 6年 | 日文 |

教科書：p.76〜86　配当時数：8時間　配当月：6月

6. 円の面積

領域　B 図形

到達目標

》知識・技能

○計算による求積可能な図形に等積変形することによって，円の面積は計算で求められることがわかる。

○求積公式を用いて，円の面積を求めることができる。

》思考・判断・表現

○計算による求積可能な図形に等積変形することによって，円の面積の求積公式の導き方を考えることができる。

○円の面積を使って，いろいろな図形の面積の求め方を考えることができる。

》主体的に学習に取り組む態度　※「主体的に学習に取り組む態度」は方向目標を示しています。

○円の面積を，既習の図形と関連付けて考えたり，円を組み合わせた図形の面積を，いろいろな考え方で求めたりしようとする。

評価規準

》知識・技能

○円の面積の求積公式を理解している。

○求積公式を用いて，円の面積を求めている。

　　　　　　　　　　　　　　　　　　　　　　　　●対応する学習指導要領の項目：B(3) ア (ア)

》思考・判断・表現

○求積可能な図形に等積変形して，円の面積の求積公式の導き方を考え，説明している。

○円の面積の求積公式を使って，いろいろな図形の面積の求め方を考え，説明している。

　　　　　　　　　　　　　　　　　　　　　　　　●対応する学習指導要領の項目：B(3) イ (ア)

》主体的に学習に取り組む態度

○円の面積の求積公式を，計算による求積可能な図形に等積変形をして考えている。

○円を組み合わせた図形の面積を，いろいろな考え方で求めている。

関連する既習内容

学年		内容
4	年	面積
5	年	図形の面積
5	年	正多角形と円

学習活動

小単元名	時数	学習活動	数学的活動
単元の導入/円の面積①	2	○円に外接する正方形や内接する正方形から, 円の面積を見積もる。 ○円の面積を求める方法を考える。	(1) イ, ウ
		・方眼紙を使って実測したり, 内接する多角形の面積を使って求めたりして, 円の面積は半径を1辺とする正方形の面積の何倍かと捉える。	
円の面積②	2	○円の面積を求める公式をつくる。	(1) イ
		・円を三角形のような形に分割し並べかえたり, 等積変形により長方形に近い形をつくったりすることを通して, 円の求積公式を求める。	
円の面積③	1	○半径が4cmと直径が4cmの円で, 円周の長さや面積を比べ, 公式について考える。	(1) イ
円の面積④	2	○円の求積公式を適用して, いろいろな図形の面積の求め方を考える。	(1) イ
		○円の求積公式を適用して面積を求めた式や図から求め方を読み取り, 話し合う。	(1) イ, ウ
		・ラグビーボールの形をした面積の求め方について, 3人の考え方を説明する。	
たしかめポイント	1	○「円の面積」の基本的な学習内容を理解しているかを確認し, それに習熟する。	

| 6年 | 日文 |

教科書：p.88〜97　配当時数：7時間　配当月：7月

7. 場合の数

領域 D データの活用

到達目標

≫知識・技能

○起こりうる場合を落ちや重なりがないように調べるには，図や表などに書いて調べるとよいことがわかる。

○並べ方を図や表を用いて落ちや重なりがないように調べ，全部で何通りあるかを求めることができる。

○組み合わせ方を図や表を用いて落ちや重なりがないように調べ，全部で何通りあるかを求めることができる。

≫思考・判断・表現

○起こりうる場合の数を落ちや重なりがないように，図や表を適切に用いて，順序良く筋道立てて考えることができる。

≫主体的に学習に取り組む態度　※「主体的に学習に取り組む態度」は方向目標を示しています。

○起こりうる場合の数を落ちや重なりがないように調べる方法を考え，考えたことについて友だちと話し合い，自分の考えを見直してまとめようとする。

評価規準

≫知識・技能

　○いくつかのものを順番に並べるとき，並べ方は全部で何通りあるかを求めている。

　○コインを3回投げた時の表と裏の出方が全部で何通りあるかを考え，求めている。

　○いくつかのものの中から順番に関係なく，2つを選んだときの組み合わせ方の総数を求めている。

　○いくつかのものの中から，その数より1つ少ない数を選んだときの組み合わせ方の総数を求めている。

　　　　　　　　　　　　　　　　　　　　　　　　　　　●対応する学習指導要領の項目：D(2) ア (ア)

≫思考・判断・表現

　○起こりうる場合の数を落ちや重なりがないように，図や表を適切に用いて考え，説明している。

　○起こりうる場合の数を落ちや重なりがないように，順序よく筋道立てて考え，説明している。

　　　　　　　　　　　　　　　　　　　　　　　　　　　●対応する学習指導要領の項目：D(2) イ (ア)

≫主体的に学習に取り組む態度

　○起こりうる場合の数を，1つのものを固定して，落ちや重なりなく調べる方法を考えている。

　○起こりうる場合の数を，図や表などに整理して表すことによって，落ちや重なりなく調べる方法を考えている。

6年

学習活動

小単元名	時数	学習活動	数学的活動
単元の導入/1.ならべ方①	2	○並べ方が全部で何通りあるかを，落ちや重なりがないように調べる方法を考える。	(1) ア，ウ
		・いくつかのものを順番に並べるとき，並べ方は全部で何通りあるかの求め方を理解する。	
1.ならべ方②	1	○コインを3回投げた時の表と裏の出方が全部で何通りあるかを考え，求め方を理解する。	(1) ア，ウ
1.ならべ方③	1	○北駅から中央駅を経由して体育館までの行き方について，条件にあう行き方を考える。	(1) ア
2.組み合わせ方①	1	○組み合わせ方の総数を，落ちや重なりがないように調べる方法を考える。	(1) ア，ウ
		・4チームで1回ずつ試合をするとき，何通りの組み合わせがあるかを調べる方法を話し合う。	
2.組み合わせ方②	1	○いくつかのものの中から，その数より1つ少ない数を選んだときの組み合わせ方の総数の求め方を理解する。	(1) ア
わかっているかな？/たしかめポイント	1	○並び方が全部で何通りあるかを，落ちや重なりがないように調べる方法を確認する。 ○「場合の数」の基本的な学習内容を理解しているかを確認し，それに習熟する。	

| 6年 | 日文 |

教科書：p.104〜110　配当時数：6時間　配当月：9月

8. 角柱と円柱の体積

領域　B 図形

到達目標

≫知識・技能

○底面積の用語とその意味がわかる。

○角柱，円柱の体積は，底面積×高さ の公式で求められることがわかる。

○角柱，円柱の体積を求積公式を用いて求めることができる。

≫思考・判断・表現

○角柱，円柱の体積は，底面積×高さ の公式で求められることを説明できる。

○L字型の立体を角柱とみて，底面積×高さで体積を求めることができる。

≫主体的に学習に取り組む態度　※「主体的に学習に取り組む態度」は方向目標を示しています。

○柱体の体積の求積公式を，既習の直方体の体積の求積公式をもとに考えようとする。

評価規準

≫知識・技能

○底面積の用語とその意味を理解している。

○角柱，円柱の体積は，底面積×高さ の公式で求められることを理解している。

○角柱，円柱の体積を求積公式を用いて求めている。

● 対応する学習指導要領の項目：B(4) ア (ア)

≫思考・判断・表現

○角柱，円柱の体積の求積公式を，等積変形等をして考えている。

○L字型の立体等を角柱とみて，求積公式を用いて体積を求めている。

● 対応する学習指導要領の項目：B(4) イ (ア)

≫主体的に学習に取り組む態度

○柱体の体積の求積公式を，既習の直方体の体積の求積公式をもとに考えている。

○L字型の立体等を角柱とみれば，角柱の体積の求積公式が使えると考えている。

関連する既習内容

学年		内容
4	年	面積
5	年	体積
5	年	角柱と円柱
6	年	円の面積

学習活動

小単元名	時数	学習活動	数学的活動
単元の導入/角柱と円柱の体積①	2	○底面積の用語とその意味を知り，立方体，直方体を四角柱とみて，体積は底面積×高さで求められることを知る。	(1) イ
角柱と円柱の体積②	1	○三角柱の体積の求め方を考える。	(1) イ，ウ
		○角柱の体積は，底面積×高さで求められることを知り，角柱の体積を求める。	(1) イ
角柱と円柱の体積③	2	○円柱の体積の求め方を考える。	(1) イ，ウ
		・円柱の体積も，底面積×高さで求められることを知る。	
つなげる算数/たしかめポイント	1	○「つなげる算数」で，L字型の立体に角柱の体積の公式が使えないか考える。 ・角柱とみるために，どの面を底面積とみればよいかがわかり，求積公式が使えることを知る。	(1) イ，ウ
		○「角柱と円柱の体積」の基本的な学習内容を理解しているかを確認し，それに習熟する。	

| 6年 | 日文 | 教科書：p.112～123　配当時数：9時間　配当月：9～10月 |

9. 比

領域　C 変化と関係

到達目標

≫知識・技能
○「比」の用語とその意味や表し方がわかる。
○「比の値」の用語と意味，等しい比の意味を理解し，等しい比をつくることができる。
○「比を簡単にする」という意味を理解し，整数，小数，分数で表された比を簡単にすることができる。

≫思考・判断・表現
○比の考え方を用いる問題を解決することができる。

≫主体的に学習に取り組む態度　※「主体的に学習に取り組む態度」は方向目標を示しています。
○比の意味や表し方，比を活用することを考え，それを日常生活に生かそうとする。

評価規準

≫知識・技能
○比の用語とその意味や表し方を理解している。
○比の値の用語と意味を理解し，比の値が等しいとき，比は等しいことを理解している。
○a：bの，aとbに同じ数をかけても，aとbを同じ数でわっても，比は等しいことを理解している。
○できるだけ小さな整数の比にすることを，「比を簡単にする」ということを理解している。
○小数や分数で表された比は，整数の比になおしてから簡単にすることを理解している。

●対応する学習指導要領の項目：C(2) ア (ア)

≫思考・判断・表現
○比の一方の量を求める方法を考え，説明している。
○全体の量をある大きさの比に分ける問題を考え，説明している。

●対応する学習指導要領の項目：C(2) イ (ア)

≫主体的に学習に取り組む態度
○2つの数量の割合を比で表すよさを理解し，進んで比を用いて考えようとしている。
○日常生活の中から，比を活用する問題を進んで探そうとしている。

関連する既習内容

学年	内容
5 年	割合

学習活動

小単元名	時数	学習活動	数学的活動
単元の導入/1. 2つの数で表す割合①	2	○ミルクコーヒーをつくるときの，コーヒーの量とミルクの量を考え，似ている混ぜ方について話し合う。	(1) ア，ウ
1. 2つの数で表す割合②	1	○比の用語とその意味や表し方を理解する。	(1) ア
		○比は，何を1とみるかによって，いろいろな表し方があることを理解する。また，比の値の用語と意味を理解し，求める。	(1) イ
2. 等しい比①	1	○等しい比の意味を理解する。	(1) ア
2. 等しい比②	1	○a：bの，aとbに同じ数をかけても，aとbを同じ数でわっても，比は等しいことを理解する。	(1) ア，ウ
2. 等しい比③	1	○できるだけ小さな整数の比にすることを，「比を簡単にする」ということを理解する。	(1) ア，ウ
		・小数や分数で表された比は，整数の比になおしてから簡単にすることを理解する。	
3. 比を使った問題①	1	○比から，比の一方の量を求める方法を考え，求める。	(1) ア，ウ
3. 比を使った問題②	1	○全体の量から分けた量を求める方法を考え，求める。	(1) ア，ウ
わかっているかな？/たしかめポイント	1	○ミルクコーヒー1000mLをつくる場面で，等しい比の意味について，確認する。 ○「比」の基本的な学習内容を理解しているかを確認し，それに習熟する。	

| 6年 | 日文 | 教科書：p.126〜141　配当時数：10時間　配当月：10月 |

10. 拡大図と縮図

領域　B 図形

到達目標

≫知識・技能

○拡大図・縮図の用語とその意味がわかる。

○拡大図・縮図のかき方がわかり，かくことができる。

○縮尺の用語とその意味がわかり，縮図から実際の長さを求めることができる。

≫思考・判断・表現

○縮図を利用して，直接測れないものの長さや高さを求める方法を考えることができる。

≫主体的に学習に取り組む態度　※「主体的に学習に取り組む態度」は方向目標を示しています。

○拡大図・縮図のよさに気づき，どんな場面で利用されているかを考え，それを日常生活に生かそうとする。

評価規準

≫知識・技能

○拡大図の用語とその意味を理解している。

○縮図の用語とその意味を理解している。

○方眼を使った拡大図，縮図のかき方を理解している。

○方眼を使わないで，三角形の拡大図と縮図を合同な三角形の作図をもとに作図している。

○１点を中心にして，三角形や四角形の拡大図と縮図を作図している。

○縮尺の用語とその意味がわかり，縮図から実際の長さを求めている。

　　　　　　　　　　　　　　　　　　　　　　　　　　　　　　　　● 対応する学習指導要領の項目：B(1) ア (ア)

≫思考・判断・表現

○縮図をかいて校舎の実際の高さを求めている。

○かげの長さから木の高さを求める方法を考え，説明している。

　　　　　　　　　　　　　　　　　　　　　　　　　　　　　　　　● 対応する学習指導要領の項目：B(1) イ (ア)

≫主体的に学習に取り組む態度

○日常生活の中から，拡大図・縮図が活用されている場面を見つけようとしている。

○地図の縮尺を知り，地図上の長さから実際の長さを進んで求めようとしている。

関連する既習内容

学年		内容
5	年	図形の合同と角
6	年	比

学習活動

小単元名	時数	学習活動	数学的活動
単元の導入/1. 形が同じで大きさのちがう図形	2	○大きさはちがうが同じ形の存在を知り，同じ形といえる条件を考える。	(1) ア，ウ
		○拡大図，縮図の用語とその意味や，拡大図，縮図の性質を理解する。	(1) イ，ウ
2. 拡大図と縮図のかき方①	1	○方眼を使った拡大図，縮図のかき方を理解する。	(1) イ
2. 拡大図と縮図のかき方②	1	○方眼を使わないで，三角形の拡大図と縮図を作図する。	(1) イ
2. 拡大図と縮図のかき方③	1	○拡大図の工夫したかき方を考える。	(1) イ
		・1点を中心にして，三角形の拡大図を作図する。	
2. 拡大図と縮図のかき方④	1	○拡大図，縮図のかき方を工夫する。	(1) イ
		・1点を中心にして，四角形の拡大図と縮図を作図する。	
3. 縮図と縮尺①	1	○縮尺の用語とその意味を理解し，縮図から実際の長さを求める。	(1) ア
3. 縮図と縮尺②	1	○縮図を利用して，直接測れないものの長さや高さを求める方法を考える。	(1) ア
3. 縮図と縮尺③	1	○縮尺を活用して木のかげの長さから木の高さを求める問題を解決する。	(1) ア
わかっているかな？/たしかめポイント	1	○拡大図の対応する辺や対応する角がわかるかを確認する。 ○「拡大図と縮図」の基本的な学習内容を理解しているかを確認し，それに習熟する。	

| 6年 | 日文 |

教科書：p.144〜165　配当時数：13 時間　配当月：10〜11 月

11. 比例と反比例

領域　C 変化と関係

到達目標

≫知識・技能
○比例する 2 つの数量の変化の割合がわかる。
○比例する 2 つの数量の関係を式やグラフに表し，その特徴がわかる。
○反比例の用語とその定義，性質がわかる。
○反比例する 2 つの数量の関係を式やグラフに表し，その特徴がわかる。

≫思考・判断・表現
○比例の関係に着目し，問題を解決することができる。

≫主体的に学習に取り組む態度　※「主体的に学習に取り組む態度」は方向目標を示しています。
○比例や反比例について考え，考えたことについて友だちと話し合い，自分の考えを見直してまとめようとする。

評価規準

≫知識・技能
○ y が x に比例するとき，x の値が 3 倍，1/3 倍などになると，y の値も 3 倍，1/3 倍などになることを理解している。
○ y が x に比例するとき，x と y の関係は，y ＝決まった数× x　の式で表せることを理解している。
○比例する 2 つの数量の関係をグラフに表している。
○比例の関係に着目することで，問題が解決できる場合があることを理解している。
○反比例の用語とその定義，性質を理解している。
○ y が x に反比例するとき，x と y の関係は，y ＝決まった数÷ x　の式で表せることを理解している。
○反比例する 2 つの数量の関係をグラフに表している。

● 対応する学習指導要領の項目：C(1) ア (ア)(イ)(ウ)

≫思考・判断・表現
○比例の関係に着目して，問題を解決している。
○比例する 2 つのグラフを読み取っている。

● 対応する学習指導要領の項目：C(1) イ (ア)

≫主体的に学習に取り組む態度
○身の回りのともなって変わる 2 つの量の中から，比例の関係にあるものをみつけている。
○身の回りのともなって変わる 2 つの量の中から，反比例の関係にあるものをみつけている。
○比例や反比例のグラフから，気づいたことを友だちと話し合っている。

関連する既習内容

学年		内容
5	年	比例

学習活動

小単元名	時数	学習活動	数学的活動
1. 比例①	2	○ともなって変わる2つの数量関係について表をつくって調べる。	(1) ア
1. 比例②	1	○2つの量 x と y があるとき，x の値が□倍になると，それに対応する y の値も□倍になるとき，y は x に比例するということを理解する。	(1) ア
2. 比例の式とグラフ①	1	○2つの量 x，y が比例するとき，y を x でわった数はいつも同じ数になることを理解し，比例する2つの量の関係を式に表す。 ・y が x に比例するとき，x と y の関係は，y＝決まった数× x　の式で表せることを理解する。	(1) ア，ウ
2. 比例の式とグラフ②	2	○比例の関係をグラフに表したり，比例の関係のグラフを読み取ったりする。 ・比例する2つの量の関係を表すグラフは，0の点を通る直線になることを理解し，比例のグラフをかく。	(1) ア
2. 比例の式とグラフ③	1	○直線が2本ある比例のグラフを読み取る。	(1) ア，ウ
3. 比例の利用	2	○比例の関係を使うと，全部の数を数えなくても，およその数を求めることができることを理解する。	(1) ア，ウ
4. 反比例	1	○反比例の用語とその定義，性質を理解する。 ・2つの量 x と y があり，x の値が2倍，3倍…になると，それに対応する y の値が1/2，1/3…になるとき，y は x に反比例するということを理解する。	(1) ア，ウ
5. 反比例の式とグラフ①	1	○y が x に反比例するとき，x と y の関係は，y＝決まった数÷ x の式で表せることを理解する。	(1) イ
5. 反比例の式とグラフ②	1	○反比例の関係を，グラフ用紙に点を打っていく。グラフの特徴について話し合う。	(1) イ，ウ
わかっているかな？/たしかめポイント	1	○最初に水槽に水が入っているところから，水を入れたときの，時間と水の深さが比例するかどうかを通して，比例を確認する。 ○「比例と反比例」の基本的な学習内容を理解しているかを確認し，それに習熟する。	

| 6年 | 日文 |

教科書：p.166〜168　配当時数：2時間　配当月：11月

12. およその面積と体積

領域　B 図形

到達目標

≫知識・技能
○身の回りにある形のおよその面積を，概形を捉えて求めることができる。
○身の回りにある形のおよその体積を，概形を捉えて求めることができる。

≫思考・判断・表現
○身の回りにある形のおよその面積や体積の求め方を考えることができる。

≫主体的に学習に取り組む態度　※「主体的に学習に取り組む態度」は方向目標を示しています。
○およその面積や体積の求め方を通して，身の回りにある形について，多様な図形の見方を働かせようとする。

評価規準

≫知識・技能
○身の回りにある形のおよその面積を，概形を捉えて求めている。
○身の回りにある形のおよその体積を，概形を捉えて求めている。
● 対応する学習指導要領の項目：B(2) ア (ア)

≫思考・判断・表現
○身の回りにある形のおよその面積や体積の求め方を概形を捉えて考え，説明している。
● 対応する学習指導要領の項目：B(2) イ (ア)

≫主体的に学習に取り組む態度
○身の回りにある形について，求積可能な図形と結び付けて，どんな既習の図形とみるかを説明している。

関連する既習内容

学年		内容
5	年	体積
5	年	図形の面積

学習活動

小単元名	時数	学習活動	数学的活動
1. およその面積	1	○およその面積は，求積可能な図形と捉えて求められることを理解する。	(1) ア，ウ
2. およその体積	1	○およその体積の求め方を考え，求める。	(1) ア

| 6年 | 日文 |

教科書：p.170〜193　配当時数：14時間　配当月：11〜12月

13. 資料の調べ方

領域　D データの活用

到達目標

》知識・技能

○代表値として，平均値，中央値，最頻値の用語とその意味がわかる。

○ドットプロットの意味を知り，データをドットプロットに表したり，ドットプロットから平均値，中央値，最頻値を求めたりできる。

○データを度数分布表に表したり，読んだりできる。

○度数分布表を柱状グラフに表し，データ全体の特徴を読み取ることができる。

○あるテーマのいろいろなグラフ等から，その特徴を読み取ることができる。

○データを集めたり，分析をしたり，プレゼン資料を作ったり，プレゼンをしたりできる。

》思考・判断・表現

○度数分布表や柱状グラフを見て，データの傾向や特徴を捉え，説明することができる。

○２つのデータの特徴を，統計的な考察をして比べ，説明することができる。

○データの分析のしかたやプレゼンのしかたなどを話し合うことができる。

》主体的に学習に取り組む態度　※「主体的に学習に取り組む態度」は方向目標を示しています。

○統計的な処理について考え，考えたことについて友だちと話し合い，結論が妥当かどうか見直そうとする。

○身近な事象から問題を見つけようとしている。

評価規準

》知識・技能

○代表値として，平均値，中央値，最頻値の用語とその意味を理解している。

○ドットプロットの意味を知り，データをドットプロットに表している。

○ドットプロットから平均値，中央値，最頻値を求めている。

○データを度数分布表や柱状グラフに表し，データ全体の特徴を読み取っている。

○男女別・年齢別の人口のグラフから，特徴を読み取っている。

○データを分析したりプレゼンをしたりしている。

──● 対応する学習指導要領の項目：D(1) ア (ア)(イ)(ウ)

》思考・判断・表現

○度数分布表や柱状グラフを見て，データの傾向や特徴を捉え，説明している。

○２つのデータの特徴を，統計的な考察をして比べ，説明している。

○データの分析のしかたやプレゼンのしかたなどを話し合っている。

──● 対応する学習指導要領の項目：D(1) イ (ア)

≫主体的に学習に取り組む態度

○集団の特徴を表す値として代表値を求め，分析している。

○度数分布表や柱状グラフから，データ全体の特徴を分析し，結論を説明している。

○身近な事象から問題をみつけている。

関連する既習内容

学年		内容
5	年	平均

学習活動

小単元名	時数	学習活動	数学的活動
1. 平均とちらばりのようす①	1	○データの比較のしかたを考え，平均値で比べる。	(1) ア、ウ
		・データを比較するときには，平均を使うことがあることを知る。	
1. 平均とちらばりのようす②	1	○ドットプロットの意味を知り，ドットプロットに表したりドットプロットを読んだりする。	(1) ア，ウ
1. 平均とちらばりのようす③	1	○階級，階級のはばの用語と意味を理解し，表にまとめる。	(1) ア，ウ
2. 区切りのあるグラフ	2	○柱状グラフの用語と意味を理解し，データを柱状グラフに表したり，読んだりする。	(1) ア，ウ
3. データを代表する値①	1	○代表値について理解する。	(1) ア
		・平均値，最頻値，中央値の用語と意味を理解する。	
3. データを代表する値②	1	○ドットプロットから代表値としての平均値，中央値，最頻値を求め，ちらばりについて考える。	(1) ア，ウ
4. データの調べ方とよみとり方	1	○男女別・年齢別の日本の人口のグラフの特徴を読み取る。	(1) ア，ウ
データを集めて調べて問題を解決しよう	5	○データを集めて問題を解決する調べ方について理解する。 ○データを集めて問題を解決する調べ方にあたり，身近にある問題をみつける。 ○みつけた身近にある問題を解決するにあたり，調べ方の計画について話し合う。 ○みつけた身近にある問題を解決するにあたり，データを集める。 ○集めたデータの分析のしかたを理解し，分析する。 ○データを分析した上で，結論を考え，プレゼンのしかたを話し合い，プレゼンをする。	(1) ア，ウ
たしかめポイント	1	○「資料の調べ方」の基本的な学習内容を理解しているかを確認し，それに習熟する。	

MEMO

MEMO

MEMO

学習指導要領

第3節　算　数

第1　目　標

　数学的な見方・考え方を働かせ，数学的活動を通して，数学的に考える資質・能力を次のとおり育成することを目指す。

(1)　数量や図形などについての基礎的・基本的な概念や性質などを理解するとともに，日常の事象を数理的に処理する技能を身に付けるようにする。

(2)　日常の事象を数理的に捉え見通しをもち筋道を立てて考察する力，基礎的・基本的な数量や図形の性質などを見いだし統合的・発展的に考察する力，数学的な表現を用いて事象を簡潔・明瞭・的確に表したり目的に応じて柔軟に表したりする力を養う。

(3)　数学的活動の楽しさや数学のよさに気付き，学習を振り返ってよりよく問題解決しようとする態度，算数で学んだことを生活や学習に活用しようとする態度を養う。

第2　各学年の目標及び内容

〔第1学年〕

1　目　標

(1)　数の概念とその表し方及び計算の意味を理解し，量，図形及び数量の関係についての理解の基礎となる経験を重ね，数量や図形についての感覚を豊かにするとともに，加法及び減法の計算をしたり，形を構成したり，身の回りにある量の大きさを比べたり，簡単な絵や図などに表したりすることなどについての技能を身に付けるようにする。

(2)　ものの数に着目し，具体物や図などを用いて数の数え方や計算の仕方を考える力，ものの形に着目して特徴を捉えたり，具体的な操作を通して形の構成について考えたりする力，身の回りにあるものの特徴を量に着目して捉え，量の大きさの比べ方を考える力，データの個数に着目して身の回りの事象の特徴を捉える力などを養う。

(3)　数量や図形に親しみ，算数で学んだことのよさや楽しさを感じながら学ぶ態度を養う。

2　内　容

A　数と計算

(1)　数の構成と表し方に関わる数学的活動を通して，次の事項を身に付けることができるよう指導する。

　ア　次のような知識及び技能を身に付けること。

　　(ア)　ものとものとを対応させることによって，ものの個数を比べること。

㈦　個数や順番を正しく数えたり表したりすること。

　　　㈨　数の大小や順序を考えることによって，数の系列を作ったり，数直線の上に表したりする
　　　　　こと。

　　　㈩　一つの数をほかの数の和や差としてみるなど，ほかの数と関係付けてみること。

　　　㈹　２位数の表し方について理解すること。

　　　㈱　簡単な場合について，３位数の表し方を知ること。

　　　㈲　数を，十を単位としてみること。

　　　㈳　具体物をまとめて数えたり等分したりして整理し，表すこと。

　　イ　次のような思考力，判断力，表現力等を身に付けること。

　　　㈠　数のまとまりに着目し，数の大きさの比べ方や数え方を考え，それらを日常生活に生かす
　　　　　こと。

　⑵　加法及び減法に関わる数学的活動を通して，次の事項を身に付けることができるよう指導する。

　　ア　次のような知識及び技能を身に付けること。

　　　㈠　加法及び減法の意味について理解し，それらが用いられる場合について知ること。

　　　㈦　加法及び減法が用いられる場面を式に表したり，式を読み取ったりすること。

　　　㈨　１位数と１位数の加法及びその逆の減法の計算が確実にできること。

　　　㈩　簡単な場合について，２位数などについても加法及び減法ができることを知ること。

　　イ　次のような思考力，判断力，表現力等を身に付けること。

　　　㈠　数量の関係に着目し，計算の意味や計算の仕方を考えたり，日常生活に生かしたりすること。

Ｂ　図形

　⑴　身の回りにあるものの形に関わる数学的活動を通して，次の事項を身に付けることができるよう指
　　導する。

　　ア　次のような知識及び技能を身に付けること。

　　　㈠　ものの形を認め，形の特徴を知ること。

　　　㈦　具体物を用いて形を作ったり分解したりすること。

　　　㈨　前後，左右，上下など方向や位置についての言葉を用いて，ものの位置を表すこと。

　　イ　次のような思考力，判断力，表現力等を身に付けること。

　　　㈠　ものの形に着目し，身の回りにあるものの特徴を捉えたり，具体的な操作を通して形の構成に
　　　　　ついて考えたりすること。

Ｃ　測定

　⑴　身の回りのものの大きさに関わる数学的活動を通して，次の事項を身に付けることができるよう指

導する。

　ア　次のような知識及び技能を身に付けること。

　　(ｱ)　長さ，広さ，かさなどの量を，具体的な操作によって直接比べたり，他のものを用いて比べたりすること。

　　(ｲ)　身の回りにあるものの大きさを単位として，その幾つ分かで大きさを比べること。

　イ　次のような思考力，判断力，表現力等を身に付けること。

　　(ｱ)　身の回りのものの特徴に着目し，量の大きさの比べ方を見いだすこと。

(2)　時刻に関わる数学的活動を通して，次の事項を身に付けることができるよう指導する。

　ア　次のような知識及び技能を身に付けること。

　　(ｱ)　日常生活の中で時刻を読むこと。

　イ　次のような思考力，判断力，表現力等を身に付けること。

　　(ｱ)　時刻の読み方を用いて，時刻と日常生活を関連付けること。

D　データの活用

(1)　数量の整理に関わる数学的活動を通して，次の事項を身に付けることができるよう指導する。

　ア　次のような知識及び技能を身に付けること。

　　(ｱ)　ものの個数について，簡単な絵や図などに表したり，それらを読み取ったりすること。

　イ　次のような思考力，判断力，表現力等を身に付けること。

　　(ｱ)　データの個数に着目し，身の回りの事象の特徴を捉えること。

〔数学的活動〕

(1)　内容の「A数と計算」，「B図形」，「C測定」及び「Dデータの活用」に示す学習については，次のような数学的活動に取り組むものとする。

　ア　身の回りの事象を観察したり，具体物を操作したりして，数量や形を見いだす活動

　イ　日常生活の問題を具体物などを用いて解決したり結果を確かめたりする活動

　ウ　算数の問題を具体物などを用いて解決したり結果を確かめたりする活動

　エ　問題解決の過程や結果を，具体物や図などを用いて表現する活動

〔用語・記号〕

　一の位　十の位　＋　－　＝

〔第2学年〕

1　目　標

(1)　数の概念についての理解を深め，計算の意味と性質，基本的な図形の概念，量の概念，簡単な表と

グラフなどについて理解し，数量や図形についての感覚を豊かにするとともに，加法，減法及び乗法の計算をしたり，図形を構成したり，長さやかさなどを測定したり，表やグラフに表したりすることなどについての技能を身に付けるようにする。

(2) 数とその表現や数量の関係に着目し，必要に応じて具体物や図などを用いて数の表し方や計算の仕方などを考察する力，平面図形の特徴を図形を構成する要素に着目して捉えたり，身の回りの事象を図形の性質から考察したりする力，身の回りにあるものの特徴を量に着目して捉え，量の単位を用いて的確に表現する力，身の回りの事象をデータの特徴に着目して捉え，簡潔に表現したり考察したりする力などを養う。

(3) 数量や図形に進んで関わり，数学的に表現・処理したことを振り返り，数理的な処理のよさに気付き生活や学習に活用しようとする態度を養う。

2　内　容

A　数と計算

(1) 数の構成と表し方に関わる数学的活動を通して，次の事項を身に付けることができるよう指導する。

　　ア　次のような知識及び技能を身に付けること。

　　　(ア) 同じ大きさの集まりにまとめて数えたり，分類して数えたりすること。

　　　(イ) ４位数までについて，十進位取り記数法による数の表し方及び数の大小や順序について理解すること。

　　　(ウ) 数を十や百を単位としてみるなど，数の相対的な大きさについて理解すること。

　　　(エ) 一つの数をほかの数の積としてみるなど，ほかの数と関係付けてみること。

　　　(オ) 簡単な事柄を分類整理し，それを数を用いて表すこと。

　　　(カ) $\frac{1}{2}$，$\frac{1}{3}$ など簡単な分数について知ること。

　　イ　次のような思考力，判断力，表現力等を身に付けること。

　　　(ア) 数のまとまりに着目し，大きな数の大きさの比べ方や数え方を考え，日常生活に生かすこと。

(2) 加法及び減法に関わる数学的活動を通して，次の事項を身に付けることができるよう指導する。

　　ア　次のような知識及び技能を身に付けること。

　　　(ア) ２位数の加法及びその逆の減法の計算が，１位数などについての基本的な計算を基にしてできることを理解し，それらの計算が確実にできること。また，それらの筆算の仕方について理解すること。

　　　(イ) 簡単な場合について，３位数などの加法及び減法の計算の仕方を知ること。

　　　(ウ) 加法及び減法に関して成り立つ性質について理解すること。

㋑ 加法と減法との相互関係について理解すること。

イ 次のような思考力，判断力，表現力等を身に付けること。

㋐ 数量の関係に着目し，計算の仕方を考えたり計算に関して成り立つ性質を見いだしたりするとともに，その性質を活用して，計算を工夫したり計算の確かめをしたりすること。

(3) 乗法に関わる数学的活動を通して，次の事項を身に付けることができるよう指導する。

ア 次のような知識及び技能を身に付けること。

㋐ 乗法の意味について理解し，それが用いられる場合について知ること。

㋑ 乗法が用いられる場面を式に表したり，式を読み取ったりすること。

㋒ 乗法に関して成り立つ簡単な性質について理解すること。

㋓ 乗法九九について知り，1位数と1位数との乗法の計算が確実にできること。

㋔ 簡単な場合について，2位数と1位数との乗法の計算の仕方を知ること。

イ 次のような思考力，判断力，表現力等を身に付けること。

㋐ 数量の関係に着目し，計算の意味や計算の仕方を考えたり計算に関して成り立つ性質を見いだしたりするとともに，その性質を活用して，計算を工夫したり計算の確かめをしたりすること。

㋑ 数量の関係に着目し，計算を日常生活に生かすこと。

B 図形

(1) 図形に関わる数学的活動を通して，次の事項を身に付けることができるよう指導する。

ア 次のような知識及び技能を身に付けること。

㋐ 三角形，四角形について知ること。

㋑ 正方形，長方形，直角三角形について知ること。

㋒ 正方形や長方形の面で構成される箱の形をしたものについて理解し，それらを構成したり分解したりすること。

イ 次のような思考力，判断力，表現力等を身に付けること。

㋐ 図形を構成する要素に着目し，構成の仕方を考えるとともに，身の回りのものの形を図形として捉えること。

C 測定

(1) 量の単位と測定に関わる数学的活動を通して，次の事項を身に付けることができるよう指導する。

ア 次のような知識及び技能を身に付けること。

㋐ 長さの単位（ミリメートル（mm），センチメートル（cm），メートル（m））及びかさの単位（ミリリットル（mL），デシリットル（dL），リットル（L））について知り，測定の意味を理解すること。

㋑　長さ及びかさについて，およその見当を付け，単位を適切に選択して測定すること。

　　イ　次のような思考力，判断力，表現力等を身に付けること。

　　　㋐　身の回りのものの特徴に着目し，目的に応じた単位で量の大きさを的確に表現したり，比べたりすること。

　⑵　時刻と時間に関わる数学的活動を通して，次の事項を身に付けることができるよう指導する。

　　ア　次のような知識及び技能を身に付けること。

　　　㋐　日，時，分について知り，それらの関係を理解すること。

　　イ　次のような思考力，判断力，表現力等を身に付けること。

　　　㋐　時間の単位に着目し，時刻や時間を日常生活に生かすこと。

D　データの活用

　⑴　データの分析に関わる数学的活動を通して，次の事項を身に付けることができるよう指導する。

　　ア　次のような知識及び技能を身に付けること。

　　　㋐　身の回りにある数量を分類整理し，簡単な表やグラフを用いて表したり読み取ったりすること。

　　イ　次のような思考力，判断力，表現力等を身に付けること。

　　　㋐　データを整理する観点に着目し，身の回りの事象について表やグラフを用いて考察すること。

〔数学的活動〕

　⑴　内容の「A数と計算」，「B図形」，「C測定」及び「Dデータの活用」に示す学習については，次のような数学的活動に取り組むものとする。

　　ア　身の回りの事象を観察したり，具体物を操作したりして，数量や図形に進んで関わる活動

　　イ　日常の事象から見いだした算数の問題を，具体物，図，数，式などを用いて解決し，結果を確かめる活動

　　ウ　算数の学習場面から見いだした算数の問題を，具体物，図，数，式などを用いて解決し，結果を確かめる活動

　　エ　問題解決の過程や結果を，具体物，図，数，式などを用いて表現し伝え合う活動

〔用語・記号〕

　直線　直角　頂点　辺　面　単位　×　＞　＜

3　内容の取扱い

　⑴　内容の「A数と計算」の⑴については，1万についても取り扱うものとする。

　⑵　内容の「A数と計算」の⑵については，必要な場合には，（　）や□などを用いることができる。また，計算の結果の見積りについて配慮するものとする。

(3)　内容の「Ａ数と計算」の(2)のアの(ウ)については，交換法則や結合法則を取り扱うものとする。

(4)　内容の「Ａ数と計算」の(3)のアの(ウ)については，主に乗数が１ずつ増えるときの積の増え方や交換法則を取り扱うものとする。

(5)　内容の「Ｂ図形」の(1)のアの(イ)に関連して，正方形，長方形が身の回りで多く使われていることが分かるようにするとともに，敷き詰めるなどの操作的な活動を通して，平面の広がりについての基礎となる経験を豊かにするよう配慮するものとする。

〔第３学年〕

1　目　標

(1)　数の表し方，整数の計算の意味と性質，小数及び分数の意味と表し方，基本的な図形の概念，量の概念，棒グラフなどについて理解し，数量や図形についての感覚を豊かにするとともに，整数などの計算をしたり，図形を構成したり，長さや重さなどを測定したり，表やグラフに表したりすることなどについての技能を身に付けるようにする。

(2)　数とその表現や数量の関係に着目し，必要に応じて具体物や図などを用いて数の表し方や計算の仕方などを考察する力，平面図形の特徴を図形を構成する要素に着目して捉えたり，身の回りの事象を図形の性質から考察したりする力，身の回りにあるものの特徴を量に着目して捉え，量の単位を用いて的確に表現する力，身の回りの事象をデータの特徴に着目して捉え，簡潔に表現したり適切に判断したりする力などを養う。

(3)　数量や図形に進んで関わり，数学的に表現・処理したことを振り返り，数理的な処理のよさに気付き生活や学習に活用しようとする態度を養う。

2　内　容

Ａ　数と計算

(1)　整数の表し方に関わる数学的活動を通して，次の事項を身に付けることができるよう指導する。

　　ア　次のような知識及び技能を身に付けること。

　　　(ア)　万の単位について知ること。

　　　(イ)　10倍，100倍，1000倍，$\frac{1}{10}$ の大きさの数及びそれらの表し方について知ること。

　　　(ウ)　数の相対的な大きさについての理解を深めること。

　　イ　次のような思考力，判断力，表現力等を身に付けること。

　　　(ア)　数のまとまりに着目し，大きな数の大きさの比べ方や表し方を考え，日常生活に生かすこと。

(2)　加法及び減法に関わる数学的活動を通して，次の事項を身に付けることができるよう指導する。

　　ア　次のような知識及び技能を身に付けること。

(ア)　3位数や4位数の加法及び減法の計算が，2位数などについての基本的な計算を基にしてできることを理解すること。また，それらの筆算の仕方について理解すること。

(イ)　加法及び減法の計算が確実にでき，それらを適切に用いること。

イ　次のような思考力，判断力，表現力等を身に付けること。

(ア)　数量の関係に着目し，計算の仕方を考えたり計算に関して成り立つ性質を見いだしたりするとともに，その性質を活用して，計算を工夫したり計算の確かめをしたりすること。

(3)　乗法に関わる数学的活動を通して，次の事項を身に付けることができるよう指導する。

ア　次のような知識及び技能を身に付けること。

(ア)　2位数や3位数に1位数や2位数をかける乗法の計算が，乗法九九などの基本的な計算を基にしてできることを理解すること。また，その筆算の仕方について理解すること。

(イ)　乗法の計算が確実にでき，それを適切に用いること。

(ウ)　乗法に関して成り立つ性質について理解すること。

イ　次のような思考力，判断力，表現力等を身に付けること。

(ア)　数量の関係に着目し，計算の仕方を考えたり計算に関して成り立つ性質を見いだしたりするとともに，その性質を活用して，計算を工夫したり計算の確かめをしたりすること。

(4)　除法に関わる数学的活動を通して，次の事項を身に付けることができるよう指導する。

ア　次のような知識及び技能を身に付けること。

(ア)　除法の意味について理解し，それが用いられる場合について知ること。また，余りについて知ること。

(イ)　除法が用いられる場面を式に表したり，式を読み取ったりすること。

(ウ)　除法と乗法や減法との関係について理解すること。

(エ)　除数と商が共に1位数である除法の計算が確実にできること。

(オ)　簡単な場合について，除数が1位数で商が2位数の除法の計算の仕方を知ること。

イ　次のような思考力，判断力，表現力等を身に付けること。

(ア)　数量の関係に着目し，計算の意味や計算の仕方を考えたり，計算に関して成り立つ性質を見いだしたりするとともに，その性質を活用して，計算を工夫したり計算の確かめをしたりすること。

(イ)　数量の関係に着目し，計算を日常生活に生かすこと。

(5)　小数とその表し方に関わる数学的活動を通して，次の事項を身に付けることができるよう指導する。

ア　次のような知識及び技能を身に付けること。

(ア)　端数部分の大きさを表すのに小数を用いることを知ること。また，小数の表し方及び$\frac{1}{10}$の位について知ること。

(イ)　$\frac{1}{10}$の位までの小数の加法及び減法の意味について理解し，それらの計算ができることを知ること。

イ　次のような思考力，判断力，表現力等を身に付けること。

(ア)　数のまとまりに着目し，小数でも数の大きさを比べたり計算したりできるかどうかを考えるとともに，小数を日常生活に生かすこと。

(6)　分数とその表し方に関わる数学的活動を通して，次の事項を身に付けることができるよう指導する。

ア　次のような知識及び技能を身に付けること。

(ア)　等分してできる部分の大きさや端数部分の大きさを表すのに分数を用いることを知ること。また，分数の表し方について知ること。

(イ)　分数が単位分数の幾つ分かで表すことができることを知ること。

(ウ)　簡単な場合について，分数の加法及び減法の意味について理解し，それらの計算ができることを知ること。

イ　次のような思考力，判断力，表現力等を身に付けること。

(ア)　数のまとまりに着目し，分数でも数の大きさを比べたり計算したりできるかどうかを考えるとともに，分数を日常生活に生かすこと。

(7)　数量の関係を表す式に関わる数学的活動を通して，次の事項を身に付けることができるよう指導する。

ア　次のような知識及び技能を身に付けること。

(ア)　数量の関係を表す式について理解するとともに，数量を□などを用いて表し，その関係を式に表したり，□などに数を当てはめて調べたりすること。

イ　次のような思考力，判断力，表現力等を身に付けること。

(ア)　数量の関係に着目し，数量の関係を図や式を用いて簡潔に表したり，式と図を関連付けて式を読んだりすること。

(8)　そろばんを用いた数の表し方と計算に関わる数学的活動を通して，次の事項を身に付けることができるよう指導する。

ア　次のような知識及び技能を身に付けること。

(ア)　そろばんによる数の表し方について知ること。

(イ)　簡単な加法及び減法の計算の仕方について知り，計算すること。

イ　次のような思考力，判断力，表現力等を身に付けること。

（ア）　そろばんの仕組みに着目し，大きな数や小数の計算の仕方を考えること。

B　図形

(1)　図形に関わる数学的活動を通して，次の事項を身に付けることができるよう指導する。

ア　次のような知識及び技能を身に付けること。

（ア）　二等辺三角形，正三角形などについて知り，作図などを通してそれらの関係に次第に着目すること。

（イ）　基本的な図形と関連して角について知ること。

（ウ）　円について，中心，半径，直径を知ること。また，円に関連して，球についても直径などを知ること。

イ　次のような思考力，判断力，表現力等を身に付けること。

（ア）　図形を構成する要素に着目し，構成の仕方を考えるとともに，図形の性質を見いだし，身の回りのものの形を図形として捉えること。

C　測定

(1)　量の単位と測定に関わる数学的活動を通して，次の事項を身に付けることができるよう指導する。

ア　次のような知識及び技能を身に付けること。

（ア）　長さの単位（キロメートル（km））及び重さの単位（グラム（g），キログラム（kg））について知り，測定の意味を理解すること。

（イ）　長さや重さについて，適切な単位で表したり，およその見当を付け計器を適切に選んで測定したりすること。

イ　次のような思考力，判断力，表現力等を身に付けること。

（ア）　身の回りのものの特徴に着目し，単位の関係を統合的に考察すること。

(2)　時刻と時間に関わる数学的活動を通して，次の事項を身に付けることができるよう指導する。

ア　次のような知識及び技能を身に付けること。

（ア）　秒について知ること。

（イ）　日常生活に必要な時刻や時間を求めること。

イ　次のような思考力，判断力，表現力等を身に付けること。

（ア）　時間の単位に着目し，時刻や時間の求め方について考察し，日常生活に生かすこと。

D　データの活用

(1)　データの分析に関わる数学的活動を通して，次の事項を身に付けることができるよう指導する。

ア　次のような知識及び技能を身に付けること。

㋐　日時の観点や場所の観点などからデータを分類整理し，表に表したり読んだりすること。

　　㋑　棒グラフの特徴やその用い方を理解すること。

　イ　次のような思考力，判断力，表現力等を身に付けること。

　　㋐　データを整理する観点に着目し，身の回りの事象について表やグラフを用いて考察して，見いだしたことを表現すること。

〔数学的活動〕

⑴　内容の「Ａ数と計算」，「Ｂ図形」，「Ｃ測定」及び「Ｄデータの活用」に示す学習については，次のような数学的活動に取り組むものとする。

　ア　身の回りの事象を観察したり，具体物を操作したりして，数量や図形に進んで関わる活動

　イ　日常の事象から見いだした算数の問題を，具体物，図，数，式などを用いて解決し，結果を確かめる活動

　ウ　算数の学習場面から見いだした算数の問題を，具体物，図，数，式などを用いて解決し，結果を確かめる活動

　エ　問題解決の過程や結果を，具体物，図，数，式などを用いて表現し伝え合う活動

〔用語・記号〕

　等号　不等号　小数点　$\frac{1}{10}$の位　数直線　分母　分子　÷

3　内容の取扱い

⑴　内容の「Ａ数と計算」の⑴については，１億についても取り扱うものとする。

⑵　内容の「Ａ数と計算」の⑵及び⑶については，簡単な計算は暗算でできるよう配慮するものとする。また，計算の結果の見積りについても触れるものとする。

⑶　内容の「Ａ数と計算」の⑶については，乗数又は被乗数が０の場合の計算についても取り扱うものとする。

⑷　内容の「Ａ数と計算」の⑶のアの㋒については，交換法則，結合法則，分配法則を取り扱うものとする。

⑸　内容の「Ａ数と計算」の⑸及び⑹については，小数の0.1と分数の$\frac{1}{10}$などを数直線を用いて関連付けて取り扱うものとする。

⑹　内容の「Ｂ図形」の⑴の基本的な図形については，定規，コンパスなどを用いて，図形をかいたり確かめたりする活動を重視するとともに，三角形や円などを基にして模様をかくなどの具体的な活動を通して，図形のもつ美しさに関心をもたせるよう配慮するものとする。

⑺　内容の「Ｃ測定」の⑴については，重さの単位のトン (t) について触れるとともに，接頭語（キロ

(k) やミリ (m)) についても触れるものとする。

(8) 内容の「Dデータの活用」の(1)のアの(イ)については，最小目盛りが2，5又は20，50などの棒グラフや，複数の棒グラフを組み合わせたグラフなどにも触れるものとする。

〔第4学年〕

1 目　標

(1) 小数及び分数の意味と表し方，四則の関係，平面図形と立体図形，面積，角の大きさ，折れ線グラフなどについて理解するとともに，整数，小数及び分数の計算をしたり，図形を構成したり，図形の面積や角の大きさを求めたり，表やグラフに表したりすることなどについての技能を身に付けるようにする。

(2) 数とその表現や数量の関係に着目し，目的に合った表現方法を用いて計算の仕方などを考察する力，図形を構成する要素及びそれらの位置関係に着目し，図形の性質や図形の計量について考察する力，伴って変わる二つの数量やそれらの関係に着目し，変化や対応の特徴を見いだして，二つの数量の関係を表や式を用いて考察する力，目的に応じてデータを収集し，データの特徴や傾向に着目して表やグラフに的確に表現し，それらを用いて問題解決したり，解決の過程や結果を多面的に捉え考察したりする力などを養う。

(3) 数学的に表現・処理したことを振り返り，多面的に捉え検討してよりよいものを求めて粘り強く考える態度，数学のよさに気付き学習したことを生活や学習に活用しようとする態度を養う。

2 内　容

A　数と計算

(1) 整数の表し方に関わる数学的活動を通して，次の事項を身に付けることができるよう指導する。

　ア　次のような知識及び技能を身に付けること。

　　(ア) 億，兆の単位について知り，十進位取り記数法についての理解を深めること。

　イ　次のような思考力，判断力，表現力等を身に付けること。

　　(ア) 数のまとまりに着目し，大きな数の大きさの比べ方や表し方を統合的に捉えるとともに，それらを日常生活に生かすこと。

(2) 概数に関わる数学的活動を通して，次の事項を身に付けることができるよう指導する。

　ア　次のような知識及び技能を身に付けること。

　　(ア) 概数が用いられる場合について知ること。

　　(イ) 四捨五入について知ること。

　　(ウ) 目的に応じて四則計算の結果の見積りをすること。

イ　次のような思考力，判断力，表現力等を身に付けること。

　(ア)　日常の事象における場面に着目し，目的に合った数の処理の仕方を考えるとともに，それを日常生活に生かすこと。

(3)　整数の除法に関わる数学的活動を通して，次の事項を身に付けることができるよう指導する。

　ア　次のような知識及び技能を身に付けること。

　(ア)　除数が1位数や2位数で被除数が2位数や3位数の場合の計算が，基本的な計算を基にしてできることを理解すること。また，その筆算の仕方について理解すること。

　(イ)　除法の計算が確実にでき，それを適切に用いること。

　(ウ)　除法について，次の関係を理解すること。

　　　（被除数）＝（除数）×（商）＋（余り）

　(エ)　除法に関して成り立つ性質について理解すること。

　イ　次のような思考力，判断力，表現力等を身に付けること。

　(ア)　数量の関係に着目し，計算の仕方を考えたり計算に関して成り立つ性質を見いだしたりするとともに，その性質を活用して，計算を工夫したり計算の確かめをしたりすること。

(4)　小数とその計算に関わる数学的活動を通して，次の事項を身に付けることができるよう指導する。

　ア　次のような知識及び技能を身に付けること。

　(ア)　ある量の何倍かを表すのに小数を用いることを知ること。

　(イ)　小数が整数と同じ仕組みで表されていることを知るとともに，数の相対的な大きさについての理解を深めること。

　(ウ)　小数の加法及び減法の計算ができること。

　(エ)　乗数や除数が整数である場合の小数の乗法及び除法の計算ができること。

　イ　次のような思考力，判断力，表現力等を身に付けること。

　(ア)　数の表し方の仕組みや数を構成する単位に着目し，計算の仕方を考えるとともに，それを日常生活に生かすこと。

(5)　分数とその加法及び減法に関わる数学的活動を通して，次の事項を身に付けることができるよう指導する。

　ア　次のような知識及び技能を身に付けること。

　(ア)　簡単な場合について，大きさの等しい分数があることを知ること。

　(イ)　同分母の分数の加法及び減法の計算ができること。

　イ　次のような思考力，判断力，表現力等を身に付けること。

　(ア)　数を構成する単位に着目し，大きさの等しい分数を探したり，計算の仕方を考えたりするとと

もに，それを日常生活に生かすこと。

(6) 数量の関係を表す式に関わる数学的活動を通して，次の事項を身に付けることができるよう指導する。

　ア　次のような知識及び技能を身に付けること。

　　(ア)　四則の混合した式や（　）を用いた式について理解し，正しく計算すること。

　　(イ)　公式についての考え方を理解し，公式を用いること。

　　(ウ)　数量を□，△などを用いて表し，その関係を式に表したり，□，△などに数を当てはめて調べたりすること。

　イ　次のような思考力，判断力，表現力等を身に付けること。

　　(ア)　問題場面の数量の関係に着目し，数量の関係を簡潔に，また一般的に表現したり，式の意味を読み取ったりすること。

(7) 計算に関して成り立つ性質に関わる数学的活動を通して，次の事項を身に付けることができるよう指導する。

　ア　次のような知識及び技能を身に付けること。

　　(ア)　四則に関して成り立つ性質についての理解を深めること。

　イ　次のような思考力，判断力，表現力等を身に付けること。

　　(ア)　数量の関係に着目し，計算に関して成り立つ性質を用いて計算の仕方を考えること。

(8) そろばんを用いた数の表し方と計算に関わる数学的活動を通して，次の事項を身に付けることができるよう指導する。

　ア　次のような知識及び技能を身に付けること。

　　(ア)　加法及び減法の計算をすること。

　イ　次のような思考力，判断力，表現力等を身に付けること。

　　(ア)　そろばんの仕組みに着目し，大きな数や小数の計算の仕方を考えること。

B　図形

(1) 平面図形に関わる数学的活動を通して，次の事項を身に付けることができるよう指導する。

　ア　次のような知識及び技能を身に付けること。

　　(ア)　直線の平行や垂直の関係について理解すること。

　　(イ)　平行四辺形，ひし形，台形について知ること。

　イ　次のような思考力，判断力，表現力等を身に付けること。

　　(ア)　図形を構成する要素及びそれらの位置関係に着目し，構成の仕方を考察し図形の性質を見いだすとともに，その性質を基に既習の図形を捉え直すこと。

(2) 立体図形に関わる数学的活動を通して，次の事項を身に付けることができるよう指導する。

　　ア　次のような知識及び技能を身に付けること。

　　　(ｱ)　立方体，直方体について知ること。

　　　(ｲ)　直方体に関連して，直線や平面の平行や垂直の関係について理解すること。

　　　(ｳ)　見取図，展開図について知ること。

　　イ　次のような思考力，判断力，表現力等を身に付けること。

　　　(ｱ)　図形を構成する要素及びそれらの位置関係に着目し，立体図形の平面上での表現や構成の仕方を考察し図形の性質を見いだすとともに，日常の事象を図形の性質から捉え直すこと。

(3) ものの位置に関わる数学的活動を通して，次の事項を身に付けることができるよう指導する。

　　ア　次のような知識及び技能を身に付けること。

　　　(ｱ)　ものの位置の表し方について理解すること。

　　イ　次のような思考力，判断力，表現力等を身に付けること。

　　　(ｱ)　平面や空間における位置を決める要素に着目し，その位置を数を用いて表現する方法を考察すること。

(4) 平面図形の面積に関わる数学的活動を通して，次の事項を身に付けることができるよう指導する。

　　ア　次のような知識及び技能を身に付けること。

　　　(ｱ)　面積の単位（平方センチメートル（cm^2），平方メートル（m^2），平方キロメートル（km^2））について知ること。

　　　(ｲ)　正方形及び長方形の面積の計算による求め方について理解すること。

　　イ　次のような思考力，判断力，表現力等を身に付けること。

　　　(ｱ)　面積の単位や図形を構成する要素に着目し，図形の面積の求め方を考えるとともに，面積の単位とこれまでに学習した単位との関係を考察すること。

(5) 角の大きさに関わる数学的活動を通して，次の事項を身に付けることができるよう指導する。

　　ア　次のような知識及び技能を身に付けること。

　　　(ｱ)　角の大きさを回転の大きさとして捉えること。

　　　(ｲ)　角の大きさの単位（度（°））について知り，角の大きさを測定すること。

　　イ　次のような思考力，判断力，表現力等を身に付けること。

　　　(ｱ)　図形の角の大きさに着目し，角の大きさを柔軟に表現したり，図形の考察に生かしたりすること。

C　変化と関係

(1) 伴って変わる二つの数量に関わる数学的活動を通して，次の事項を身に付けることができるよう指

導する。

　ア　次のような知識及び技能を身に付けること。

　　(ア)　変化の様子を表や式，折れ線グラフを用いて表したり，変化の特徴を読み取ったりすること。

　イ　次のような思考力，判断力，表現力等を身に付けること。

　　(ア)　伴って変わる二つの数量を見いだして，それらの関係に着目し，表や式を用いて変化や対応の特徴を考察すること。

(2)　二つの数量の関係に関わる数学的活動を通して，次の事項を身に付けることができるよう指導する。

　ア　次のような知識及び技能を身に付けること。

　　(ア)　簡単な場合について，ある二つの数量の関係と別の二つの数量の関係とを比べる場合に割合を用いる場合があることを知ること。

　イ　次のような思考力，判断力，表現力等を身に付けること。

　　(ア)　日常の事象における数量の関係に着目し，図や式などを用いて，ある二つの数量の関係と別の二つの数量の関係との比べ方を考察すること。

D　データの活用

(1)　データの収集とその分析に関わる数学的活動を通して，次の事項を身に付けることができるよう指導する。

　ア　次のような知識及び技能を身に付けること。

　　(ア)　データを二つの観点から分類整理する方法を知ること。

　　(イ)　折れ線グラフの特徴とその用い方を理解すること。

　イ　次のような思考力，判断力，表現力等を身に付けること。

　　(ア)　目的に応じてデータを集めて分類整理し，データの特徴や傾向に着目し，問題を解決するために適切なグラフを選択して判断し，その結論について考察すること。

〔数学的活動〕

(1)　内容の「A数と計算」，「B図形」，「C変化と関係」及び「Dデータの活用」に示す学習については，次のような数学的活動に取り組むものとする。

　ア　日常の事象から算数の問題を見いだして解決し，結果を確かめたり，日常生活等に生かしたりする活動

　イ　算数の学習場面から算数の問題を見いだして解決し，結果を確かめたり，発展的に考察したりする活動

　ウ　問題解決の過程や結果を，図や式などを用いて数学的に表現し伝え合う活動

〔用語・記号〕

　和　差　積　商　以上　以下　未満　真分数　仮分数　帯分数　平行　垂直　対角線　平面

3　内容の取扱い

(1)　内容の「A数と計算」の(1)については，大きな数を表す際に，3桁ごとに区切りを用いる場合があることに触れるものとする。

(2)　内容の「A数と計算」の(2)のアの(ウ)及び(3)については，簡単な計算は暗算でできるよう配慮するものとする。また，暗算を筆算や見積りに生かすよう配慮するものとする。

(3)　内容の「A数と計算」の(3)については，第1学年から第4学年までに示す整数の計算の能力を定着させ，それを用いる能力を伸ばすことに配慮するものとする。

(4)　内容の「A数と計算」の(3)のアの(エ)については，除数及び被除数に同じ数をかけても，同じ数で割っても商は変わらないという性質などを取り扱うものとする。

(5)　内容の「A数と計算」の(4)のアの(エ)については，整数を整数で割って商が小数になる場合も含めるものとする。

(6)　内容の「A数と計算」の(7)のアの(ア)については，交換法則，結合法則，分配法則を扱うものとする。

(7)　内容の「B図形」の(1)については，平行四辺形，ひし形，台形で平面を敷き詰めるなどの操作的な活動を重視するよう配慮するものとする。

(8)　内容の「B図形」の(4)のアの(ア)については，アール (a)，ヘクタール (ha) の単位についても触れるものとする。

(9)　内容の「Dデータの活用」の(1)のアの(ア)については，資料を調べるときに，落ちや重なりがないようにすることを取り扱うものとする。

(10)　内容の「Dデータの活用」の(1)のアの(イ)については，複数系列のグラフや組み合わせたグラフにも触れるものとする。

〔第5学年〕

1　目　標

(1)　整数の性質，分数の意味，小数と分数の計算の意味，面積の公式，図形の意味と性質，図形の体積，速さ，割合，帯グラフなどについて理解するとともに，小数や分数の計算をしたり，図形の性質を調べたり，図形の面積や体積を求めたり，表やグラフに表したりすることなどについての技能を身に付けるようにする。

(2)　数とその表現や計算の意味に着目し，目的に合った表現方法を用いて数の性質や計算の仕方などを考察する力，図形を構成する要素や図形間の関係などに着目し，図形の性質や図形の計量について考

察する力，伴って変わる二つの数量やそれらの関係に着目し，変化や対応の特徴を見いだして，二つの数量の関係を表や式を用いて考察する力，目的に応じてデータを収集し，データの特徴や傾向に着目して表やグラフに的確に表現し，それらを用いて問題解決したり，解決の過程や結果を多面的に捉え考察したりする力などを養う。

(3) 数学的に表現・処理したことを振り返り，多面的に捉え検討してよりよいものを求めて粘り強く考える態度，数学のよさに気付き学習したことを生活や学習に活用しようとする態度を養う。

2 内 容

A 数と計算

(1) 整数の性質及び整数の構成に関わる数学的活動を通して，次の事項を身に付けることができるよう指導する。

ア 次のような知識及び技能を身に付けること。

(ア) 整数は，観点を決めると偶数と奇数に類別されることを知ること。

(イ) 約数，倍数について知ること。

イ 次のような思考力，判断力，表現力等を身に付けること。

(ア) 乗法及び除法に着目し，観点を決めて整数を類別する仕方を考えたり，数の構成について考察したりするとともに，日常生活に生かすこと。

(2) 整数及び小数の表し方に関わる数学的活動を通して，次の事項を身に付けることができるよう指導する。

ア 次のような知識及び技能を身に付けること。

(ア) ある数の10倍，100倍，1000倍，$\frac{1}{10}$，$\frac{1}{100}$などの大きさの数を，小数点の位置を移してつくること。

イ 次のような思考力，判断力，表現力等を身に付けること。

(ア) 数の表し方の仕組みに着目し，数の相対的な大きさを考察し，計算などに有効に生かすこと。

(3) 小数の乗法及び除法に関わる数学的活動を通して，次の事項を身に付けることができるよう指導する。

ア 次のような知識及び技能を身に付けること。

(ア) 乗数や除数が小数である場合の小数の乗法及び除法の意味について理解すること。

(イ) 小数の乗法及び除法の計算ができること。また，余りの大きさについて理解すること。

(ウ) 小数の乗法及び除法についても整数の場合と同じ関係や法則が成り立つことを理解すること。

イ 次のような思考力，判断力，表現力等を身に付けること。

(ア) 乗法及び除法の意味に着目し，乗数や除数が小数である場合まで数の範囲を広げて乗法及び除

法の意味を捉え直すとともに，それらの計算の仕方を考えたり，それらを日常生活に生かしたりすること。

(4) 分数に関わる数学的活動を通して，次の事項を身に付けることができるよう指導する。

ア 次のような知識及び技能を身に付けること。

(ア) 整数及び小数を分数の形に直したり，分数を小数で表したりすること。

(イ) 整数の除法の結果は，分数を用いると常に一つの数として表すことができることを理解すること。

(ウ) 一つの分数の分子及び分母に同じ数を乗除してできる分数は，元の分数と同じ大きさを表すことを理解すること。

(エ) 分数の相等及び大小について知り，大小を比べること。

イ 次のような思考力，判断力，表現力等を身に付けること。

(ア) 数を構成する単位に着目し，数の相等及び大小関係について考察すること。

(イ) 分数の表現に着目し，除法の結果の表し方を振り返り，分数の意味をまとめること。

(5) 分数の加法及び減法に関わる数学的活動を通して，次の事項を身に付けることができるよう指導する。

ア 次のような知識及び技能を身に付けること。

(ア) 異分母の分数の加法及び減法の計算ができること。

イ 次のような思考力，判断力，表現力等を身に付けること。

(ア) 分数の意味や表現に着目し，計算の仕方を考えること。

(6) 数量の関係を表す式に関わる数学的活動を通して，次の事項を身に付けることができるよう指導する。

ア 次のような知識及び技能を身に付けること。

(ア) 数量の関係を表す式についての理解を深めること。

イ 次のような思考力，判断力，表現力等を身に付けること。

(ア) 二つの数量の対応や変わり方に着目し，簡単な式で表されている関係について考察すること。

B　図形

(1) 平面図形に関わる数学的活動を通して，次の事項を身に付けることができるよう指導する。

ア 次のような知識及び技能を身に付けること。

(ア) 図形の形や大きさが決まる要素について理解するとともに，図形の合同について理解すること。

(イ) 三角形や四角形など多角形についての簡単な性質を理解すること。

(ｳ) 円と関連させて正多角形の基本的な性質を知ること。

(ｴ) 円周率の意味について理解し，それを用いること。

イ 次のような思考力，判断力，表現力等を身に付けること。

(ｱ) 図形を構成する要素及び図形間の関係に着目し，構成の仕方を考察したり，図形の性質を見いだし，その性質を筋道を立てて考え説明したりすること。

(2) 立体図形に関わる数学的活動を通して，次の事項を身に付けることができるよう指導する。

ア 次のような知識及び技能を身に付けること。

(ｱ) 基本的な角柱や円柱について知ること。

イ 次のような思考力，判断力，表現力等を身に付けること。

(ｱ) 図形を構成する要素に着目し，図形の性質を見いだすとともに，その性質を基に既習の図形を捉え直すこと。

(3) 平面図形の面積に関わる数学的活動を通して，次の事項を身に付けることができるよう指導する。

ア 次のような知識及び技能を身に付けること。

(ｱ) 三角形，平行四辺形，ひし形，台形の面積の計算による求め方について理解すること。

イ 次のような思考力，判断力，表現力等を身に付けること。

(ｱ) 図形を構成する要素などに着目して，基本図形の面積の求め方を見いだすとともに，その表現を振り返り，簡潔かつ的確な表現に高め，公式として導くこと。

(4) 立体図形の体積に関わる数学的活動を通して，次の事項を身に付けることができるよう指導する。

ア 次のような知識及び技能を身に付けること。

(ｱ) 体積の単位（立方センチメートル（cm^3），立方メートル（m^3））について知ること。

(ｲ) 立方体及び直方体の体積の計算による求め方について理解すること。

イ 次のような思考力，判断力，表現力等を身に付けること。

(ｱ) 体積の単位や図形を構成する要素に着目し，図形の体積の求め方を考えるとともに，体積の単位とこれまでに学習した単位との関係を考察すること。

C 変化と関係

(1) 伴って変わる二つの数量に関わる数学的活動を通して，次の事項を身に付けることができるよう指導する。

ア 次のような知識及び技能を身に付けること。

(ｱ) 簡単な場合について，比例の関係があることを知ること。

イ 次のような思考力，判断力，表現力等を身に付けること。

(ｱ) 伴って変わる二つの数量を見いだして，それらの関係に着目し，表や式を用いて変化や対応の

特徴を考察すること。

(2) 異種の二つの量の割合として捉えられる数量に関わる数学的活動を通して，次の事項を身に付けることができるよう指導する。

　ア　次のような知識及び技能を身に付けること。

　　(ア)　速さなど単位量当たりの大きさの意味及び表し方について理解し，それを求めること。

　イ　次のような思考力，判断力，表現力等を身に付けること。

　　(ア)　異種の二つの量の割合として捉えられる数量の関係に着目し，目的に応じて大きさを比べたり表現したりする方法を考察し，それらを日常生活に生かすこと。

(3) 二つの数量の関係に関わる数学的活動を通して，次の事項を身に付けることができるよう指導する。

　ア　次のような知識及び技能を身に付けること。

　　(ア)　ある二つの数量の関係と別の二つの数量の関係とを比べる場合に割合を用いる場合があることを理解すること。

　　(イ)　百分率を用いた表し方を理解し，割合などを求めること。

　イ　次のような思考力，判断力，表現力等を身に付けること。

　　(ア)　日常の事象における数量の関係に着目し，図や式などを用いて，ある二つの数量の関係と別の二つの数量の関係との比べ方を考察し，それを日常生活に生かすこと。

D　データの活用

(1) データの収集とその分析に関わる数学的活動を通して，次の事項を身に付けることができるよう指導する。

　ア　次のような知識及び技能を身に付けること。

　　(ア)　円グラフや帯グラフの特徴とそれらの用い方を理解すること。

　　(イ)　データの収集や適切な手法の選択など統計的な問題解決の方法を知ること。

　イ　次のような思考力，判断力，表現力等を身に付けること。

　　(ア)　目的に応じてデータを集めて分類整理し，データの特徴や傾向に着目し，問題を解決するために適切なグラフを選択して判断し，その結論について多面的に捉え考察すること。

(2) 測定した結果を平均する方法に関わる数学的活動を通して，次の事項を身に付けることができるよう指導する。

　ア　次のような知識及び技能を身に付けること。

　　(ア)　平均の意味について理解すること。

　イ　次のような思考力，判断力，表現力等を身に付けること。

㋐　概括的に捉えることに着目し，測定した結果を平均する方法について考察し，それを学習や日常生活に生かすこと。

〔数学的活動〕

(1)　内容の「Ａ数と計算」，「Ｂ図形」，「Ｃ変化と関係」及び「Ｄデータの活用」に示す学習については，次のような数学的活動に取り組むものとする。

　　ア　日常の事象から算数の問題を見いだして解決し，結果を確かめたり，日常生活等に生かしたりする活動

　　イ　算数の学習場面から算数の問題を見いだして解決し，結果を確かめたり，発展的に考察したりする活動

　　ウ　問題解決の過程や結果を，図や式などを用いて数学的に表現し伝え合う活動

〔用語・記号〕

最大公約数　最小公倍数　通分　約分　底面　側面　比例　％

3　内容の取扱い

(1)　内容の「Ａ数と計算」の(1)のアの(イ)については，最大公約数や最小公倍数を形式的に求めることに偏ることなく，具体的な場面に即して取り扱うものとする。

(2)　内容の「Ｂ図形」の(1)については，平面を合同な図形で敷き詰めるなどの操作的な活動を重視するよう配慮するものとする。

(3)　内容の「Ｂ図形」の(1)のアの(エ)については，円周率は3.14を用いるものとする。

(4)　内容の「Ｃ変化と関係」の(3)のアの(イ)については，歩合の表し方について触れるものとする。

(5)　内容の「Ｄデータの活用」の(1)については，複数の帯グラフを比べることにも触れるものとする。

〔第6学年〕

1　目　標

(1)　分数の計算の意味，文字を用いた式，図形の意味，図形の体積，比例，度数分布を表す表などについて理解するとともに，分数の計算をしたり，図形を構成したり，図形の面積や体積を求めたり，表やグラフに表したりすることなどについての技能を身に付けるようにする。

(2)　数とその表現や計算の意味に着目し，発展的に考察して問題を見いだすとともに，目的に応じて多様な表現方法を用いながら数の表し方や計算の仕方などを考察する力，図形を構成する要素や図形間の関係などに着目し，図形の性質や図形の計量について考察する力，伴って変わる二つの数量やそれらの関係に着目し，変化や対応の特徴を見いだして，二つの数量の関係を表や式，グラフを用いて考察する力，身の回りの事象から設定した問題について，目的に応じてデータを収集し，データの特徴

や傾向に着目して適切な手法を選択して分析を行い，それらを用いて問題解決したり，解決の過程や結果を批判的に考察したりする力などを養う。

(3) 数学的に表現・処理したことを振り返り，多面的に捉え検討してよりよいものを求めて粘り強く考える態度，数学のよさに気付き学習したことを生活や学習に活用しようとする態度を養う。

2　内　容

A　数と計算

(1) 分数の乗法及び除法に関わる数学的活動を通して，次の事項を身に付けることができるよう指導する。

　ア　次のような知識及び技能を身に付けること。

　　㋐　乗数や除数が整数や分数である場合も含めて，分数の乗法及び除法の意味について理解すること。

　　㋑　分数の乗法及び除法の計算ができること。

　　㋒　分数の乗法及び除法についても，整数の場合と同じ関係や法則が成り立つことを理解すること。

　イ　次のような思考力，判断力，表現力等を身に付けること。

　　㋐　数の意味と表現，計算について成り立つ性質に着目し，計算の仕方を多面的に捉え考えること。

(2) 数量の関係を表す式に関わる数学的活動を通して，次の事項を身に付けることができるよう指導する。

　ア　次のような知識及び技能を身に付けること。

　　㋐　数量を表す言葉や□，△などの代わりに，a, xなどの文字を用いて式に表したり，文字に数を当てはめて調べたりすること。

　イ　次のような思考力，判断力，表現力等を身に付けること。

　　㋐　問題場面の数量の関係に着目し，数量の関係を簡潔かつ一般的に表現したり，式の意味を読み取ったりすること。

B　図形

(1) 平面図形に関わる数学的活動を通して，次の事項を身に付けることができるよう指導する。

　ア　次のような知識及び技能を身に付けること。

　　㋐　縮図や拡大図について理解すること。

　　㋑　対称な図形について理解すること。

　イ　次のような思考力，判断力，表現力等を身に付けること。

(ｱ) 図形を構成する要素及び図形間の関係に着目し，構成の仕方を考察したり図形の性質を見いだしたりするとともに，その性質を基に既習の図形を捉え直したり日常生活に生かしたりすること。

(2) 身の回りにある形の概形やおよその面積などに関わる数学的活動を通して，次の事項を身に付けることができるよう指導する。

ア 次のような知識及び技能を身に付けること。

(ｱ) 身の回りにある形について，その概形を捉え，およその面積などを求めること。

イ 次のような思考力，判断力，表現力等を身に付けること。

(ｱ) 図形を構成する要素や性質に着目し，筋道を立てて面積などの求め方を考え，それを日常生活に生かすこと。

(3) 平面図形の面積に関わる数学的活動を通して，次の事項を身に付けることができるよう指導する。

ア 次のような知識及び技能を身に付けること。

(ｱ) 円の面積の計算による求め方について理解すること。

イ 次のような思考力，判断力，表現力等を身に付けること。

(ｱ) 図形を構成する要素などに着目し，基本的な図形の面積の求め方を見いだすとともに，その表現を振り返り，簡潔かつ的確な表現に高め，公式として導くこと。

(4) 立体図形の体積に関わる数学的活動を通して，次の事項を身に付けることができるよう指導する。

ア 次のような知識及び技能を身に付けること。

(ｱ) 基本的な角柱及び円柱の体積の計算による求め方について理解すること。

イ 次のような思考力，判断力，表現力等を身に付けること。

(ｱ) 図形を構成する要素に着目し，基本図形の体積の求め方を見いだすとともに，その表現を振り返り，簡潔かつ的確な表現に高め，公式として導くこと。

C 変化と関係

(1) 伴って変わる二つの数量に関わる数学的活動を通して，次の事項を身に付けることができるよう指導する。

ア 次のような知識及び技能を身に付けること。

(ｱ) 比例の関係の意味や性質を理解すること。

(ｲ) 比例の関係を用いた問題解決の方法について知ること。

(ｳ) 反比例の関係について知ること。

イ 次のような思考力，判断力，表現力等を身に付けること。

(ｱ) 伴って変わる二つの数量を見いだして，それらの関係に着目し，目的に応じて表や式，グラフ

を用いてそれらの関係を表現して，変化や対応の特徴を見いだすとともに，それらを日常生活に生かすこと。

(2) 二つの数量の関係に関わる数学的活動を通して，次の事項を身に付けることができるよう指導する。

ア 次のような知識及び技能を身に付けること。

(ア) 比の意味や表し方を理解し，数量の関係を比で表したり，等しい比をつくったりすること。

イ 次のような思考力，判断力，表現力等を身に付けること。

(ア) 日常の事象における数量の関係に着目し，図や式などを用いて数量の関係の比べ方を考察し，それを日常生活に生かすこと。

D　データの活用

(1) データの収集とその分析に関わる数学的活動を通して，次の事項を身に付けることができるよう指導する。

ア 次のような知識及び技能を身に付けること。

(ア) 代表値の意味や求め方を理解すること。

(イ) 度数分布を表す表やグラフの特徴及びそれらの用い方を理解すること。

(ウ) 目的に応じてデータを収集したり適切な手法を選択したりするなど，統計的な問題解決の方法を知ること。

イ 次のような思考力，判断力，表現力等を身に付けること。

(ア) 目的に応じてデータを集めて分類整理し，データの特徴や傾向に着目し，代表値などを用いて問題の結論について判断するとともに，その妥当性について批判的に考察すること。

(2) 起こり得る場合に関わる数学的活動を通して，次の事項を身に付けることができるよう指導する。

ア 次のような知識及び技能を身に付けること。

(ア) 起こり得る場合を順序よく整理するための図や表などの用い方を知ること。

イ 次のような思考力，判断力，表現力等を身に付けること。

(ア) 事象の特徴に着目し，順序よく整理する観点を決めて，落ちや重なりなく調べる方法を考察すること。

〔数学的活動〕

(1) 内容の「A数と計算」，「B図形」，「C変化と関係」及び「Dデータの活用」に示す学習については，次のような数学的活動に取り組むものとする。

ア 日常の事象を数理的に捉え問題を見いだして解決し，解決過程を振り返り，結果や方法を改善したり，日常生活等に生かしたりする活動

イ　算数の学習場面から算数の問題を見いだして解決し，解決過程を振り返り統合的・発展的に考察する活動

ウ　問題解決の過程や結果を，目的に応じて図や式などを用いて数学的に表現し伝え合う活動

〔用語・記号〕

線対称　点対称　対称の軸　対称の中心　比の値　ドットプロット　平均値　中央値　最頻値
階級　　：

3　内容の取扱い

(1)　内容の「A数と計算」の(1)については，逆数を用いて除法を乗法の計算としてみることや，整数や小数の乗法や除法を分数の場合の計算にまとめることも取り扱うものとする。

(2)　内容の「A数と計算」の(1)については，第3学年から第6学年までに示す小数や分数の計算の能力を定着させ，それらを用いる能力を伸ばすことに配慮するものとする。

(3)　内容の「B図形」の(3)のアの(ア)については，円周率は3.14を用いるものとする。

第3　指導計画の作成と内容の取扱い

1　指導計画の作成に当たっては，次の事項に配慮するものとする。

(1)　単元など内容や時間のまとまりを見通して，その中で育む資質・能力の育成に向けて，数学的活動を通して，児童の主体的・対話的で深い学びの実現を図るようにすること。その際，数学的な見方・考え方を働かせながら，日常の事象を数理的に捉え，算数の問題を見いだし，問題を自立的，協働的に解決し，学習の過程を振り返り，概念を形成するなどの学習の充実を図ること。

(2)　第2の各学年の内容は，次の学年以降においても必要に応じて継続して指導すること。数量や図形についての基礎的な能力の習熟や維持を図るため，適宜練習の機会を設けて計画的に指導すること。なお，その際，第1章総則の第2の3の(2)のウの(イ)に掲げる指導を行う場合には，当該指導のねらいを明確にするとともに，単元など内容や時間のまとまりを見通して資質・能力が偏りなく育成されるよう計画的に指導すること。また，学年間の指導内容を円滑に接続させるため，適切な反復による学習指導を進めるようにすること。

(3)　第2の各学年の内容の「A数と計算」，「B図形」，「C測定」，「C変化と関係」及び「Dデータの活用」の間の指導の関連を図ること。

(4)　低学年においては，第1章総則の第2の4の(1)を踏まえ，他教科等との関連を積極的に図り，指導の効果を高めるようにするとともに，幼稚園教育要領等に示す幼児期の終わりまでに育ってほしい姿との関連を考慮すること。特に，小学校入学当初においては，生活科を中心とした合科的・関連的な指導や，弾力的な時間割の設定を行うなどの工夫をすること。

(5) 障害のある児童などについては，学習活動を行う場合に生じる困難さに応じた指導内容や指導方法の工夫を計画的，組織的に行うこと。

(6) 第1章総則の第1の2の(2)に示す道徳教育の目標に基づき，道徳科などとの関連を考慮しながら，第3章特別の教科道徳の第2に示す内容について，算数科の特質に応じて適切な指導をすること。

2 第2の内容の取扱いについては，次の事項に配慮するものとする。

(1) 思考力，判断力，表現力等を育成するため，各学年の内容の指導に当たっては，具体物，図，言葉，数，式，表，グラフなどを用いて考えたり，説明したり，互いに自分の考えを表現し伝え合ったり，学び合ったり，高め合ったりするなどの学習活動を積極的に取り入れるようにすること。

(2) 数量や図形についての感覚を豊かにしたり，表やグラフを用いて表現する力を高めたりするなどのため，必要な場面においてコンピュータなどを適切に活用すること。また，第1章総則の第3の1の(3)のイに掲げるプログラミングを体験しながら論理的思考力を身に付けるための活動を行う場合には，児童の負担に配慮しつつ，例えば第2の各学年の内容の〔第5学年〕の「B図形」の(1)における正多角形の作図を行う学習に関連して，正確な繰り返し作業を行う必要があり，更に一部を変えることでいろいろな正多角形を同様に考えることができる場面などで取り扱うこと。

(3) 各領域の指導に当たっては，具体物を操作したり，日常の事象を観察したり，児童にとって身近な算数の問題を解決したりするなどの具体的な体験を伴う学習を通して，数量や図形について実感を伴った理解をしたり，算数を学ぶ意義を実感したりする機会を設けること。

(4) 第2の各学年の内容に示す〔用語・記号〕は，当該学年で取り上げる内容の程度や範囲を明確にするために示したものであり，その指導に当たっては，各学年の内容と密接に関連させて取り上げるようにし，それらを用いて表したり考えたりすることのよさが分かるようにすること。

(5) 数量や図形についての豊かな感覚を育てるとともに，およその大きさや形を捉え，それらに基づいて適切に判断したり，能率的な処理の仕方を考え出したりすることができるようにすること。

(6) 筆算による計算の技能を確実に身に付けることを重視するとともに，目的に応じて計算の結果の見積りをして，計算の仕方や結果について適切に判断できるようにすること。また，低学年の「A数と計算」の指導に当たっては，そろばんや具体物などの教具を適宜用いて，数と計算についての意味の理解を深めるよう留意すること。

3 数学的活動の取組においては，次の事項に配慮するものとする。

(1) 数学的活動は，基礎的・基本的な知識及び技能を確実に身に付けたり，思考力，判断力，表現力等を高めたり，算数を学ぶことの楽しさや意義を実感したりするために，重要な役割を果たすものであることから，各学年の内容の「A数と計算」，「B図形」，「C測定」，「C変化と関係」及び「Dデータの活用」に示す事項については，数学的活動を通して指導するようにすること。

(2) 数学的活動を楽しめるようにする機会を設けること。

(3) 算数の問題を解決する方法を理解するとともに，自ら問題を見いだし，解決するための構想を立て，実践し，その結果を評価・改善する機会を設けること。

(4) 具体物，図，数，式，表，グラフ相互の関連を図る機会を設けること。

(5) 友達と考えを伝え合うことで学び合ったり，学習の過程と成果を振り返り，よりよく問題解決できたことを実感したりする機会を設けること。

小学校　教科書単元別

到達目標と評価規準 〈算数〉旺文 1-6年
2020年度新教科書対応

2019年10月30日　初版第1版発行

企画・編集　　日本標準教育研究所
発　行　所　　株式会社　日本標準
発　行　者　　伊藤　潔
　　　　　　　〒167-0052　東京都杉並区南荻窪3-31-18
　　　　　　　TEL 03-3334-2630　FAX 03-3334-2635
　　　　　　　URL https://www.nipponhyojun.co.jp/
デザイン・編集協力　株式会社リーブルテック
印刷・製本　株式会社リーブルテック

ISBN　978-4-8208-0672-1　C3037　Printed in Japan
乱丁・落丁の場合はお取り替えいたします。